国家社科基金项目成果 经管文库

The Construction of the International Production Network among the Belt and Road Countries

"一带一路"国际生产网络的构建

欧定余 田 野／著

中国财经出版传媒集团
经济科学出版社
Economic Science Press

图书在版编目（CIP）数据

"一带一路"国际生产网络的构建/欧定余，田野著. --北京：经济科学出版社，2022.11
（国家社科基金项目成果经管文库）
ISBN 978-7-5218-4123-7

Ⅰ.①一⋯　Ⅱ.①欧⋯②田⋯　Ⅲ.①"一带一路"-国际分工-研究　Ⅳ.①F125

中国版本图书馆 CIP 数据核字（2022）第 194589 号

责任编辑：胡成洁
责任校对：王苗苗
责任印制：范　艳

"一带一路"国际生产网络的构建

欧定余　田　野　著

经济科学出版社出版、发行　新华书店经销
社址：北京市海淀区阜成路甲 28 号　邮编：100142
经管中心电话：010-88191335　发行部电话：010-88191522
网址：www.esp.com.cn
电子邮箱：expcxy@126.com
天猫网店：经济科学出版社旗舰店
网址：http://jjkxcbs.tmall.com
北京季蜂印刷有限公司印装
710×1000　16 开　15.5 印张　280000 字
2022 年 11 月第 1 版　2022 年 11 月第 1 次印刷
ISBN 978-7-5218-4123-7　定价：78.00 元
(图书出现印装问题，本社负责调换。电话：010-88191510)
(版权所有　侵权必究　打击盗版　举报热线：010-88191661
QQ：2242791300　营销中心电话：010-88191537
电子邮箱：dbts@esp.com.cn)

国家社科基金项目成果经管文库
出版说明

经济科学出版社自 1983 年建社以来一直重视集纳国内外优秀学术成果予以出版。诞生于改革开放发轫时期的经济科学出版社，天然地与改革开放脉搏相通，天然地具有密切关注经济领域前沿成果、倾心展示学界翘楚深刻思想的基因。

2018 年恰逢改革开放 40 周年，40 年中，我国不仅在经济建设领域取得了举世瞩目的成就，而且在经济学、管理学相关研究领域也有了长足发展。国家社会科学基金项目无疑在引领各学科向纵深研究方面起到重要作用。国家社会科学基金项目自 1991 年设立以来，不断征集、遴选优秀的前瞻性课题予以资助，经济科学出版社出版了其中经济学科相关的诸多成果，但这些成果过去仅以单行本出版发行，难见系统。为更加体系化地展示经济、管理学界多年来躬耕的成果，在改革开放 40 周年之际，我们推出"国家社科基金项目成果经管文库"，将组织一批国家社科基金经济类、管理类及其他相关或交叉学科的成果纳入，以期各成果相得益彰，蔚为大观，既有利于学科成果积累传承，又有利于研究者研读查考。

本文库中的图书将陆续与读者见面，欢迎相关领域研究者的成果在此文库中呈现，亦仰赖学界前辈、专家学者大力推荐，并敬请经济学界、管理学界给予我们批评、建议，帮助我们出好这套文库。

经济科学出版社经管编辑中心

2018 年 12 月

目 录
Contents

总论 ·· 1
  第一节 研究背景及价值 ··· 1
  第二节 文献综述 ·· 3
  第三节 研究内容与方法 ·· 17
  第四节 创新与不足 ·· 19

第一篇 "一带一路"生产网络构建的意义

第一章 "一带一路"国际生产网络促进全球经济治理体系的变革 ········ 23
  第一节 引言 ··· 23
  第二节 国际形势的变化促进全球经济治理规则的重构 ············· 24
  第三节 推动以中国为主导的"一带一路"国际生产
            网络的形成 ·· 26
  第四节 "一带一路"国际生产网络推动全球经济治理机制变革 ······ 28
  第五节 积累全球经济治理经验,为全球经济治理新体系
            提供中国方案 ··· 29

第二章 中国对世界经济增长的贡献:进口中国增加值的
         生产率促进效应研究 ·· 31
  第一节 引言 ··· 31
  第二节 文献综述 ··· 33
  第三节 模型设计、指标测度与数据说明 ·· 35

第四节　实证结果与分析 …………………………………………… 40
　　第五节　影响机制分析 ……………………………………………… 46
　　第六节　结论与启示 ………………………………………………… 48

第二篇　中国主导"一带一路"生产网络构建的现实基础

第三章　中国在国际生产网络中的地位及发展 ……………………… 51
　　第一节　引言 ………………………………………………………… 51
　　第二节　中国在国际生产网络中的地位变迁 ……………………… 52
　　第三节　中国在国际生产网络中地位的现状与作用 ……………… 55
　　第四节　中国在国际生产网络中面临的机遇和挑战 ……………… 59
　　第五节　提升中国在国际生产网络中地位的建议 ………………… 61

第四章　"一带一路"背景下中国全球价值链嵌入方式的转变 …… 64
　　第一节　引言与文献综述 …………………………………………… 64
　　第二节　数据来源和指标 …………………………………………… 66
　　第三节　中国全球价值链嵌入方式的发展变化 …………………… 68
　　第四节　中国全球价值链嵌入方式转变的原因分析 ……………… 76
　　第五节　中国实现价值链高端嵌入的建议 ………………………… 83

第五章　"一带一路"国家全球价值链中的中国角色——基于国家间投入产出表的分析 ……………………………………………… 84
　　第一节　引言与文献综述 …………………………………………… 84
　　第二节　指标测度与数据来源 ……………………………………… 86
　　第三节　测度结果分析 ……………………………………………… 90
　　第四节　结论与启示 ………………………………………………… 101

第三篇　区域经济共生发展与全球价值链参与

第六章　逆全球化背景下东亚区域经济共生发展研究 ……………… 105
　　第一节　引言与文献综述 …………………………………………… 105

第二节 "逆全球化"的表现及其对东亚区域经济发展的影响 …… 108
第三节 东亚区域经济共生发展的理论逻辑与现实依据 …………… 110
第四节 加强东亚区域经济共生发展的对策 ……………………… 117

第七章 制度质量对生产性服务业全球价值链参与程度的影响研究 …… 120
第一节 引言 …………………………………………………… 120
第二节 制度质量影响生产性服务业全球价值链参与
程度的理论分析 ………………………………………… 121
第三节 模型设定与数据来源 …………………………………… 125
第四节 实证结果及分析 ………………………………………… 129
第五节 进一步的分析 …………………………………………… 133
第六节 结论与政策建议 ………………………………………… 136

第八章 电子商务与中国企业的全球价值链参与 …………………… 138
第一节 引言 …………………………………………………… 138
第二节 文献综述与理论基础 …………………………………… 139
第三节 数据处理与模型设定 …………………………………… 141
第四节 估计结果分析 …………………………………………… 145
第五节 进一步分析：电子商务对中小微企业参与全球
价值链的影响 …………………………………………… 150
第六节 结论与政策启示 ………………………………………… 151

**第九章 东道国全球价值链参与、生产共享与中国对外直接投资
企业的区位选择——基于制造业的分析** …………………… 153
第一节 引言与文献综述 ………………………………………… 153
第二节 理论假设 ………………………………………………… 156
第三节 数据处理与模型设定 …………………………………… 157
第四节 实证结果分析 …………………………………………… 163
第五节 结论 …………………………………………………… 183

第四篇 中国主导"一带一路"生产网络构建的机制与路径选择

第十章 次区域经济合作促进"一带一路"生产网络的构建与发展 …… 187
 第一节 "一带一路"沿线各次区域经济合作发展的现状 ………… 187
 第二节 中国深度参与次区域经济合作与区域价值链的重构 ……… 191
 第三节 区域价值链重构促进"一带一路"生产网络的
    构建与发展 ……………………………………………………… 194
 第四节 结论与建议 ……………………………………………………… 198

第十一章 中国主导"一带一路"生产网络构建的机制与路径研究 …… 201
 第一节 中国与"一带一路"生产网络联系现状 ……………………… 201
 第二节 中国主导"一带一路"生产网络构建的理论机制 …………… 207
 第三节 中国主导"一带一路"生产网络的路径选择 ………………… 209
 第四节 中国主导"一带一路"生产网络的政策建议 ………………… 213

附录 制造业细分行业分类 ……………………………………………… 217
参考文献 …………………………………………………………………… 218
后记 ………………………………………………………………………… 240

总　　论

第一节　研究背景及价值

一、研究背景

生产网络是指具有较大跨区域影响力的企业进行组织和协调，由各区域经济和非经济行动者共同参与，在不同地理空间提供生产和服务的组织安排（Yeung G，2016）。从微观层面看，生产网络是大型企业主导下的一种企业内部及企业之间的组织形式，强调的是企业内部、企业之间的协作关系；从宏观层面看，生产网络强调国家与国家之间的分工与贸易，是多个国家以价值链为纽带建立起来的产品内分工关系（刘敏等，2021）。

过去几十年内，生产网络的加速形成成为全球经济空间重组中最显著的现象（Barrientos S et al.，2012）。越来越多的国家跨越地理空间参与国际生产分工体系。这种基于工序分工的碎片化生产，逐渐凝聚成了一个以欧美跨国公司为主导、多国生产商和供应商参与的复杂一体化的国际生产网络形态（丁宋涛等，2019）。我国在积极参与国际生产网络的过程中，获得了一定的贸易和生产便利，但同时也面临着价值链"低端锁定"的风险。对此，我国于 2013 年提出共建"新丝绸之路经济带"和"21 世纪海上丝绸之路"的合作倡议，以沿线的发展中国家为重点合作对象构建了一个包容开放的国际区域经济合作平台（殷琪和薛伟贤，2017）。借助"一带一路"倡议的构建的平台，我国将更快、更深入地融入全球生产网络，变革当前不合理的国际经济秩序，重构国际生产网络，引领更多国家融入"一带一路"建设，推动经济全球化进程。

"一带一路"倡议描绘了一个开放的国际区域经济合作网络，在这个网络内，国家与国家之间贸易联系不是单一的价值链、工序链的垂直切割，也不是水平往复的复制化生产，而是纵横交织的复杂一体化网络形态（丁宋涛和马野青，2018）。随着"一带一路"倡议的提出，"一带一路"沿线国家生产网络结构发生了巨大变化，重心转移和一体化趋势并存（郑智等，2020）。1995年，该网络的生产重心位于东南亚，并集中分布于新加坡以及马来西亚等国家。同时，还包括俄罗斯以及中国等次核心节点。其中，作为"亚洲四小龙"之一的新加坡占据首位地位，此时的俄罗斯以及中国各自进出口中间品总额仅为新加坡的50%。随着劳动密集型产业的发展，中国在网络中地位有所提升，2001年，中国在网络中排名第二位，超过马来西亚，但网络总体格局并未发生重大转变，新加坡仍然占据着首位。中国加入世界贸易组织（World Trade Organization，WTO）之后，承担国际生产量快速提升。2008年，中国在"一带一路"沿线国家中进出口中间品总量已经上升到了第一位，同时俄罗斯超过马来西亚上升到第三位。金融危机过后，新加坡、马来西亚以及俄罗斯等国家受到危机影响颇深，经济增速大幅下降，经济活力低迷。而中国凭借后发优势、广阔的国内市场以及强有力的宏观调控，仍然保持着较为快速的经济增长。2015年，中国地位优势得到大幅的增强，中间品进出口总量是新加坡的1.5倍，是俄罗斯的近2倍，同时俄罗斯相比于马来西亚而言，生产地位也有所提升，这些表明，该生产网络整体重心由新加坡和马来西亚向中国和俄罗斯转移。整体来看，"一带一路"沿线国家经济合作趋势迅速增长，日益紧密（张会清，2017）。"一带一路"生产网络中各国之间的经贸联系越来越紧密，生产网络对各国的影响也越来越大，中国已经成为"一带一路"生产网络中影响力最大的国家。

目前"一带一路"沿线国家经济合作研究集中于贸易合作，关于"一带一路"生产网络的相关研究较少，本书在梳理国际生产网络相关理论及中国在国际生产网络中的地位演变与现状的基础上，结合"一带一路"发展和中国与"一带一路"沿线国家的产业联系现状，探讨构建以中国为主导的"一带一路"国际生产网络的可行性路径。

二、理论价值

本书完善了"一带一路"生产网络构建的理论基础，从"一带一路"生产网络的构建对全球经济治理体系的影响和中国的全球价值链参与对世界经济增长的贡献两个方面论述构建"一带一路"生产网络的意义；从中国在国际生产网络中的地位、一带一路背景下中国在全球价值链中的嵌入方式以及"一带一路"价值链中的中国角色、"一带一路"沿线国家投资便利化对中国对外直接投资效率的影响以及对外直接投资对化解中国工业产能过剩的影响四个方面论述中国构建"一带一路"生产网络的现实基础。

三、应用价值

本书在价值链参与价值链重构等方面的研究为我国构建"一带一路"国际生产网络提供了切实可行的路径机制,并提出了湖南省参与"一带一路"生产分工的路径作为"一带一路"生产网络构建的具体案例。"一带一路"生产网络的构建为我国构建双循环新发展格局提供了强有力的支撑,"一带一路"的产业链将对我国的国内产业链起到"补链稳链强链"的作用,夯实我国的产业链安全与循环畅通,"一带一路"生产网络的构建将会为我国构建高水平开放经济新体制进而促进我国经济的高质量发展提供支撑。

第二节 文献综述

一、"一带一路"贸易投资研究综述

(一)"一带一路"贸易投资的现状

关于"一带一路"贸易现状研究,已有研究主要从贸易特征、贸易网络、贸易潜力三个方面描述"一带一路"贸易现状。在贸易特征方面,随着"一带一路"建设的推进,中国与"一带一路"沿线国家贸易总额不断扩大,贸易增长趋势明显。有学者发现"一带一路"倡议使沿线国家在中国贸易结构中的占比上升、贸易地位和重要性显著提升、政策红利持续释放(周建军等,2020);对比出口和进口,中国与"一带一路"沿线地区出口贸易增长较快,而进口贸易进展缓慢(张会清和唐海燕,2017),进口贸易合作需要加强;在"一带一路"背景下,中国对"一带一路"沿线国家出口虽仍保持"以量取胜"的特征,但价格拉动增长的趋势已有所显现(魏昀妍和樊秀峰,2017)。在贸易网络方面,有研究表明,在"一带一路"沿线国家的货物贸易网络中,中国、俄罗斯、印度、土耳其等国是贸易进出口大国,在网络中处于重要地位,中国则处于网络中心地位,起到"桥梁"和"枢纽"的作用(唐晓彬和崔茂生,2020);另有研究基于"一带一路"沿线国家货物贸易竞争互补关系,表明"一带一路"区域内存在两个重要贸易板块:由俄罗斯、中东欧等国家组成的内部型板块和由中国、印度等亚洲国家组成的内部与外部贸易关系都比较密切的兼顾型板块；从贸易互补角度，存在一个主要由中国和中东欧国家组成的贸易互补板块（李敬等，2017）。在贸易潜力方面，中国与"一带一路"沿线国家贸易效率不断提升、贸易成本持续下降、贸易互补大于竞争，贸易潜力巨大。根据中国对"一带一路"沿线国家货物出口贸易潜力，可将"一带一路"沿线国家划分为"潜力再造型"国家、"潜力开拓型"国家、"潜力巨大型"国家（汤春玲等，2018）；从中国进口角度，有研究表明中国从"一带一路"参与国进口最终消费品的贸易效率很低，但现阶段从参与国进口最终消费品的增长速度较快，面临的贸易阻力逐年下降，未来中国具有为"一带一路"参与国提供广阔最终消费品市场的巨大潜力（李晓等，2020）。

随着"一带一路"倡议的不断推进，中国对沿线国家和地区的投资广度和深度得到发展。2020年中国对外投资存量位于世界第三，流量位于世界第一。中国对沿线63个国家直接投资从2015年的189.3亿美元上升到2020年的225.4亿美元，同比增长了19.07%。[1] 虽然中国对外投资数量较多，但是2020年对"一带一路"地区的投资仅占同期中国在全球范围内对外直接投资流量的14.7%。截止到2020年年末，中国对"一带一路"国家的投资存量为2007.9亿美元，占中国对外直接投资存量的7.8%。[2] 中国对"一带一路"区域投资规模不断增加，但是投资区位分布却逐渐集中。2020年中国对"一带一路"国家的投资存量主要分布于新加坡、俄罗斯联邦、印度尼西亚、马来西亚、哈萨克斯坦、老挝等国家，这些国家多位于东南亚。中国对东南亚地区的投资存量占中国对"一带一路"沿线总体投资的一半以上，中国对转型经济体的直接投资存量分布近一半集中在中亚地区，对中东欧地区投资明显不足，比重不足2%。[3] 2020年中国对东盟国家的投资流量160.6亿美元，相比2019年增长了23.3%，[4] 同时占中国对"一带一路"沿线国家的投资流量超过七成。对外投资主要流向新加坡、印度尼西亚、泰国、越南、阿拉伯联合酋长国、老挝、马来西亚、柬埔寨、巴基斯坦、俄罗斯联邦等国家。2020年中国对新加坡投资流量为59.2亿美元，占"一带一路"投资总流量的26.26%。近年来，中国对外投资越来越集中于新加坡与俄罗斯等国家，这样相对集中的国家布局明显不利于充分利用国外市场来提升国内资源配置与产业结构调整的效率（王曼怡和郭珺妍，2020）。中国对"一带一路"沿线国家的投资不仅集

---

[1] 数据来源于《2020年度中国对外直接投资统计公报》。
[2][3][4] 数据来源于商务部、国家统计局和国家外汇管理局公开信息。

中于东盟和俄罗斯等少数国家和地区，而且集中于租赁和商务服务业、采矿业、金融业、批发和零售业等传统产业领域。中国对世界建筑业的投资有20%流向了"一带一路"沿线国家，制造业则有29.72%流向"一带一路"沿线国家。从中国对全球产业投资的视角看，中国投资的基础设施行业多分布于东盟地区，农业投资多分布于俄罗斯和东盟地区（王娟娟和王冰如，2020）。中国对东盟的制造业投资流量为63.38亿美元，占中国对全球制造业投资流量比例接近于24.5%，中国对东盟的制造业投资存量占中国对全球制造业投资的11.67%，对东盟的农、林、牧、渔业投资存量占中国对全球相关投资的27.63%。中国对俄罗斯的农、林、牧、渔业投资流量为4.99亿美元，占中国对全球相应投资总流量的46.2%,[①] 中国对俄罗斯的农业投资存量为27.72亿美元，占中国对全球农业投资存量的14.2%。[②]

（二）"一带一路"贸易投资的影响因素

关于"一带一路"贸易的影响因素研究对推动"一带一路"贸易持续发展和"一带一路"生产网络的优化具有重要意义。中国与"一带一路"沿线国家的贸易受到较多因素的影响。经济规模、地理距离、交通基础设施是影响双边贸易的重要因素（戴翔和杨双至，2020；张雨佳等，2017；孙瑾和杨英俊，2016；杜运苏等，2017；张艳艳和于津平，2018）；中国与"一带一路"沿线国家在文化、法律、经济制度方面的差异会显著抑制双边进出口贸易的发展（许家云等，2017），而提高双边文化交融有助于推动中国与"一带一路"沿线国家贸易关系向纵深处发展（刘洪铎等，2016）；贸易壁垒仍是影响双边贸易的重要因素，且非关税贸易壁垒对贸易的阻碍作用已经超过了传统的关税壁垒（梁琦和吴新生，2016），在技术标准相差不大的情况下，降低技术壁垒将对中国的贸易规模产生正向作用，且在双边达成区域贸易协定后达到新高（王婉如，2018）。投资活动也具有贸易效应，体现在中国与"一带一路"国家双向投资呈现协调发展且对进出口有促进作用（韩亚峰，2018），并且中国的对外直接投资（outward foreign direct investment, OFDI）提高了双边贸易互补程度，通过比较优势机制提高了双边潜在贸易互补程度，通过国家贸易偏向机制促使双边贸易联系密度提升（毛海欧和刘海云，2019）；考虑制度距离差异，中国对"一带一路"沿线国家直接投资呈现出不同的贸易创造效应（谢

---

① 数据来源于《2020-2021年东盟投资报告：在工业4.0时代投资》。
② 数据来源于《2020年中国对外投资合作发展报告》。

娜，2020）。

"一带一路"倡议中，贸易合作的重点内容在于提升贸易便利化水平，促进"一带一路"贸易有效畅通，进而通过贸易自由化推进区域贸易发展。"一带一路"沿线国家贸易便利化水平差异较大，大多数国家的贸易便利化水平处于中等及中等偏下的水平（程云洁和董程慧，2021），并且"一带一路"沿线各国的贸易便利化水平基本呈现由东向西逐步增强的空间分布特征（许唯聪和李勤昌，2021）；多位学者发现贸易便利化对"一带一路"沿线国家之间贸易的促进作用大于区域经济组织、进出口国家经济规模、关税减免等（孔庆峰和董虹蔚，2015；王微微和谭咏琳，2019；张晓静和李梁，2015）；同时，贸易便利化对双边贸易流量的影响在不同人口规模、不同贸易依存度的"一带一路"沿线国家有所差异（魏伟等，2019）；有学者将贸易便利化水平细分后发现，"一带一路"沿线国家海关与边境管理对中国向"一带一路"沿线国家出口的影响最大，其次是金融与电子商务发展水平、规制环境、基础设施和物流水平（智慧，2020）；在丝绸之路经济带内，相比进口国基础设施和信息化水平，提高进口国通关效率对中国制造业产品出口的促进作用最大（董银果和吴秀云，2017）。从企业层面出发，"一带一路"沿线国家贸易便利化水平的提升对中国企业出口国内增加值率有积极影响，但该影响存在一定的时滞（肖扬等，2019）；同时，"一带一路"沿线国家贸易便利化对中国制造业企业出口技术复杂度的提升有显著的促进作用，推动"一带一路"沿线国家贸易便利化或许是中国实现产业转型升级的突破点（肖扬等，2020）。

（三）"一带一路"投资的影响因素

"一带一路"倡议的提出加深了中国与沿线国家双边以及多边合作，促进了"一带一路"沿线国家和地区的区域经济合作的深化发展。"一带一路"沿线涉及国家众多，为了促进我国对"一带一路"沿线国家投资的持续健康发展，中国企业需要充分了解影响对外投资的因素，考察"一带一路"沿线国家的投资便利化水平，为企业能够更高质量地"走出去"提供良好的理论和技术支持（左思明和朱明侠，2019）。

企业对"一带一路"沿线国家投资受多种因素影响。制度距离、经济距离、地理距离和文化距离会在一定程度上影响企业对外投资区位选择与投资行为（张瑞良，2018；黎绍凯等，2018；严兵和任思颖，2022）。"一带一路"沿线国家完善的政治制度有助于降低对外投资企业海外经营的不确定性和交易成本进而促进对外投资，当制度质量较低时，可以利用沿线丰富的自然资源来抵消制度环境不健全带来的阻碍作用（田原和李建军，2018）。在制度环境良好的前提下，东道国低成本劳动力资源和自然资源能促进中国的对外投资（王培志等，2018）。企业也会选择市场机会更多、市场潜能更大以及劳动力和资源禀赋更丰富的目的国进行投资（吴新生和梁琦，2017；李建军和孙慧，2017；王颖等，2018；刘娟，2019）。双边高层会晤和签订双边投资协定均有助于中国的投资，同时，良好的双边政治关系会强化双边投资协定对中国对外直接投资的积极影响（孙泽生等，2021；邓富华等，2019）。

"一带一路"倡议中，提升投资便利化水平是投资合作的重点。"一带一路"沿线国家的投资便利化水平较低而且综合水平有较大差异，投资便利化水平存在较大的提升空间（乔敏健，2019），但是"一带一路"沿线国家的总体便利化水平仍呈现增长态势，沿线各地区的投资便利化程度也在不断改善（朱明侠和左思明，2019；张亚斌，2016）；金融服务水平、基础设施建设、宏观经济状况、制度环境状况都会影响投资便利化水平，进而影响企业对外投资的交易成本（马文秀和乔敏健，2016；朱明侠和左思明，2019；廖佳等，2020）；中等收入水平、资源禀赋欠丰富、市场潜力大以及与中国投资合作信任度高的沿线国家更能通过推进投资便利化建设，使投资成本消减、投资效率提高、风险降低，进而促进中国对外投资（杨栋旭和于津平，2021）；推进投资便利化在改善东道国的营商环境上发挥作用，能吸引外商投资进入，形成大量的投资需求，进而促进沿线国家经济增长（庞敏和张志伟，2019）。

（四）"一带一路"贸易投资与"一带一路"生产网络关系

关于"一带一路"贸易与"一带一路"生产网络关系的研究，可以分为贸易对生产网络的影响研究和生产网络对贸易的影响研究。贸易对生产网络的影响研究主要集中在产业升级与产业融合或转移。从中国产业升级的角度，有学者认为，通过对"一带一路"沿线国家的出口和直接投资释放更多生产要素用于发展新型高附加值产业，提高中国企业生产效率与技术水平，实现产业结构升级（方慧和赵胜立，2021）；另有学者认为"一带一路"建设的贸易畅通等合作重点可以推动中国出口贸易结构调整、提高贸易自由化和便利化、激发和创造新的国际市场需求，从而为出口贸易促进中国产业结构升级带来三大新的战略机遇（马骥和马相东，2017）。还有学者发现中国出口贸易增加能显著推动"一带一路"参与国企业内部全要素生产率提升和专利申请数增加，加快劳动力资源向技术水平较高的企业转移，压缩技术水平较低企业的生存空间，促进"一带一路"参与国技术升级（姜峰等，2021）。生产网络对贸易的影响研究主要集中在贸易效应方面，如中国与"一带一路"国家之间有着相似的禀赋且都积极参与全球价值链分工，有利于产业内贸易的形成与发展（冯宗宪和蒋伟杰，2017）；产业分工地位能够调节生产性服务进口中间投入对出口技术复杂度的促进作用（姚星等，2017）；在"一带一路"建设中，构建双重价值链分工能有效提升区域贸易竞争力，这种提升路径主要是通过价值链分工带动的增加值活动近邻扩散方式产生（马丹等，2021）。

关于"一带一路"投资与生产网络关系的研究主要从改善产能过剩、优化产业结构出发。对外投资可以发挥国内国外两个市场的作用，通过提高投资便利化水平，加快要素流动和提升资源配置效率以及促进技术创新，化解产能过剩，实现国内产业结构优化，促进"一带一路"生产网络的构建。企业的产能过剩是指在生产阶段实际产出小于在投产阶段额定的产能产出，在指标上则为产能或设备利用率过低，表现为资源配置效率过低、生产要素没有实现充分利用（夏飞龙，2018）。对外投资则从"产能转移"和"技术进步"两种影响机制促进了中国产业结构的升级（杨栋旭和周菲，2020）。[①]

二、"一带一路"价值链研究综述

（一）"一带一路"价值链研究现状

全球价值链是贸易投资、服务、生产的一种综合体，涉及所有生产要素本身及其周边产生的一系列价值、利益分配以及要素再生产等各链条的增值。历史、文化和经济基础的差异决定了不同国家整体的全球价值链层次，企业在本产业中的竞争能力差异决定了其在全球价值链中的位置（施建军等，2018）。改革开放之后，中国通过大力发展加工组装贸易嵌入了全球价值链条，但是，这种嵌入并没有给中国的产业链带来高端化的攀升，世界范围内的产业发展经验表明，发展中国家单独追求全球价值链（global value chains，GVCs）的嵌入时，由于缺乏完善的国内市场体系和自主创新能力，随着初级生产要素比较优势的消失，往往受困于全球价值链的低端锁定（马丹等，2021）。近年来，众多学者发现中国过去遵循的客场经济全球化策略是一种不可持续发展的策略。一方面，从国外经济环境变化来看，由于国际金融危机使西方发达国家提供市场的能力日益衰退，全球性经济衰退和消费需求下降导致国际买家对华订单急

---

① 国内重点淘汰产业是相对于我国现有经济发展阶段而言的，并不是产业的绝对落后，这些产业在"一带一路"沿线某些地区仍然是先进产业（刘瑞和高峰，2016）。

剧减少,依靠出口的中国产业出现衰退迹象,而且这些国家也在不遗余力地推动制造业回归,谋求价值链"高端回流";另一方面,从国内经济环境变化来看,作为过去中国的比较优势的劳动力和其他要素资源价格正在上涨,一些标准化、同质性产品正在被成本更低的国外供应商所代替,导致全球价值链的"中低端分流"(周绍东等,2017;刘志彪和凌永辉,2020)。针对价值链的双重挤压以及国内部分产业产能严重过剩的问题,国内学者提出了重构全球价值链的设想,认为国内价值链、区域价值链、全球价值链和创新链的重构有利于我国突破现有的价值链"低端锁定"难题。而"一带一路"倡议的提出正是契合了这种思路,为我国深度参与全球价值链拓展了思路,指明了方向。

"一带一路"倡议是中国进入中等收入水平之后,在后危机时代国际、国内经济形势出现新的变化情况下,为持续推动中国经济平稳发展所采取的新型开放型发展战略,其是"以开放促改革,以改革促发展,以发展促转型"的综合型发展战略(张良悦和刘东,2015)。"一带一路"倡议不仅可以带动我国富裕产能和资金"走出去",也有利于我国产业的优化升级,还可以加强我国同沿线国家产业价值链的构建,促进产业合作。我国与"一带一路"沿线国家的资源禀赋和比较优势具有较大的互补性,我国可以与"一带一路"其他经济体的相关单位通力合作,探讨在政策协调和能力建设方面开展合作的可能性,为相关经济体特别是发展中经济体对接全球价值链找准点位,提供中国方案,逐步扶持我国重点企业成为全球价值链"链主"(陈淑梅和高敬云,2017),加大与沿线国家产业链方面的合作,形成优势互补的区域价值链(马涛,2016)。

(二)依托"一带一路"重构价值链的可行性分析

面对发达经济体在战略、规则、技术、市场等领域的全方位压制,中国制造业要实现全球价值链的重构并不现实,而如果继续嵌入当前的全球价值链体系又将无法摆脱被"低端锁定"的困境。因此,选择在区域层面调整产业分工模式,实现区域价值链的重构是务实的选择(张彦,2019)。将一带一路倡议作为中国构建价值链的重点,就是要利用当年发达国家构建 GVCs 的思路和方法,将中国最初的单一东向开放,逐渐延伸拓展到双向开放和全方位开放,塑造中国在"一带一路"中的地位。以"一带一路"为战略支点,不仅要重构以我为主的 GVCs,而且要在"一带一路"之外深度融入发达国家主导的全球创新链(global innovation chains,GICs)体系,实现 GICs 和 GVCs 两个链条的"双重嵌入"(刘志彪,2018)。

新兴市场崛起正在逐渐改变GVCs的终端市场方向,全球终端市场重心明显地加快了由发达国家向新兴市场国家的转移,这为中国依托新兴市场的扩大重构区域价值链提供了良好的契机。以新兴市场国家为代表的广大发展中国家呈现经济增长率高、规模大、贸易顺差等重要经济特征,全球消费阶层(中产阶级)重心向新兴市场国家偏移。这种格局的转变使得在过去一轮全球化中主要以发达国家市场为终端市场带动出口的国家逐渐调整自己的发展战略,同时也为发展中经济体的企业和产业向GVC高端攀升、实现GVC转型升级提供了机遇与空间,中国与"一带一路"沿线终端市场具有明显的区位优势,更加接近这一部分消费者。另外,"一带一路"区域内经济发展水平较快,同时收入水平也与中国较为接近,有利于现阶段的中国创新企业进入该部分市场,研发符合"一带一路"国家消费需求的创新产品,从而参与到GVC高端环节中。最后,"一带一路"终端市场的市场特性也有利于发展中国家进行"节俭式创新",节俭式创新一般注重成本效益,通过新的思维、模式、技术、流程等去除不必要的产品功能和生产环节以降低产品和服务的成本,以应对新兴市场特征的约束,节俭式创新更有利于发展中国家实现价值链高端化的攀升(李优树和唐家愉,2020)。

中国推动的新一轮全球化趋势的典型特点是高水平引进来和大规模走出去,其中高水平引进来是指有效的引进和利用全球科学知识资源,构建全球创新网络平台,大规模走出去则是利用知识、人才和技术实现快速和低成本的创新,实现国家的战略目标(刘志彪,2015)。"一带一路"沿线国家是中国大规模走出去的理想选择。首先,从地理环境来看,"一带一路"沿线国家大都与中国地理位置接近,这具备了进一步加强经贸互补、全球价值链重构的地理优势(李芳芳等,2019)。从经济发展程度来看,"一带一路"沿线国家既有经济发展程度较高的国家,也有新兴发展中国家,还有大量经济亟待起飞的国家,比较优势差异明显。在制造业价值链条上,东亚地区制造能力突出,工业门类齐全,技术比较先进,广大的中亚和南亚国家劳动力资源丰富,在劳动密集型制造业上有所起步,西亚地区资源采掘和深加工能力比较强,因此具有较大的合作空间(孟祺,2016)。"一带一路"倡议着眼于通过加强与沿线国家的外交关系,增强经济合作交往与基础设施建设,将中国成熟的产业、技术、标准、管理模式与经验输出到沿线国家,为推动中国企业对外投资和提高海外收益开辟新的市场空间,同时促使企业在本国将优质资源更多投向研发、设计、品牌、营销等高端环节,实现国内产业及价值链的升级(盛斌和黎峰,2016)。

"一带一路"倡议打破了传统区域价值链的固有模式和地域限制，既注重核心国家的引领带动，又注重价值链各经济体的联系互动，并吸引辐射域外经济体积极参与，逐渐探索形成全球价值链的开放建构路径。"一带一路"将中国优质产能、技术和价格优势与广大亚洲、欧洲、非洲国家的市场、劳动力、发展转型需求等结合起来，通过各个层面的战略对接来构建利益共享的全球价值链，实现市场经济规律下生产要素在亚洲、欧洲、非洲国家间新的流动和分配，有助于形成以中国为核心的新型全球价值链（王亚军，2017）。通过多年来参与国际分工，中国企业已经积累了相当的要素资源优势，中国在新兴产业培育上有显著的优势，产业影响力快速提升，对主要发达经济体生产依赖下降（王领和胡晓涛，2017；王燕飞，2018），中国与"一带一路"国家的GVC参与度增长率也是不断提升的，无论是前向参与还是后向参与，中国在"一带一路"中的GVC参与都是提升的（欧定余和田野，2020），这为中国突破现有全球价值链框架下的产业升级瓶颈提供了条件。

"一带一路"制造业贸易网络和增加值贸易网络具有较高的贸易通达性和贸易效率，且处在不断发展壮大的过程中，中国及周边主要国家和部分发达国家占据网络的关键位置。在各项中心性指标上，中国均排名前列，在推动"一带一路"制造业增加值贸易发展中发挥了关键作用，中国企业经过多年市场竞争，积累了海外投资运营的经验，已经开始在全球范围内进行资源的优化配置和经营管理。中国的产业特别是第二产业中的制造业在引进国外技术的基础上，不断加大自主知识产权的研发和创新，很多企业真正实现了中国智造，其技术水平可以和一流跨国公司匹敌（陈健和龚晓莺，2018），甚至有一部分技术达到世界领先水平。新加坡、泰国等国家在这一过程中同样具有重要作用。另外，虽然"一带一路"沿线大部分国家在全球经济中缺少话语权、基础设施建设缓慢、产业发展停留在以第一产业农业发展为主导的阶段，但"一带一路"沿线国家制造业贸易发展整体呈现"先平稳发展、后快速增长"的趋势，在增加值贸易层面上各部分增加值均呈现显著增长态势，其中国内增加值（domestic value added，DVA）占比最大，基本保持70%以上（王博等，2019；孙铭壕等，2019）。

在"一带一路"线性价值链中，中国更有机会接触到原本由发达国家主导的GVC中的高端环节，这有助于打破中国长期处于被低端"锁定"的局面。"一带一路"沿线国家的产业关联度较强，且各行业间的互补性要大于竞争性，双方在各个领域都能实现较好的战略对接和产业耦合（王恕立和吴楚豪，2018）。模拟结果也表明，我国在全球价值链分工体系中的地位将在"一带一路"建设带动下获得显著提升，同时，"一带一路"沿线各国的价值链分工地位与参与程度也将获得不同程度的提升（黄先海和余骁，2018）。

（三）价值链重构的理论框架——价值链双环流体系

全球价值链是指为实现商品或服务价值而连接生产、销售、回收处理等过程的全球性跨企业网络组织，涉及原料采购和运输、半成品和成品的生产和分销，直至最终消费和回收处理的整个过程。包括所有参与者和生产销售等活动的组织及其价值、利润分配，当前散布于全球的处于价值链上的企业进行着从设计、产品开发、生产制造、营销、交货、消费、售后服务、最后循环利用等各种增值活动。价值链的重构意味着基础、结构、动力和趋势的巨大变革，需要新的理念和蓝图以及切实可行的方案（秦升，2017）。价值链本身蕴含的空间维度的概念也意味着价值链的重构需要资本、要素禀赋和微观主体在空间层面的重新布局和治理主体积极协调（杨静和徐曼，2017）。结合"一带一路"的价值链重构主要是指我国从参与全球价值链分工转换为构建我国主导的区域价值链分工，即以产业升级和中高端化发展为目标，联合周边产业互补性强的新兴国家或地区，为实现商品或服务价值而连接生产、销售、回收处理等过程。中国若能同周边新兴国家组成区域价值链（region value chains，RVCs），将有机会转换为 RVCs 中的相对技术先进方，从而主导 RVCs，实现中国经济发展向中高端水平迈进的目标（魏龙和王磊，2016）。

多位学者均提到我国要尝试结合"一带一路"构建我国主导的双环流全球价值链体系。双环流价值链体系是一种新的价值链体系，以中国为枢纽，发达经济体价值环流位于中国与北美西欧等发达经济体之间，发展中经济体价值环流位于中国与亚非拉等发展中经济体之间（张辉等，2017）。在中国和欧美发达经济体之间的价值链环流中，中国处于价值链中低端位势，主要向发达国家输出技术含量较低的产品，急需向价值链高位攀升，而发达经济体处于价值链较高位势，中国需要从发达国家进口先进技术及管理经验，并进行相应的消化吸收与再创新。在中国和"一带一路"沿线的亚非拉等发展中经济体的价值链环流中，中国凭借着雄厚的经济实力、装备制造大国的国际地位以及相应的产业协调能力，通过不断加大与发展中经济体的经济合作，以直接投资、贸易等方式布局中国的产业全球价值链体系，同时也将高新技术传播应用至发展中经济体，帮助其融入新型价值链分工体系（韩晶和孙雅雯，2018）。

也有学者在双环流的基础上将其拓展为价值链多环流架构，即在嵌入发达国家跨国公司主导的 GVC 的基础上，将部分不具有比较优势的非核心产业环节向我国中、西部地区转移，东部沿海地区则集聚资源，专注于高附加值的研发设计、品牌、营销、渠道等环节，还应重点发展先进生产性服务业，形成以东部为核心，中、西部为支撑的 GVC-NVC 环流体系，要在"一带一路"倡议的推动下构建国际区域价值链（international region value chain, IRVC），促进我国与"一带一路"区域内国家地区的互联互通，使国内价值链（national value chain, NVC）实现跨国界延伸，充分利用国内外优质资源，发挥资源整合优势，拓展产业升级发展空间，将我国经济发展辐射到"一带一路"周边国家地区，带动参与国经济的共同繁荣，促进 NVC-IRVC 的无缝对接与有效互动。随着"一带一路"倡议的不断深化开展，最终建成以我国为核心的价值多环流体系（GVC-NVC-IRVC）（王晓萍等，2018）。在全球价值链动态优化背景下，中国应充分利用其在价值"双环流"中心枢纽位置的优势，加快构建以内需为基础的国内价值"中环流"，并以价值链分工协作为核心思想，区域产能合作为手段，延伸产业价值链，连通"国家价值链（NVC）-国际区域价值链（IRVC）-全球创新链（GIC）"，继而在推动形成价值"三环流"体系高效运转的基础上，促进我国制造业在全球创新链上的地位攀升（王晓萍等，2021）。

价值链多环流嵌入模式将我国现在的低端的"外部依赖"型价值链嵌入模式转变为中高端的"核心枢纽"型嵌入模式，为我国打造以我为主的全球价值链提供了难得的历史契机（黄先海和余骁，2017）。先期可以在我国具有比较优势的行业打造若干以我为主的价值链，如高铁、建筑与基础设施建设、电子与通信产品等，条件成熟后再进行进一步拓展。巩固中国在"共轭环流"中的枢纽地位，应着力加强国内自主创新能力建设。在发达国家价值环流中，通过学习效应和竞争效应，提升企业技术水平和生产效率；在发展中国家价值环流中，增强我国对该环流的引领能力；通过两个价值环流的良性互动实现"双轮驱动"（洪俊杰和商辉，2019）。

（四）中国重构价值链的路径

充分发挥国内市场的重要作用。国内市场是中国引领"一带一路"区域价值链构架的关键依托，只有根植于国内市场，我国企业才能赢得培育品牌的空间，激发按需研发的创新活力、获得市场反馈的补偿机制，才能在供应链、价值链中获得主动权和话语权，才有可能培育出走向世界的巨型跨国公司。背靠庞大的国内市场，我国企业才有可能从事技术研发、产品设计、市场营销、网络品牌、物流金融等价值链高附加值生产活动（刘志彪和吴福象，2018）。现阶段，我国应充分依托不断壮大的国内市场，在国内重要节点城市建立总部基地，推进企业全球范围内的兼并收购、资产重组等，培育具有全球竞争力的跨国公司，从而引领价值链（闫东升和马训，2020）。

依托自由贸易区和自由贸易港对接国内国际产能合作。构建沿线国家间深度一体化的自由贸易协定（free trade agreements，FTAs）网络是在"一带一路"倡议的框架下加强沿线国家间价值链合作的重要路径之一。一方面，全球价值链分工对国家间贸易便利化程度、经贸规则的兼容性和协调性提出了更高的要求，而传统的国际贸易规则无法回应全球价值链分工的要求；另一方面，FTAs是新贸易规则谈判的优良平台，高标准的贸易规则可以在区域贸易谈判时被纳入深度一体化条款而快速建立起来，进而通过降低贸易成本和促进直接投资这两个渠道推动区域价值链合作（彭冬冬和林珏，2021）。自由贸易港的建设为"一带一路"沿线国家与中国产业链进行自然对接提供了现实可操作的路径。中国自由贸易港由于其投资和金融功能的存在，可以作为中国对"一带一路"沿线国家投资的资本出发地和投资信息汇集地，而"港区经济"强大的产业集群，也可以通过自由贸易港的各类加工、制造优惠政策产生的制度红利溢出效应覆盖"一带一路"沿线国家。因此，在实现路径上，在中国自由贸易港建设和设计初期，就应该抓住"关键少数"产业集群，以中高端产业链辐射和带动"一带一路"沿线国家相关产业布局。这种路径设计，一方面可以发挥中国自由贸易港本身对全球产业的拉动和引领作用，另一方面也可以促进"一带一路"沿线国家基础制造业产业链形成，在为"一带一路"沿线国家创造就业空间的同时，也可以扭转这些国家普通生活用品长期依赖进口的局面，帮助这些国家改善贸易平衡，而这恰恰是"一带一路"沿线国家最为迫切的现实需要（余南平，2018）。

加强基础设施建设。在"一带一路"建设中，基础设施、装备制造等领域成为相关国家参与价值链必需的公共产品，特别是基础设施中的公路、铁路、管线、电力和通信网等公共产品的提供成为构建"一带一路"全球价值链的基础（马涛和陈曦，2020）。"一带一路"沿线国家基础设施对其GVC分工地位具有显著的促进作用（郝晓等，2021）。交通基础设施建设通过进一步扩大市场规模、创造新的市场需求而形成重构全球价值链的基础性动力。交通基础设施和通信基础设施的联结，将在拓展分工链条、提升分工效率、有效促进中国以及"一带一路"沿线国家产业结构转型升级的基础上，深层次推动价值链各个环节的持续增值，实现发展良性循环，为全球价值链重构提供重要驱动力（卢潇潇和梁颖，2020）。以解决基础设施瓶颈为先导，既为传统上以产业技术关联为主导基础条件形成的东亚区域增长机制的转型扩容提供了新的解决方案，同时也通过东亚区域分工体系的"西扩"，将欧亚内陆国家纳入一个更加广泛的亚欧区域分工网络，依靠区域内部产品市场、原料市场和投资市场的对接，推进"一带一路"沿线东亚国家与欧亚内陆国家之间新型的功能性互补与发展型合作，与东亚国家一道构建一种全新的区域发展合作平台（刘洪钟，2020）。

加强"一带一路"国际产能合作。国际产能合作不仅包含狭义的工业生产能力，更涵盖了技术、管理制度、标准等"软实力"的跨国合作，它超越了传统、单一的国际分工模式（如国际贸易、国际投资和国际技术流动等），成为跨越国家地理边界、包含产品分工合作、消费市场和生产要素市场的跨国合作模式（刘勇等，2018）。历史上韩国、日本等国家的经济腾飞证明了发展中国家可以通过国际产能合作获得更大的贸易利得并取得 GVC 地位的跃迁（刘敏等，2018）。在国际产能合作的大背景下，全球价值链主导的产业转移趋势将更加明显，我国应充分发挥自身的资金优势、市场优势和一定领域的技术优势，借力产业转移对优化要素供给和拉动基础设施建设的作用，积极发挥自身的主动性，引入价值链高端环节，并在提升自主创新能力的基础上，与沿线国家结成利益共同体，共同构建"一带一路"大区域价值链（李敦瑞，2018）。一方面，利用中国制造业产能优势，在与"一带一路"沿线国家合作时，注重对"一带一路"沿线国家按照其禀赋优势进行细分，并从半成品、零部件、资本品等产品细分层面做到产业维度和地区维度的高度对接，从而制定差异化和有针对性的区域价值链布局策略，做好与"一带一路"沿线国家在产业流、资金流、技术流、贸易流和人员流等方面的深度对接，从而更加快速、更加全面地融入价值链分工体系。具体到操作层面，可以以基础设施互联互通为前提，以"飞地园区"和自贸试验区建设为载体，有规划地输出一批关联配套产业，并与"一带一路"沿线国家的优势产业相结合，形成一定规模的产业集聚，扩大中国与沿线各国多种形式的产能合作潜力（王兵等，2021）。当然，并非所有产业组合都具有现实中的可操作性，某些产业之间由于关联性较弱而难以形成产业链条。构建新型区域价值链，就是要找出在现实上具备可操作性且双方都具有比较优势的产业门类，并在此基础上进行产业间、产业内、产品内、产业价值链条上下游和产业价值网络各节点之间的嫁接和组合，形成具备竞争力的新型价值链（钱书法等，2017）。另一方面，中国自身要注重从要素驱动向创新驱动的转型，大力鼓励自主创新、自主研发,提升中国在资本密集型与知识密集型产业的竞争力(戴翔和宋婕,2019)。

强化区域价值链的治理。"一带一路"建设能够通过产业联盟催生一大批跨国企业,跨国企业作为推动价值链全球分布的主要组织者和实施者,是全球价值链治理的微观基础,跨国企业掌握着关键技术和研究与发展(R&D)能力,通过制定和监督规则标准的实施以及对全价值链主要增加值流向流通环节的控制,实现对价值链微观层面的治理(何颖珊,2020)。全球价值链中,政府最重要的角色就是要为专业化的生产要素的生产和供应创造机制和制度、提供监管和再分配的公共产品。国家可以通过政策、制度和价值诱导,为全球价值链治理创造机制和制度,进而促进或抑制全球价值链中企业治理的有效性。国家作为全球价值链治理的重要因素,需要建立更加稳健的政治经济治理体系,规范市场经济秩序,加大治理规则的制定和监管执行力度,为全球价值链治理营造良好制度环境,以促进本国企业向全球价值链治理者迈进(张中元,2020)。与以往发达国家推动的经济全球化不同,中国"一带一路"倡议秉持"人类命运共同体"的先进理念,并遵循"共商、共建、共享"这一更加符合现实需要的基本原则,因而更加有助于解决和克服以往全球价值链分工演进中所面临的"机会不均等和地位不平等"的矛盾和问题,从而必然表现为有助于沿线国家全球价值链分工地位的改善(戴翔和宋婕,2021)。

从"一带一路"价值链的一系列研究成果来看,"一带一路"价值链的构建是以价值链多环流理论为基础的一次价值链重构,重构的价值链突出了我国在区域价值链中的主导地位,需要充分发挥我国庞大内需的牵引能力,以自由贸易区协定和自由贸易港建设为区域价值链的畅通提供制度保障,以基础设施建设为"一带一路"沿线的产业发展提供支持,同时充分发挥我国在资本、技术、资源禀赋等方面的产能优势,与"一带一路"沿线国家加强国际产能合作,共同构建"一带一路"区域协同分工体系。当然,"一带一路"沿线国家成长起来的跨国公司和政府对价值链宏微观治理模式和治理理念的创新也同样重要,良好的价值链治理有利于落实产业链成果分配,实现互利共赢。总体而言,"一带一路"将成为提升新型国际分工合作的新平台。所形成的新的价值链不仅能使沿线国家成为互联经济体,在此基础上,还能发挥区域价值链的辐射作用。更为重要的是,"一带一路"所承载的"和平合作、开放包容、互学互鉴、互利共赢"的丝路精神,将为构建人类命运共同体贡献中国智慧(马涛和盛斌,2018)。

第三节 研究内容与方法

一、本书主要研究内容

总论。详细阐述研究背景、目的与意义,对相关文献展开梳理并给予述评,指出本书的研究规划、创新与不足。

第一章,"一带一路"国际生产网络促进全球经济治理体系的变革。本章首先从国际经济形势变化及国际经济治理规则及治理体系重构的视角分析论证面对当前西方国家主导建立的全球经济治理体系失灵、不再适应国际新形势的情况下新兴市场国家如何提升话语权。其后,通过分析"一带一路"生产网络对各国经济发展的促进作用,论证"一带一路"国际生产网络的构建对于中国提升在区域内国家的话语权、深入参与全球经济治理的作用。

第二章,中国对世界经济增长的贡献:中国进口增加值的生产率促进效应研究。本章基于 2000~2014 年跨国行业层面的面板数据及 2016 国家间投入产出表数据(world input-ouput database,WIOD),运用 DEA-Malmquist 生产率指数法和王直等(Wang Z et al.,2017a)的生产分解方法,分别对各行业的全要素生产率的变化和各国各行业全球价值链活动中的中国增加值进行详细测度,实证检验全球价值链活动中我国进口增加值对各国的全要素生产率及技术效率增长的影响,并区分考察了制造业和服务业、低技术制造业和中低技术制造业的差异,全面展示了中国深度参与价值链对世界经济增长的贡献。

第三章,中国在国际生产网络中的地位及发展。本章首先从轻工业加工装配、承接国际制造业转移和对外经贸及对外直接投资四个方面对中国参与国际生产网络的历程进行了简要回顾。其后,对中国参与国际生产网络的方式进行梳理,并分析中国在国际生产网络中地位的现状与作用。最后,结合当前面临的机遇与挑战提出提升中国在国际生产网络中的地位的方案。

第四章,"一带一路"背景下中国全球价值链嵌入方式的转变。本章基于 WIOD 数据库 2013 年及 2016 年版投入产出表,通过对价值链地位指数和增加值的区域去向进行比较,划分中国全球价值链嵌入方式的阶段。并结合中国全球价值链嵌入方式转变的原因分析,提出"一带一路"区域价值链高端嵌入的对策。

第五章,"一带一路"国家全球价值链中的中国角色——基于国家间投入产出表的分析。本章基于 2000~2014 年世界投入产出数据库,采用参与程度测度方法对"一带一路"国家参与全球价值链（GVC）活动中与中国相关的增加值进行测度，分析中国在"一带一路"国家参与 GVC 时的角色。其后，基于上述分析总结了与中国相关国家的 GVC 参与程度及增加值份额的基本趋势，对比中国在"一带一路"生产网络中对不同地区和国家的影响力。

第六章，逆全球化背景下东亚区域经济共生发展研究。本章展示了"逆全球化"现象及其对东亚区域经济发展的影响，其后论述了东亚区域经济共生发展的理论逻辑与现实依据，共生理论为东亚区域经济合作提供了方向性指导，是东亚区域经济在逆全球化下发展的必然选择。提出推动东亚区域经济共生发展的对策应通过深化区域内部经济合作，在相互依赖中实现经济平衡、稳定和可持续增长，进一步提升东亚区域经济的整体价值。

第七章，制度质量对生产性服务业全球价值链参与程度的影响研究。本章分析了制度质量对生产性服务业全球价值链参与程度的影响，从理论层面梳理了制度质量的影响机制。基于上述分析，实证检验了制度质量对生产性服务业全球价值链参与程度的影响，并进一步对 GVC 参与程度对异质性和财产保护制度的影响进行分析。根据以上理论分析和实证分析，给出生产性服务业参与全球价值链的改进对策。

第八章，电子商务与中国企业的全球价值链参与。本章以世界银行 2012年中国企业调查数据中 2700 个中国私营企业和 148 个国有企业为样本，采用 OLS、Logit、Probit 等模型从微观企业层面检验中国电子商务和全球价值链参与二者之间的关系。分析表明电子商务能够显著提高中国企业参与全球价值链的概率，尤其是参与国际市场能力较弱的中小微企业。

第九章，东道国全球价值链参与、生产共享与中国对外直接投资企业的区位选择——基于制造业的分析。本章基于 WIOD2016 版世界投入产出表数据，通过测度全球价值链位置及全球价值链参与程度，从东道国制造业行业层面切入探讨全球价值链参与对中国对外直接投资区位选择的影响。主要从两方面进行分析，一方面根据东道国处于价值链的位置，分别考察了东道国行业相对中国处于上中下游对中国企业直接投资的促进效应；另一方面根据相关国家参与程度的以及生产共享的前序和后序，探究其对中国企业投资的影响。

第十章，次区域经济合作促进"一带一路"生产网络的构建与发展。本章对"一带一路"沿线各次区域经济合作发展现状进行梳理回顾，分析当前区域经济合作的新特征。其后，分析区域价值链重构与"一带一路"生产网络的关系、"一带一路"次区域经济合作下的区域价值链构建以及探究当前中国在次区域价值链重构方面存在的问题并提出相应的改进建议。

第十一章，中国主导"一带一路"生产网络构建的机制与路径研究。本章对全球价值链理论与全球生产网络理论进行梳理回顾，并将其纳入生产网络构建的统一框架，从而得出"一带一路"生产网络构建的理论机制。基于上述理论机制，从内需支撑、工业体系、对外直接投资三个层面对构建"一带一路"生产网络对路径进行分析，并从宏观层面和微观层面提出相应路径优化对策。

二、研究方法

（1）归纳法与演绎法。一方面，本书对全球生产网络、全球价值链相关理论体系和研究成果进行梳理，归纳总结生产网络的一般性发展规律作为本书后续研究的理论基础，最终形成较为完善的"一带一路"生产网络构建的理论分析框架；另一方面，通过对全球价值链体系、区域经济发展的现状进行分析，得出"一带一路"生产网络构建的现实基础，为后续的实证研究奠定基础。

（2）比较分析法。本书对沿线国家所处全球价值链地位、投资便利化、GVC参与程度和一带一路国家与中国双边贸易量等特征的分析过程中，大量使用较为直观易懂的统计分析，并结合比较分析法对相关国家的差异进行描述和比较，便于研究分析深层原因，作为后续理论推理和计量检验的分析基础。

（3）实证分析法。本书基于国内外数据库及统计分析得到的相应数据，运用动态面板估计方法（SYS-GMM）、时变随机前沿引力模型、DEA-Malmquist生产率指数法等方法进行实证分析，得到与科学性和现实性相符合的研究结论，应用于政策指导和现实实践。

第四节　创新与不足

一、创新之处

本书以价值链为切入点，探讨中国主导构建"一带一路"生产网络的路径与机制。从中国参与全球价值链对世界经济的贡献分析入手，探究"一带一路"背景下中国在全球价值链中的嵌入方式以及"一带一路"价值链中的中国角色、中国在全球生产网络中的地位；从区域经济合作和次区域经济合作推动"一带一路"生产网络构建入手，一方面分析区域经济发展中的制度、投资与贸易对参与全球价值链的影响，另一方面论述次区域经济合作中的经济协同共生、区域价值链重构促进"一带一路"生产网络构建的路径机制。

二、不足之处

（1）在投资便利化指标分析上还有待补充与完善。本书选取制度质量、投资环境、金融服务、信息技术和基础设施五个指标构建投资便利化的评价体系，缺少货币自由度以及贸易自由度方面的评估。在未来的研究中笔者将进一步补充相关分析，加入货币和贸易自由度的相关考察。

（2）仅基于国内数据库及一些国外数据库公布的数据进行的测度和分析在年限和国外经济现状调查上有所限制。因更详尽的国外官方统计数据未予公开，本书只能基于国际国家风险指南（international country risk guide，ICRG）数据库、WIOD数据库、世界银行等数据，着重对东北亚地区进行分析。笔者将努力获取更优质更广泛的调查数据后更新相关研究，以展示更有普遍性的研究结果。

（3）在"一带一路"生产网络构建的理论框架上还不够完善。当前跨国公司引领全球生产布局，生产网络的形成是跨国公司在全球组织设计、生产、销售等生产阶段的结果，使得单一从宏观层面以国家为中心"一带一路"生产网络的分析不够充分。本书将全球价值链理论与全球生产网络理论置于生产网络构建的统一框架内，主要从宏观层面探究中国主导"一带一路"生产网络构建的机制和路径，缺乏微观层面的分析。笔者拟在后续研究中立足微观层面构建更完善的理论分析框架。

第一篇

"一带一路"生产网络构建的意义

第一章 "一带一路"国际生产网络促进全球经济治理体系的变革

第一节 引 言

在当前的国际环境中,全球经济治理机制的变革势在必行。在新一轮的全球经济治理变革中,中国应该贡献自己的力量。从党的十九届四中全会形成的《中共中央关于坚持和完善中国特色社会主义制度推进国际治理体系和治理能力现代化若干重大问题的决定》可以看到,中国要"积极参与全球经济治理体系改革和建设";在2019年中央经济工作会议中也提到"要主动参与全球经济治理改革,积极参与世贸组织改革,加快多边自贸协议谈判"。足见中国在新的国际环境下,推动全球经济治理机制变革的迫切需求和坚定决心。

推进全球经济治理机制变革是国际经济形势变化的迫切需要。21世纪以来,在全球经济治理领域已经发生了一次全面变革,现在正面临又一次深刻变革。2008年的金融危机使全球经济治理发生了全面而深入的变革,这一变革尽管由西方发达国家主导,但新兴市场经济体也充分参与。这次变革是一次应对全球经济危机的共同努力,二十国集团(G20)是共同应对全球性危机的典范。然而,2013年以来,新兴经济体的持续强劲加剧了新旧经济体之间的矛盾,美国主导的逆全球化思潮在全球泛滥,英国脱欧、中美贸易摩擦成为逆全球化的典型事件。中国自改革开放以来深入参与全球价值链,成为"世界工厂",从逆全球化对中国的影响来看,中国的经济发展仍面临着巨大的威胁,中国推动全球经济治理变革在当前极为迫切。

推动以"共商共建共享"为主旨的全球经济治理原则,不仅符合中国经济发展的要求,而且有利于世界各国的共同发展。为应对新挑战,中国提出了"一带一路"倡议,"共商共建共享""构建人类命运共同体"是其建设的指导思想。"一带一路"国际生产网络的构建是在国际形势新变化下，全球经济治理体系变革的中国方案与实践。以"共商共建共享"为准则的区域性经济治理方案的实现，有赖于"一带一路"国际生产网络的建成，"一带一路"庞大的经济体量将进一步提升"命运共同体"的话语权。

第二节 国际形势的变化促进全球经济治理规则的重构

一、2008年金融危机以来的逆全球化与全球经济治理失灵

全球经济治理应服务于世界各国经济发展的共同利益，在国际新形势下，现有全球经济治理无疑背离了这一宗旨。2008年国际金融危机是国际经济形势的重要分水岭（Kirshner J，2014）。成立于2009年的G20领导人峰会在应对全球金融危机上发挥着巨大作用，然而集团内部少数发达国家却引领了"逆全球化"潮流，使得全球经济治理面临变革。随着英国脱欧以及美国"再工业化"、退出跨太平洋伙伴关系协定（Trans-Pacific Partnership Agreement，TPP）和发起中美贸易战等事件的出现，逆全球化成为自2008年国际金融危机以来国际形势呈现的新变化，贸易保护主义在全球范围内愈演愈烈。

当前西方国家主导建立的全球经济治理体系不再适应国际经济形势的变化，从而导致全球经济治理失灵。当前全球经济治理体系未能建立一个能够促进和平、繁荣和人类福祉的包容、可持续和有效的国际经济体系，治理方法未充分适应国际政治经济的新现实，关键国际经济治理机构只是在缓慢调整其当前的实践决策，以适应其成员之间的经济权力平衡已经发生变化的事实（George M and John J，2017）。逆全球化潮流都是发达国家在考虑自己利益的背景下产生的，而不断崛起的新兴市场国家也必将在全球经济治理新体系中谋求自己的利益诉求，全球经济治理亟待变革。

二、新兴经济体的崛起引发治理主体的话语权变化

新兴经济体以其后危机时代突出的经济增长贡献使其在全球经济治理舞台上的话语权增加，新兴经济体第一次成为全球经济增长的主导力量（朱民，2011），推动全球经济治理进入一个大变革、大调整时期。金砖国家作为世界经济增长的引擎，理应参与全球经济治理。金砖国家是全球具有代表性的新兴

市场国家，其占据世界国土总面积的29.6%，占世界人口的41%，国内生产总值（Gross Domestic Product，GDP）占世界总量的24%。[①] 据国际货币基金组织（International Monetary Fund，IMF）的数据，金砖国家成立以来对全球经济增长的贡献率超过30%。2021年，金砖国家之间的贸易额比2006年增加300%，成为引领世界经济复苏和增长的重要力量。

新兴经济体积极参与全球经济治理，其全球经济治理地位提升，全球经济治理新结构下新兴经济体与发达经济体共同合作。"G20峰会"应运而生，发展中国家成为全球经济治理的参与主体充分体现了其参与国际事务能力的提高。全球经济治理体系变革是话语权的博弈，博弈的基础是参与主体的经济实力。全球经济治理也是协商过程，需要各层次参与主体共同推进。世界经济早已由"单极"转向"多极"，全球经济治理应是各"极"共商共建共享的。

三、重塑全球经济治理体系，关键在于提升新兴市场国家的话语权

G20成为最重要的全球经济治理平台。全球经济治理平台制度调整的成败取决于新兴大国是否有能力重塑国际制度和建立可信"威胁"的能力（Zang L B et al.，2016）。G20在协调主要经济体宏观经济政策、推动世界经济复苏等方面发挥了重要作用。G20将中国等新兴经济体纳入其中，但美国在全球经济治理新体系中为自身谋求最大利益。美国在世界银行和国际货币基金组织中拥有一票否决权，主导国际金融治理，以跨大西洋贸易及投资伙伴协议（Transatlantic Trade and Investment Partership，TTIP）重构国际贸易规则，掌握全球价值链背景下的全球贸易规则主导权。

区域经济一体化，是提升新兴经济体的话语权的可能途径，经济实力的提升是新兴国家获取全球经济治理话语权的重中之重。受限于规模，新兴经济体凭借自身提升经济发展水平的可能性并不大，新兴经济体需要寻找"命运共同体"伙伴。新兴经济体之间深化区域合作水平，降低双边壁垒，扩大开放，共享市场，有利于新兴经济体的快速发展。"一带一路"倡议、金砖五国多边合作，中国-东盟自贸区等都是新兴经济体的经济合作平台。新兴经济体存在广泛的共同利益，通过实现区域经济一体化发展是加强新兴经济体整体话语权的一个有效途径。

[①] 数据来源于世界银行数据库。

第三节　推动以中国为主导的"一带一路"国际生产网络的形成

一、构建"一带一路"生产网络，使其成为各国经济发展的新增长点

"一带一路"生产网络是区域内经济合作的内在本质。近年来，发生在全世界范围内的跨国生产行为是国际经济发展的典型特征，中间品贸易流在全球总贸易流中的占比越来越大。区域内各国的经济合作很大程度上就是全球价值链上各生产环节的匹配协作。中国有望成为"一带一路"生产网络构建的主导角色。在供给侧，中国在保持下游竞争力的同时，全球价值链地位向中高端攀升，既可以满足发达国家对中国低廉最终品的需求，也能在一定程度上满足区域内不发达国家的中间品投入需求；在需求侧，中国制造业大国的地位会保证其对区域内各国先进中间品的需求，同时中国经济发展向内需增长转变的趋势，扩大了对区域内各国最终品的需求。

"一带一路"倡议可以成为区域内各国经济的新增长点。"五通"建设使得区域内各国与世界经济更加紧密地联系在一起，亚洲基础设施投资银行（亚投行）和丝路基金为其提供了金融支持。这些举措使得各国能够充分发挥特有要素禀赋的比较优势，实现价值链合作，促进经济增长。"一带一路"倡议的实施显著促进了中国企业的对外投资的增长，"一带一路"沿线国家的投资项目数增长幅度达到32%（吕越等，2019）。"一带一路"基础设施建设不仅可以促进一国（或地区）的经济发展，也可影响全球价值链重构（卢潇潇和梁颖，2020）。"一带一路"倡议中"设施联通"建设正是针对基础设施建设而来的，以推动基础设施建设领域的合作。

二、中国深度参与"一带一路"沿线的全球价值链活动

利用王直等（2017a）的方法，对WIOD2016版国家间投入产出表所包含的15个"一带一路"沿线国家的全球价值链活动进行测算。2000~2014年，这些国家全球价值链活动中，与中国相关的增加值份额越来越大，增长速度超过了外国平均增加值份额增长速度。从前向和后向两个角度看，与中国相关的参与程度增长率是要高于总参与程度的增长率，且在2008年金融危机和2013

年逆全球化浪潮兴起的情况下，这一特征仍然存在。

在各国全球价值链活动类型中，与中国相关的增加值份额大小主要看中国所担任的角色。① 从后向来看，在2000年的简单全球价值链活动中中国份额最大值和最小值分别为0.048和0.002，在2014年分别为0.157和0.019；在2000年复杂全球价值链活动中的最大值和最小值分别为0.047和0.011，在2014年分别为0.145和0.051；从前向来看，在2000年简单全球价值链活动中中国份额最大值和最小值，分别为0.092和0.001，在2014年分别为0.133和0.006；在2000年复杂全球价值链活动中的最大值和最小值分别为0.090和0.016，在2014年分别为0.175和0.046。总体来看，在2000~2014年的这15年间，中国参与各国各类全球价值链活动的程度有了很大发展。

在行业层面的全球价值链活动中与中国相关的增加值份额大小主要看中国所担任的角色。2000年~2014年，从后向来看，农业从0.021增长到0.081，采矿业从0.010增长到0.058，制造业从0.022增长到0.094，服务业从0.019增长到0.092；前向来看，农业从0.040增长到0.093，采矿业从0.049增长到0.128，制造业从0.046增长到0.093，服务业从0.030增长到0.070。② 总之，"一带一路"区域参与全球价值链中的中国角色越来越重要，为中国主导"一带一路"生产网络的形成打下坚实基础。

三、构建以中国为主导的"一带一路"国际生产网络

构建以中国为主导的"一带一路"国际生产网络，需进一步提高中国与"一带一路"国家的生产联系，更好地发挥中国在"一带一路"国家参与全球价值链中的作用。

积极探索与中东欧国家的生产合作，主动构筑区域价值链。中东欧国家产业结构与中国不同，与中国产业具有较强的互补性。在与中东欧国家进行生产合作时，应依靠其靠近欧洲发达国家的技术优势和其本身具有的禀赋优势，积极开展国际产能合作。扩大对中东欧国家的直接投资，大力发展企业内贸易，实现以中国跨国公司为主导的"一带一路"全球生产网络的构建。

在制造业领域扩大进口，在全域内整合优质资源。中国以往在制造业领域表现出比较明显的前向不及后向的特征，这体现了中国对"一带一路"国家中间产品的需求不足。"一带一路"倡议提出的"五通"，可以降低中国与

---

①② 数据来源于作者对2000~2014年全球价值链活动中中国份额变化的测算。

"一带一路"进出口贸易的关税、运输等成本。中国应该在"一带一路"沿线扩大进口自身所需的先进技术、关键设备和零部件，发挥中高技术制造业和高技术制造业的竞争力，通过对中低技术制造业和低技术制造中间品的需求，带动在"一带一路"沿线生产要素的进口。

便利化贸易投资环境。在贸易领域推广自由贸易区成功经验，加强海关通关效率，降低贸易关税成本，签订贸易协定。消除投资壁垒，广泛与沿线各国签订双边投资协定，努力增加各国外资准入目录，简化国内外外资审批程序，在双边框架下优化外资经营环境。贸易与投资相结合共同发力，扩大中国与"一带一路"沿线各国的生产联系。

第四节 "一带一路"国际生产网络推动全球经济治理机制变革

一、"一带一路"生产网络为全球经济治理变革打下坚实基础

"一带一路"生产网络是全球经济治理体系的重要组成部分，为全球经济治理变革打下坚实基础。"人类命运共同体"的发展理念给予了"一带一路"倡议极高的历史定位。"一带一路"沿线多为发展中经济体，在贸易、投资、金融、基础设施建设等经济发展领域具有广泛的共同利益，是"人类命运共同体"的有力建设者，它们在全球经济治理规则重构中表现出相似的诉求。

"一带一路"区域在世界经济版图中举足轻重。"五通"为各国充分发挥资源禀赋的比较优势，提高对外开放水平提供了机会，使区域内各国经济得以快速增长，促进"一带一路"生产网络的形成。

二、"一带一路"国际经济治理的世界影响

在区域经济一体化下完善经济治理方案。未来，区域经济一体化应是经济全球化的发展方向。世界经济格局呈现多极化，美国、欧盟、中国、日本作为世界经济发展中的重要力量，尽管经济上互有争端，但都有谋求区域经济合作的大战略，以完善区域经济一体化的国际经济治理，带动全球经济治理。

提升发展中国家在全球经济治理中的话语权。中国因主导"一带一路"生产网络的形成，而具备引导"一带一路"国际经济治理的能力。中国在市场准入、投资环境、知识产权保护和进口四个方面扩大开放，符合"一带一

路"国家的共同利益,中国主导的国际经济治理符合广大新兴经济体的共同诉求。"一带一路"国际经济治理以其重要的经济地位为基础,在全球经济中以整体的表达方式提升广大发展中国家的话语权。

"一带一路"经济治理为全球经济治理体系变革提供示范。"一带一路"是在"共商、共建、共享"的原则下,构建"人类命运共同体"的强有力实践,"一带一路"的建设原则上有着充分尊重各方利益诉求的本质。中国已与全球多个国家和国际组织签订了"一带一路"合作协议,开放包容的"一带一路"国际经济治理必将协调好各国之间因发展阶段不同、意识形态不同以及文化背景不同带来的矛盾,为世界全球经济治理提供示范。

第五节 积累全球经济治理经验,为全球经济治理新体系提供中国方案

一、深度参与全球经济治理,积累全球经济治理经验

中国应在当前框架下深度参与全球经济治理,积累全球经济治理经验,为全球经济治理机制改革贡献中国智慧。全球经济治理短期内可能无法突破对原有经济治理的路径依赖,中国应积极参与以世界银行、国际货币基金组织、世界贸易组织三大国际组织为框架的全球经济治理体系。中国应凭借国际地位的稳步提升,深度参与各经济组织的活动,找准发展中国家在全球经济治理中的位置,厘清当前全球经济治理对各经济体的利弊,运用全球经济治理的工具,提出符合世界各国人民利益的全球经济治理方案。

二、中国的全球经济治理思想是以各方共同受益为准则

中国的全球经济治理思想以各方共同受益为准则,以"人类命运共同体"为目标。要充分利用国际舞台,代表发展中国家表达利益诉求。由于各国所处发展阶段和利益诉求不一致,要加强与各国的双边对话,切实了解不同国家的利益需求。G20领导人峰会、金砖国家领导人会晤是当前全球范围内最具影响力的全球经济治理多边对话平台,中国需充分利用这些国际舞台进一步阐释中国的全球经济治理新主张,代表发展中国家发声,提出中国方案,基于世界各国利益共享的原则,构建人类命运共同体。

三、加速"一带一路"国际生产网络形成,提供全球经济治理的样本

加速构建"一带一路"国际生产网络,完善"一带一路"国际经济治理模式,提供全球经济治理的区域样板。强化"一带一路"国际生产网络中的中国角色,以对外直接投资和大力发展企业内贸易的方式,构建以中国为主导的生产网络。扩大中间品进口,在"一带一路"区域内整合优质资源;便利化贸易投资环境,加强全球价值链的生产联系;发挥好丝路基金、亚投行等在解决各国经济发展资金困难方面的作用。推动"一带一路"区域经济一体化发展,提升中国参与制定全球经济治理方案的话语权。

第二章 中国对世界经济增长的贡献：进口中国增加值的生产率促进效应研究

第一节 引 言

伴随着中国经济的高速发展，中国对世界经济增长的贡献成为政策界和学术界的研究热点。特别是在 2008 年全球金融危机之后，中国逐步成为世界经济增长的最重要引擎。据 IMF 的测度，2009~2018 年，中国对世界 GDP 增长的平均贡献率高达 34%。然而，中国制造业快速崛起在国际上引发了一波"中国威胁论"浪潮（曾新胜，2006）。从就业视角来看，一篇代表性的文献认为中国进口会加剧美国制造业企业之间的竞争，导致美国就业岗位和总就业人数减少（David H et al.，2013；Pierce J R and Schott P K，2016；Acemoglu D et al.，2016）。但王直等（Wang Z et al.，2018）认为在全球价值链视角下来自中国的中间品进口会提高美国的就业水平和真实工资。当今世界经济的生产碎片化特征明显，生产跨境分割不断增长，从研发到销售的生产过程被切割成很多部分分散在不同的国家（Baldwin R，2013）。在全球价值链背景下，中国经济突飞猛进和国际竞争力日益增强是否威胁到其他国家的发展？这一点仍值得商榷。

全要素生产率提升是推动世界经济持续增长的动力和源泉，也是国内外学者讨论嵌入全球价值链时的热点问题。中国加入 WTO 以来，通过产出供给和投入需求两个渠道深度融入全球价值链（程大中，2015）。作为参与全球价值链活动最活跃的国家之一，中国在各国全球价值链活动中的影响越来越大。如图 2-1 所示，2000~2014 年，所有行业后向全球价值链活动中的中国增加值份额保持持续增长态势，从 2000 年的 0.029 增长至 2014 年的 0.096。其中，大多数年份制造业后向全球价值链活动中的中国增加值份额略高于其他行业，中国逐渐成长为"世界工厂"。2014年,全球价值链后向活动的中国制造业增加值份额占后向增加值总额的比例从2000年的2.9%增长至9.7%,表明中国增加值在全球制造业后向全球价值链活动中的影响越来越大。① 中国作为全球生产网络中极为重要的一环,其增加值会对各国的生产率产生显著的正向影响。

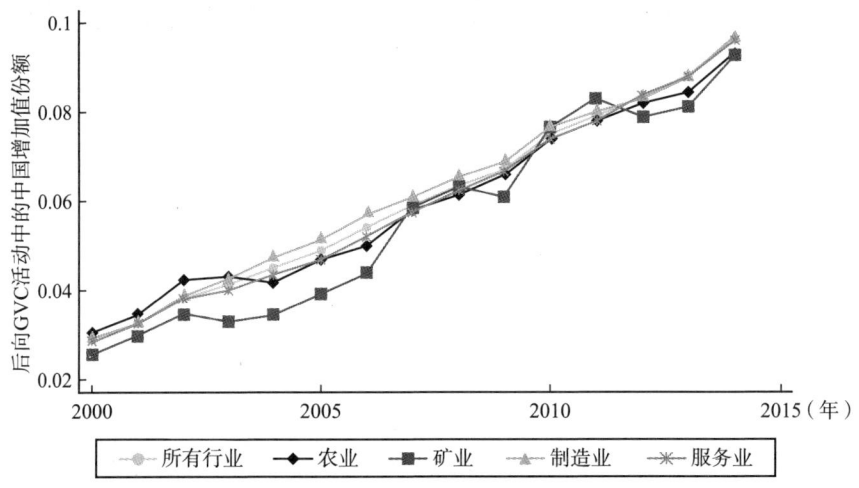

图2-1 2000~2014年后向GVC活动中的中国增加值份额

资料来源:作者根据WIOD2016版国家间投入产出表计算。

中国深度参与全球价值链为从生产率促进效应角度讨论中国对世界经济增长的贡献提供了可靠的现实基础。理论层面,因中国当前正处于全球价值链的中低端,通过技术扩散或中间品质量提高促进全要素生产率的渠道可能不明显,进口中国增加值可能主要通过竞争效应对各国全要素生产率产生影响。一方面,来自中国的增加值会促使东道国优化生产要素结构,专注于具有比较优势的生产任务,进而提高资源配置效率。如东道国更专注于高技术产品生产,来自中国的增加值可促进东道国技术进步。中国对欧盟国家的进口竞争便是通过以上机制,提高了欧盟国家的生产率(Formai S and Vergara C F,2015)。另一方面,东道国对中国增加值需求可看成是对中国这一有限资源的竞争,东道国对有限资源的竞争能够提高生产率(Taglioni D and Winkler D,2016)。东道国参与全球价值链能够获得更好的中间品投入(Formai S and Vergara C F,2015),中国的增加值从低成本的角度来看具有一定的竞争优势,因此可成为

---

① 作者根据WIOD2016版国家间投入产出表计算得来。

东道国竞争使用的有限资源。有限资源的使用无疑会加剧跨国公司和地方企业、东道国全球价值链参与者与非参与者之间的竞争，而激烈的竞争会显著提高竞争参与者的平均生产率水平。具体地，本章将以总体行业样本为基础，尝试选取合适的工具变量排除内生干扰，重点讨论各国制造业在参与全球价值链时进口中国增加值所带来的生产率效应。

本章可能的贡献包含如下两个方面：第一，以中国这一发展中国家作为各国全球价值链活动中的参与主体，从生产率促进视角探究全球生产分工中的中国贡献，这一工作可有效拓宽中国对世界经济所做贡献的研究视角。第二，本章在全球价值链背景下考察进口中国增加值对东道国行业层面全要素生产率的影响及作用渠道，从增加值来源的国别异质性视角丰富了参与全球价值链的生产率效应这一支文献。本章余下部分安排如下：第二节为文献综述；第三节为模型设计、指标测度与数据说明；第四节为实证结果与分析；第五节为结论与政策启示。

第二节 文献综述

（1）离岸外包的生产率效应。离岸外包可看作全球价值链的一种具体表现形式。理论层面，在生产碎片化的背景下，企业通过进口本国所不能生产的高技术投入（Jones R W and Kierzkowski H，2004）和离岸外包，使得生产要素更加便宜从而降低生产成本（Grossman G M and Rossi - Hansberg E，2008；Mitra D and Ranjan P，2007）来促进生产率进步。经验层面，因讨论的背景和视角不同导致离岸外包的生产率效应存在差异。从奥地利（Egger P et al.，2001）、美国（Egger H and Egger P，2006）、新加坡（Thangavelu S M et al.，2008）、中国（李平和杨慧梅，2017）的样本来看，制造业的离岸外包对本国全要素生产率促进作用明显。对于企业而言，离岸外包的学习效应显著存在于初次进入国际市场的企业，而大规模外包的规模效应则发生在规模较大且已经国际外包的公司中（McCann F，2011）。企业将低效率的业务外包则有生产率提高效应，而将核心生产活动外包则没有这种效应（Schwörer T，2013）。企业把原本自制的但属于其他产业的中间投入品外包出去，会提高企业的劳动生产率（徐毅和张二震，2008）。另外，离岸外包的业务差异也会导致生产率的差异。在跨国面板样本下，服务离岸外包和材料离岸外包均对生产率有正向影响（Amiti M and Wei S J，2009；Winkler D，2010）。然而国家发展水平异质性也会带来离岸外包生产率促进效应的异质性，材料离岸外包对低收入国家的全要素生产率（Total Factor Productivity，TFP）增长无益，仅服务外包对生产率有促进效应（Falk M，2012）。

（2）参与全球价值链的生产率效应。全球价值链强调跨国生产环节的组织、治理和协调，是以离岸外包为代表的国际生产碎片化现象的统一描述。利用跨国行业面板的分析发现，后向全球价值链参与的生产率效应显著为正，能够显著提高劳动生产率和全要素生产率，并且这种生产率促进效应主要体现在制造业部门（Kordalska A et al.，2016；Constantinescu C et al.，2019；Jona-Lasinio C and Meliciani V，2019）。全球价值链参与度的增加能显著提高中等发达新兴经济体及中国的 TFP，但不能提高新兴经济体全样本和发展中新兴经济体的 TFP（刘洪愧和谢谦，2017）。在供应链的背景下，外国企业进入能够提高东道国企业的供应商的生产率（Carluccio J and Fally T，2013）。当企业达到适当的质量水平，符合国际标准和专业技能，企业参与全球价值链能够进一步提高生产率水平（Del Prete D et al.，2017）。

全球价值链参与的生产率效应通过多种渠道实现。全球价值链类型带来了生产率促进效应的机制差异，序贯全球价值链中对 TFP 的影响来自技术改进，这既可由多样性品种的可获得性和更高质量的投入驱动，也可由更高的创新激励驱动；横向全球价值链的全要素生产率增长可能是由于进口竞争导致资源配置效率提高（Formai S and Vergara C F，2015）。前向与后向全球价值链参与的生产率效应均能通过"技术效应"与"资源再配置效应"而实现（郑玉和姜青克，2019）。后向全球价值链参与会加剧当地上游中间品投入市场的竞争程度，竞争效应带来上游厂家的生产率进步（Taglioni D and Winkler D，2016）。中国企业参与全球价值链的生产率促进效应主要通过中间品效应、大市场效应和竞争效应实现（吕越等，2017）。

从以上文献回顾可以发现，离岸外包和参与全球价值链的生产率促进效应是普遍共识，但仍可能存在两个方面的不足。第一，鲜有研究从国外增加值来源异质性视角讨论其对经济体生产率影响，进口中间品因来源国不同而具有明显差异，含于其中的外国增加值对本国经济的影响也应不同。第二，没有文献在全球价值链背景下考察各国进口中国增加值对东道国生产率的影响。基于此，本章将在后向视角下，讨论各国在行业层面后向全球价值链活动中进口中国增加值的生产率效应。

第三节 模型设计、指标测度与数据说明

一、模型的设立

模型设定部分,参考吕越等(2017)的做法,将全要素生产率分解为希克斯中性生产效率(A_{Ni})、资本增进型生产效率(A_{Ki})和劳动力增加型生产率(A_{Li})三种,从而可将柯布-道格拉斯(C-D)生产函数扩张为如下表达式:

$$Y_i = A_{Ni}(A_{Ki}K_i)^\alpha(A_{Li}L_i)^{1-\alpha} = A_{Ni}A_{Ki}^\alpha A_{Li}^{1-\alpha}(K_i)^\alpha(L_i)^{1-\alpha} = A_i(K_i)^\alpha(L_i)^{1-\alpha} \quad (2-1)$$

Y_i、K_i以及L_i分别为行业i的总产出、资本存量和劳动力;全要素生产率为A_i,不同的生产效率体现了影响全要素生产率的三种不同途径。为探究来自中国的增加值对全要素生产率的影响,可以认定全要素生产率是中国增加值的函数,依次可以写为:

$$A_{Ni} = f_N(BVACHN_i)\phi_N(X_i)\overline{A_N} \quad (2-2)$$

$$A_{Ki} = f_K(BVACHN_i)\phi_K(X_i)\overline{A_K} \quad (2-3)$$

$$A_{Li} = f_L(BVACHN_i)\phi_L(X_i)\overline{A_L} \quad (2-4)$$

如果$\frac{\partial f}{\partial BVACHN}>0$,则表明来自中国的增加值对东道国有全要素生产率的提升效应;反之,则没有。

将式(2-2)、式(2-3)、式(2-4)代入式(2-1),可以进一步得到全要素生产率的表达式:

$$A_i = [f_N(BVACHN_i) \cdot \phi_N(X_i) \cdot \overline{A_N}] \cdot [f_K(BVACHN_i) \cdot \phi_K(X_i) \cdot \overline{A_K}]^\alpha \cdot$$
$$[f_L(BVACHN_i) \cdot \phi_L(X_i) \cdot \overline{A_L}]^{1-\alpha} = f(BVACHN_i) \cdot \phi(X_i) \cdot A \quad (2-5)$$

将$f(BVACHN_i)$取指数形式,$f(BVACHN_i) = e^{\beta \cdot BVACHN_i}$,代入式(2-5),等号两边取对数可得:

$$InA_i = InA + [\beta_N + \alpha\beta_K + (1-\alpha)\beta_L]BVAVCHN_i + \ln[\phi(X_i)] \quad (2-6)$$

据以上,本章的计量模型可以设定为:

$$\ln TFP_{cit} = \beta_0 + \beta_1 BVACHN_{cit} + \beta_2 \ln(K_{cit}/L_{cit}) + X_{cit} + \mu_{ci} + \eta_{ct} + \nu_{it} + \varepsilon_{cit} \quad (2-7)$$

在式(2-7)中,下标c,i,t分别表示行业所在国家、行业类别、以及

年份。TFP 为全要素生产率，BVACHN 为后向视角下用于东道国对应行业最终品生产中涉及全球价值链活动的中国增加值。K/L 为人均资本存量；X 为控制变量；μ_{ci}、η_{ct}、ν_{it} 分别为国家——行业固定效应、国家——年份固定效应、行业——年份固定效应，用以控制不可观测的遗漏变量，例如中国与东道国的距离、劳动力市场的变化、全球技术冲击、行业与国家之间随时间变化的技术差异等（Constantinescu C et al.，2019）；ε_{cit} 为残差项。[1]

二、指标测度与变量选取

（一）全要素生产率（TFP）的测度

本章采用 DEA – Malmquist 生产率指数法（Färe et al.，1994）测度各行业的全要素生产率。由 DEA – Malmquist 测算出的生产率其实是前后两期全要素生产率的变动。在 t 期，如果该值大于 1，则表明 t 期相对于 t – 1 的全要素生产率上升；反之，则说明 t 期生产率相比 t – 1 期下降。DEA – Malmquist 测度的生产率变化可以分解为技术进步和技术效率的变化，技术进步的变化是指最优生产前沿的移动。[2] 技术效率是指给定投入达到最优生产前沿的能力。技术效率在规模报酬可变的最优生产前沿假设下，可以进一步分为纯技术效率和规模效率指数。在全要素生产率计算中，选取各行业的资本存量和雇佣人数为投入变量，选取各行业的总产出为产出变量。资本存量和总产出均以总产出价格水平（以 2010 为基期）进行平减。使用 DEAP2.1 软件测算。数据来源于 WIOD2016 年版社会经济核算账户。

（二）中国增加值（BVACHN）

此处的中国增加值具体为各国各行业后向全球价值链活动中的中国增加值，其测算方法来自王直等（2017a）这一生产分解的前沿方法。该测算方法相较以往出口增加值分解方法的优点在于其在生产分解的框架下明确了什么是全球价值链活动，更易区分出全球价值链活动中的中国增加值（Koopman et al.，2014；Wang Z et al.，2013）。式（2 – 8）给出了后向视角下的生产分解，

---

[1] 控制国家——行业固定效应，用于控制个体固定效应；控制国家——年份固定效应，用于控制国家层面随时间变化的不可观测遗漏变量；控制行业——年份固定效应，用于控制行业层面随时间变化的不可观测遗漏变量。

[2] 可理解为最有效率产出的变化。

最终品依据生产投入的来源分为三部分：仅涉及本国生产部分、仅涉及李嘉图贸易的部分和全球价值链活动部分。

$$Y' = VB\hat{Y} = \underbrace{VL\hat{Y}^D}_{(1)-Y\_D} + \underbrace{VL\hat{Y}^F}_{(2)-Y\_RT} + \underbrace{VLA^FL\hat{Y}^D}_{(3a)-Y\_GVC\_S} + \underbrace{VLA^F(B\hat{Y}-L\hat{Y}^D)}_{(3b)-Y\_GVC\_C} \quad (2-8)$$

在 G 国 N 部门的国家投入产出表情景下，式（2-8）中 V 为增加值系数矩阵，A 为投入系数矩阵，A^F 为处于非对角线上的进口投入系数矩阵，Y 为最终需求矩阵，Y^D 为在本国吸收的最终需求矩阵，L 为本国里昂惕夫矩阵，B 为里昂惕夫矩阵。$VB\hat{Y}$ 为 GN·GN 矩阵，被分解为四个 GN·GN 矩阵，其代表某一国家/部门在生产最终品和服务过程中，间接使用或直接使用的来源国增加值。根据生产要素所嵌入的不同产品用途类型，对生产活动进行完全分解。第一项（$VL\hat{Y}^D$）为在本国使用的本国增加值，该部分增加值不涉及跨国贸易；第二项（$VL\hat{Y}^F$）为嵌入最终品贸易中的本国增加值，这些增加值跨国仅涉及直接消费，不用于再生产，也被称为李嘉图贸易；第一项和第二项均不涉及跨国的生产活动。在第三项和第四项中，增加值嵌入到进口或者出口中间品中，从而实现了生产活动的跨国特征，被称为 GVC 生产活动。嵌入增加值的中间品被进口国直接用于生产在该国进行吸收的最终品，增加值仅跨国一次（由进口投入系数矩阵 A^F 给出），被称为简单的 GVC 活动（$VLA^FL\hat{Y}^D$）。当嵌入增加值的中间品被进口国用于生产出口品时（中间品或者最终品），增加值至少跨国两次，其中第一次跨国由进口投入系数矩阵 A^F 给出，第二次及超过第二次部分由 $B\hat{Y}-L\hat{Y}^D$ 给出，在 BY 矩阵中去除不跨国的部分 LY^D，被称为复杂的 GVC 活动（$VLA^F(B\hat{Y}-L\hat{Y}^D)$）。简单 GVC 活动描绘了各国在全球价值链中的浅层次生产共享，其参与的是一种简单的跨境生产活动；复杂 GVC 活动则描绘了各国在全球价值链中的深层次生产共享，其参与的是一种复杂的跨境生产活动。本章在测度各国各行业后向全球价值链活动中的中国增加值时不区分简单和复杂全球价值链，将二者加总，并取对数值。

控制变量。人均资本存量（Lnkl）为资本存量与雇佣人数之比，取对数，用于控制行业资本密集度对生产率的影响。出口中间品数据来源于 2016 版 WIOD 数据库，为各行业的中间品出口值，取对数，用于控制出口对生产率的影响。

（三）数据来源

本章的实证数据来源于 WIOD2016 版数据库。该数据包括了 43 个国家和地区（欧盟以及新兴市场经济体）56 个行业的样本，样本考察期为 2000~2014 年。利用 WIOD2016 版国际间投入产出表测度各国各行业，后向视角下的简单和复杂全球价值链活动的中国增加值。利用2016版社会经济核算账户（Socio Economic Accounts）数据提供了总产出、雇佣人数、资本存在、产出价格水平等数据。表2-1给出了各变量的描述性统计。

表2-1 各变量的描述性统计

变量	变量名	观测值	均值	标准差	最小值	最大值	数据来源
TFP	全要素生产率指数	27849	1.03	0.15	0.00	2.00	2016年版社会经济核算账户（SEA）
BVACHN	后向GVC中的中国增加值（取对数）	27849	2.49	2.50	-8.34	9.75	WIOD2016年版世界投入产出表
Lnkl	人均资本存量（取对数）	27849	5.71	2.44	0.14	16.56	2016年版社会经济核算账户（SEA）
Lnintere	中间品出口（取对数）	27849	6.03	2.45	-4.87	12.19	WIOD2016年版世界投入产出表

通过图2-2可以初步看到各国全球价值链活动的中国增加值份额变化与全要素生产率增长之间的关系。从线性拟合方程来看，各国进口中国增加值系数不为0，且制造业的系数更大。图2-2的结果表明在所有行业、制造业、农业和服务业三种样本下，各行业全要素生产率变化率与各行业GVC活动中的中国增加份额变化呈现正相关。根据拟合值和系数的比较可知，中国增加值对制造业全要素生产率的影响更大。

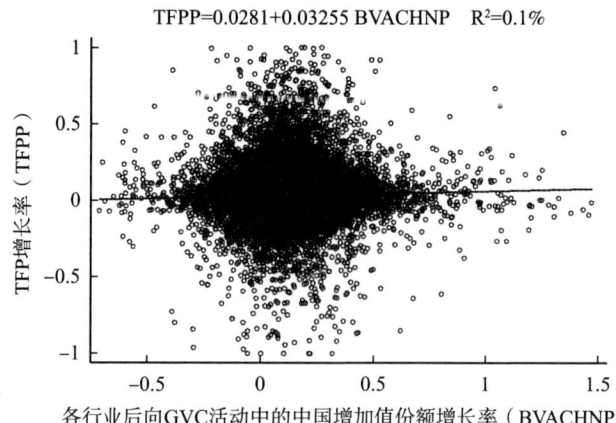

TFPP=0.0281+0.03255 BVACHNP R^2=0.1%

各行业后向GVC活动中的中国增加值份额增长率（BVACHNP）
n=28484   RMSE=0.1462439

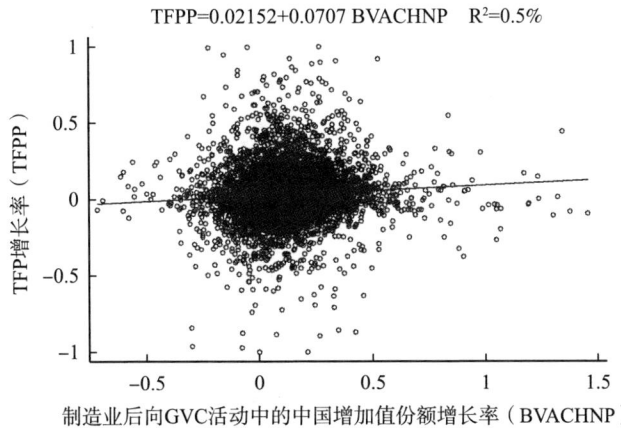
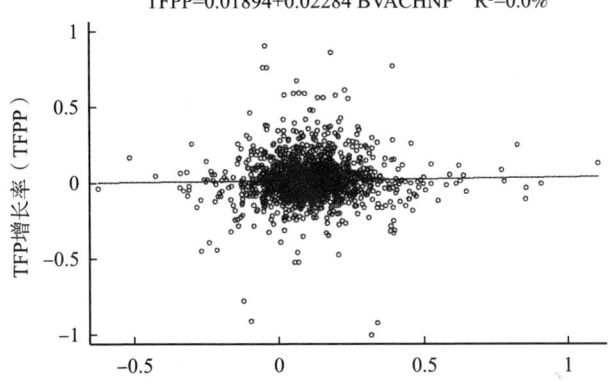
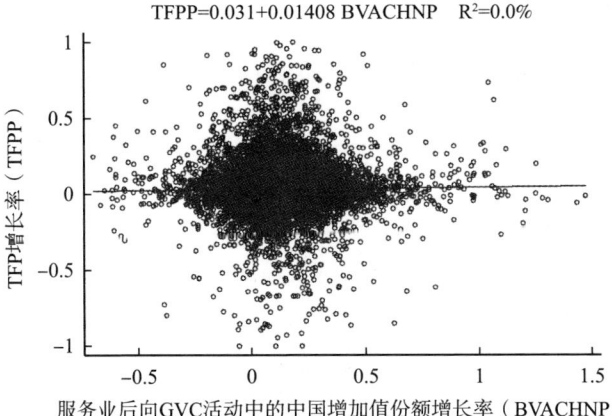

图 2-2 全球价值链活动中的中国增加值份额增长率与 TFP 增长率

资料来源：WIOD2016 版国家间投入产出表和 DEA – Malmquist 生产率，以指数法计算。

第四节 实证结果与分析

一、基础估计结果

在基础估计中,本章使用 OLS 方法对全样本和制造业样本进行逐步回归,来估计行业层面后向全球价值链活动中的中国增加值的生产率效应。同时控制国家——行业固定效应、国家——年份固定效应、行业——年份固定效应来控制可能存在的遗漏变量偏误问题。表 2-2 列(1)和列(2)是仅控制各类固定效应但未加入任何控制变量的 OLS 估计结果,结果表明在全样本和制造业样本中的中国增加值对全要素生产率变化有促进作用,其统计显著水平为 1%,初步表明各国各行业在参与全球价值链时所进口的中国增加值有利于本国全要素生产率的提升。列(3)和列(4)加入行业层面的人均资本存量和中间品出口。加入控制变量之后的中国增加值系数同样显著,两种样本均满足在 1% 的统计水平显著为正,同样支持全球价值链活动中的中国增加值对全要素生产率有促进作用。中国处于全球价值链中低端环节,其出口中间品中的技术优势不强,但以价格优势对东道国同类产品形成竞争效应。一方面,面对中国产品的竞争,东道国可能会改善生产要素的配置和调整产业结构,转向更符合本国比较优势的生产活动;另一方面,中国产品也能够加剧处于同一价值链的东道国上游供应商的竞争,从而可能迫使东道国上游供应商提高生产率,以应对进口品的竞争。

表 2-2　　　　中国增加值对各行业的全要素生产率的影响

变量	OLS				IV			
	全样本	制造业	全样本	制造业	全样本	制造业	全样本	制造业
	(1)	(2)	(3)	(4)	(5)	(6)	(7)	(8)
BVACHN	0.027*** (0.004)	0.033*** (0.006)	0.025*** (0.004)	0.024*** (0.006)	0.261*** (0.055)	0.430*** (0.110)	0.255*** (0.056)	0.523*** (0.166)
lnkl	—	—	0.045*** (0.006)	0.066*** (0.010)	—	—	0.042*** (0.009)	0.006 (0.037)
Lninter_e	—	—	0.010*** (0.002)	0.022*** (0.008)	—	—	-0.011* (0.010)	-0.106** (0.051)

续表

变量	OLS				IV			
	全样本	制造业	全样本	制造业	全样本	制造业	全样本	制造业
	(1)	(2)	(3)	(4)	(5)	(6)	(7)	(8)
Kleibergen-Paap rk Wald F statistic	—	—	—	—	37.887	23.630	35.162	14.180
Cragg—Donald Wald F statistic	—	—	—	—	247.978	76.944	239.185	44.751
Country—industry fixed effect	Yes	Yes	Yes	Yes	Yes	Yes	Yes	Yes
Country—year fixed effect	Yes	Yes	Yes	Yes	Yes	Yes	Yes	Yes
Industry—year fixed effect	Yes	Yes	Yes	Yes	No	No	No	No
R^2	0.329	0.463	0.335	0.472				
观测值	27833	9323	27833	9323	22220	7395	22220	7395

注：***、**、*分别表示回归系数在1％、5％、10％的水平上统计显著；稳健标准误聚类到国家——行业层面；无论是否存在iid假设，F统计量均超过了斯托克·詹姆斯和尤格素弘（Stock J and Yogo M，2005）测算的关键值。

本章的内生性问题可能主要来自两个方面：第一，由不可观测变量所引起的遗漏变量偏误。本章在各种估计中加入各个层面固定效应的同时，进一步将被解释变量和控制变量替换为差分形式，尽可能减轻遗漏变量造成的估计偏误。① 控制国家——行业固定效应，可以控制国家、行业、国家——行业层面不随时间变化的固定效应，如技术差异等。另外也可以控制行业层面的全球价值链参与能力，如研究表明某些技术水平更高的行业，全球价值链参与能力更强（Amiti M and Wei S J，2009）。同时也对国家——年份和行业——年份固定效应加以控制，解决不随国家、行业变化而随时间变化的遗漏变量。

第二，各行业的中国增加值和全要素生产率之间存在较强的反向因果关系，在这种情况下，OLS估计便不再是无偏估计。在全球价值链的背景下，对他国中间品的进口实际上就是一种离岸外包行为，而生产率更高的企业才会在

---

① 见表2-2稳健性检验的模型（3）和模型（4）。

国际市场采购中间品（Antras P and Helpman E，2004）。Made in China 充分体现了中国作为接包方的角色而广泛存在。另外，反向因果关系也可能低估了全球价值链后向参与对生产率的影响，一个国家从事低技能且劳动密集型专业化生产活动的部门中，将会有更深的后向全球价值链参与程度，然而从事高生产率活动的国家可能有更低的后向全球价值链参与程度，从而形成负选择性偏差（Constantinescu C et al.，2019）。为更准确地识别核心解释变量的内生性，本章在选取合适的工具变量之后进行豪斯曼检验（Hausman test），检验结果给出了在1%的水平上拒绝核心解释变量外生的假设，以此判断OLS估计是有偏的。①

为了缓解反向因果带来的内生性问题，从而得到稳健的结果，本章采用工具变量法。此处，我们选取8个发达国家后向全球价值链活动中的中国增加值平均值作为工具变量。该工具变量的选取思路得到比较广泛的应用。② 首先，该工具变量与各国各行业的中国增加值的相关性体现在：8个发达国家对中国增加值需求越多，则表明中国中间品在国际市场的优势更强，而中间品优势越大则其他国家对中国的增加值需求也会越大，这样便满足相关性。其次，该工具变量与其他国家对应的行业并不相关，因此与其他国家各行业的TFP增长也不直接相关，排他性满足。

表2-2的列（5）、列（6）、列（7）、列（8）给出了在逐步回归下，全样本和制造业工具变量估计下的结果。为了识别弱工具变量问题，本章给出了工具变量估计下的斯托克·詹姆斯和尤格素弘（2005）关键值。另外，在本章所有的IV估计中不再控制行业——年份固定效应，因为其在工具变量估计第二阶段回归中吸收工具变量的差异。在工具变量估计下，出口中的中国增加值系数显著增大。以加入控制变量的估计结果为例，全样本下系数增大到0.255，制造业则增大到0.523，均在1%统计水平上显著，这说明工具变量在解决OLS估计偏误上很有必要。通过对列（7）和列（8）系数大小的比较可知，中国增加值对制造业的影响要高于对各行业的平均影响，这一结果不仅符合图2-2的比较，也与（Kordalska A et al.，2016）的结果一致。

---

① Chi2值为63.79，P值为0.00。
② 选取其他发达国家对中国的进口增长，作为美国对中国进口增长的工具变量（David H A et al.，2013）；以与东道国收入水平相似的三个国家的后向垂直专业化中，来自美国、德国、日本的增加值的平均值，作为东道国后向垂直专业化的工具变量（Constantinescu C et al.，2019）；刘志东和高洪玮（2019）使用中国对八个发达国家的出口作为中国对美国出口的工具变量。另外，在本书所有包含有工具变量的估计中，均删除用于工具变量构建的八个国家的观测值。

二、稳健性检验

表2-3列（1）和列（2）为工具变量固定效应的结果，该方法先消除固定效应的影响，再进一步考虑内生性问题，仅控制年份固定效应。表2-3列（3）和列（4）是被解释变量与解释变量都取差分的估计结果，这一做法旨在处理不随时间变化的国家行业异质性，当然也控制了国家——行业固定效应和国家——年份固定效应。表2-3的列（5）和列（6）为用劳动生产率对数值替换被解释变量的估计结果。从表2-3的稳健性结果可以看到，三类稳健性估计下的结果都表明中国增加值系数显著为正，且制造业样本的系数大于全样本的系数。估计结果与表2-2的工具变量回归中的结论基本相符，可以判定基础结果具有稳健性。

表2-3 稳健性检验

变量	FE (IV)		DTFP (IV)		lp (IV)	
	全样本	制造业	全样本	制造业	全样本	制造业
	(1)	(2)	(3)	(4)	(5)	(6)
BVACHN	0.118*** (0.008)	0.252*** (0.017)	0.215*** (0.061)	0.609** (0.243)	0.335*** (0.103)	0.507** (0.205)
lnkl	-0.014*** (0.003)	-0.014** (0.006)	0.013 (0.009)	-0.042 (0.045)	0.783*** (0.030)	0.770*** (0.056)
lnintermediateexport	-0.017*** (0.003)	-0.104*** (0.009)	-0.025** (0.010)	-0.176** (0.071)	0.025 (0.016)	-0.053 (0.069)
Kleibergen-Paap rk Wald F statistic	—	—	38.233	13.425	35.138	14.109
Cragg-Donald Wald F statistic	—	—	238.283	40.342	238.937	44.547
Country—industry fixed effect	No	No	Yes	Yes	Yes	Yes
Country—year fixed effect	No	No	Yes	Yes	Yes	Yes
Industry—year fixed effect	Yes	Yes	No	No	No	No
N	22227	7400	20264	6674	22204	7383

注：***、**、*分别表示回归系数在1%、5%、10%的水平上统计显著；稳健标准误聚类到国家——行业层面；无论是否存在iid假设，F统计量均超过了15%水平下的斯托克·詹姆斯和尤格索弘（2005）测算的关键值。

三、异质性分析

(一)行业异质性下的生产率效应

就行业而言,中国在全球价值链中的竞争优势主要体现在制造业部门,而服务业部门仍然处于下游阶段,服务业竞争优势仍然较弱(张会清和翟孝强,2018;罗良清和温婷,2019),中国农业在全球价值链分工中也存在"参与率高、分工地位低"的事实(郎郸妮和刘宏曼,2019)。因此笔者认为在不同行业中与中国的生产共享所体现的生产率效应也应存在差异,并推断中国增加值的生产率效应在制造业中体现得更加明显。

表 2-4 区分行业大类和制造业技术水平的估计结果(IV 估计)

变量	农业 (1)	制造业 (2)	服务业 (3)	低技术 (4)	中低技术 (5)	中高技术 (6)	高技术 (7)
BVACHN	8.837 (339.838)	0.521*** (0.166)	0.097** (0.041)	0.359* (0.184)	1.025*** (0.377)	0.365 (0.484)	0.122 (0.092)
lnkl	1.433 (53.230)	0.004 (0.038)	0.032*** (0.008)	0.056 (0.035)	-0.197 (0.137)	-0.034 (0.128)	-0.001 (0.049)
lnintermediateexport	0.746 (28.707)	-0.106** (0.512)	-0.0002 (-0.006)	-0.035 (0.034)	-0.319 (0.216)	-0.097 (0.188)	-0.027 (0.041)
Kleibergen-Paap rk Wald F statistic	0.001	14.109	19.913	5.530	8.619	1.012	5.416
Cragg-Donald Wald F statistic	0.002	44.547	207.748	21.783	12.111	2.444	29.740
Country—industry fixed effect	Yes	Yes	Yes	Yes	Yes	Yes	Yes
Country—year fixed effect	Yes	Yes	Yes	Yes	Yes	Yes	Yes
Industry—year fixed effect	No	No	No	No	No	No	No
N	1247	7383	13182	2915	1646	2015	688

注:***、**、*分别表示回归系数在 1%、5%、10% 的水平上统计显著;稳健标准误聚类到国家——行业层面;在制造业、服务业、低技术、中低技术和高技术样本的回归中,无论是否存在 iid 假设,F 统计量均超过了 25% 水平的斯托克·詹姆斯和尤格索弘(2005)测算的关键值。

表2-4为工具变量的估计结果，仅在制造业样本和服务业样本有显著正向影响，但是在制造业样本下估计系数更大。这一结果表明，由于中国在制造业领域存在竞争优势，东道国制造业与中国的后向生产共享能够促进其生产率进步；对于当前地位低、竞争力弱的服务业领域，与中国的生产共享对东道国对应行业生产率的促进效应较小；全球价值链背景下，中国增加值对各国的生产率效应主要来自制造业部门。

（二）制造业技术水平细分下的生产率效应

从前述结果可以看到，中国增加值对制造业领域的生产率效应更加显著和稳健。然而，在制造业技术水平细分层面，中国存在中低技术制造业在全球价值链中处于相对优势地位，但高技术制造业并未实现真正意义上的高技术（尹伟华，2015）的特征。我们进一步检验制造业分技术水平等级对各国行业层面的生产率影响，依据ISIC Rev.4 行业分类下各行业的研发强度，将制造业按技术分类为低技术、中低技术、中高技术、高技术行业，研发强度数据来源于其他学者整理（Galindo-Rueda F and Verger F, 2016）。该种分类方法参考 *ISIC REV. 3 TECHNOLOGY INTENSITY DEFINITION*，其按照制造业2位数行业的研发强度对制造业进行技术水平的细分。①

从表2-4列（4）、列（5）、列（6）、列（7）的估计结果可以看到，仅在低技术样本和中低技术样本中，中国增加值系数至少在10%的统计水平上显著为正，能够促进东道国的全要素生产率增长，在高技术行业则没有生产率促进效应。在中国占据优势的行业才能对东道国形成竞争优势，从而迫使东道国对应行业调整生产结构，改善生产资料的分配，从而影响其全要素生产率进步。

（三）空间异质性的生产率效应

现有研究表明来自不同发展程度国家的外国增加值对TFP的影响可能存在差异（刘洪愧和谢谦，2017），进口来源地不同的中间产品或出口到不同国家的中间品对生产率存在不同影响（郑玉和姜青克，2019）。鉴于此，本章将样本区分为三类：第一类为发达国家，因考虑到采用本章工具变量选取的方法和2016WIOD版国家间投入产出表样本，此类样本主要包括欧洲发达国家；第二类为中东欧国家，这些国家绝大部分位于"一带一路"沿线，希望借此讨论中国对"一带一路"的影响；第三类为东亚国家和地区，包括韩国、印度

---

① 制造业技术水平的细分见本书附录。

尼西亚、中国台湾地区。

从表2-5的估计结果可以看到，中东欧国家和发达国家在全样本中存在显著的生产率促进作用，同时也存在尽管制造业样本下的估计系数不显著，但是都明显大于全样本下的估计系数的特征。这一结果表明，发达国家面向中国的离岸外包和中东欧国家等中等收入国家从中国进口的增加值能够提升本国全要素生产率。该发现从经验研究的视角检验了中国所提出的"一带一路"倡议是互利共赢的。

表2-5　　　　　区分空间异质性的回归结果（IV估计）

变量	中东欧		东亚		发达国家	
	全样本	制造业	全样本	制造业	全样本	制造业
	(1)	(2)	(3)	(4)	(5)	(6)
BVACHN	0.346*** (0.115)	1.253 (0.841)	0.042 (0.057)	0.201 (0.129)	0.212*** (0.081)	0.392 (0.257)
lnkl	0.059*** (0.016)	0.011 (0.100)	-0.022 (0.015)	-0.045 (0.053)	0.007 (0.016)	-0.013 (0.067)
lnintermediateexport	-0.045 (0.025)	-0.405 (0.335)	-0.009 (0.009)	-0.056 (0.046)	0.002 (0.011)	-0.091 (0.084)
Kleibergen-Paap rk Wald F statistic	16.420	2.468	5.059	3.534	11.126	4.004
Cragg-Donald Wald F statistic	82.784	5.602	50.048	14.554	93.682	16.604
Country—industry fixed effect	Yes	Yes	Yes	Yes	Yes	Yes
Country—year fixed effect	Yes	Yes	Yes	Yes	Yes	Yes
Industry—year fixed effect	No	No	No	No	No	No
N	7811	2375	1868	712	7819	2574

注：***、**、*分别表示回归系数在1%、5%、10%的水平上统计显著；稳健标准误聚类到国家——行业层面；三类国家中所有行业样本的回归中，无论是否存在iid假设，F统计量均超过了斯托克·詹姆斯和尤格素弘（2005）的关键值。三类国家的制造业样本回归，也能在不做iid假设时，F统计量均至少超过25%水平的斯托克·詹姆斯和尤格素弘（2005）测算的关键值。

第五节　影响机制分析

运用DEA方法计算的TFP增长可以分解为四个部分。技术进步指数体现纯技术进步，使最优生产前沿的移动。技术效率则分为纯技术效率和规模效率。纯技术效率体现的是给定投入配置下获得最大产出的能力，规模效率则是指通过调整产业结构优化投入配置而对产出的影响。因 TFP 增长的可分解性，本章将进一步进行中国增加值影响各国各行业的全要素生产率增长的机制分析。中国中间品在广泛意义上并不存在优势，因此我们认为对东道国 TFP 促进效应并不是通过纯技术进步，而是通过改善东道国的技术效率。

表 2-6 给出了全样本、制造业的估计结果。在全样本估计下，中国增加值能够显著促进东道国技术效率的改善，借此促进东道国全要素生产率的增长。与中国的生产共享不能促进东道国的技术进步，这一估计结果与上述预测相一致。对制造业的生产率促进作用依然稳健，但是仍仅能促进技术效率的改善，并且系数相对于全样本更大，表明中国增加值的生产率促进效应仅能通过改善各国技术效率来实现。

表 2-6 机制检验回归结果（IV 估计）

变量	全样本				制造业			
	技术效率	技术进步	纯技术效率	规模效率	技术效率	技术进步	纯技术效率	规模效率
	(1)	(2)	(3)	(4)	(5)	(6)	(7)	(8)
BVACHN	0.23*** (0.070)	-0.012 (0.034)	0.372*** (0.093)	-0.038 (0.067)	0.528*** (0.176)	0.015 (0.076)	0.722*** (0.242)	0.030 (0.128)
lnkl	-0.006 (-0.015)	0.025*** (0.007)	0.020 (0.014)	-0.017 (0.013)	-0.046 (0.036)	0.039** (0.018)	-0.051 (0.053)	-0.016 (0.022)
lnintermediateexport	-0.011 (0.011)	-0.001 (0.005)	-0.033 (0.016)	0.005 (0.009)	-0.100* (0.054)	-0.019 (0.021)	-0.207*** (0.077)	-0.002 (0.039)
Kleibergen-Paap rk Wald F statistic	35.138	35.138	35.138	35.138	14.109	14.109	14.109	14.109
Cragg-Donald Wald F statistic	238.937	238.937	238.937	238.937	44.547	44.547	44.547	44.547
Country—industry fixed effect	Yes	Yes	Yes	Yes	Yes	Yes	Yes	Yes
Country—year fixed effect	Yes	Yes	Yes	Yes	Yes	Yes	Yes	Yes
Industry—year fixed effect	No	No	No	No	No	No	No	No
N	22204	22204	22204	22204	7383	7383	7383	7383

注：***、**、* 分别表示回归系数在 1%、5%、10% 的水平上统计显著；稳健标准误聚类到国家——行业层面；无论是否存在 iid 假设，F 统计量均超过了斯托克·詹姆斯和尤格索弘（2005）测算的关键值。

第六节 结论与启示

本章基于社会经济核算数据（SEA），利用 DEA – Malmquist 生产率指数法测度各行业的全要素生产率的变化率，并基于 2016WIOD 国家间投入产出数据，采用王直等（2017a）的生产分解方法计算了各国各行业全球价值链活动中的中国增加值。从行业和制造业视角，考察了中国增加值对各行业的 TFP 增长的影响，并初步检验了影响机制。研究表明，各国全球价值链活动中的中国增加值对各行业的 TFP 有显著正向促进作用，但这种促进作用在制造业部门更为突出。异质性分析结果表明中国增加值在低技术和中低技术行业有生产率促进效应，仅在全样本下对欧洲发达国家和处于"一带一路"沿线的中东欧国家有生产率促进作用。无论是在全样本还是在制造业样本下，中国增加值的生产率促进作用均是通过改善各国各行业的技术效率实现，并不能推动技术进步。

根据上述研究结论得到以下启示。第一，从生产率进步的视角来看，中国深度参与全球价值链对世界，特别是对发达国家来说，并不是威胁。绝大多数国家能够通过参与中国外向型的经济发展而有所助益，"一带一路"倡议的互利共赢宗旨有客观事实的支撑。第二，中国对世界的影响并不主要体现在技术层面，而是通过竞争效应带来技术效率的改变。这意味中国出口产品的技术含量还需进一步提升，应该鼓励研发创新，特别是提高中高技术和高级行业的技术水平，改变中国产品进入国际市场的竞争优势，从而在提高价值链地位的同时，争取能够从技术溢出的角度为世界带来高质量的发展。第三，应该扩大服务业全球价值链参与程度和提升地位。在服务业领域的生产率影响不显著，要进一步提高服务业中间品出口中的本国增加值，提升服务业的全球价值链分工地位。在以服务业带动中国经济增长的同时，进一步对世界产生积极影响。

第二篇
中国主导"一带一路"生产网络构建的现实基础

第三章 中国在国际生产网络中的地位及发展

第一节 引　　言

从恰当的位置嵌入国际生产网络，已经成为世界各国迫切且极富挑战的命题。国际生产网络是经济全球化发展的高级形态，谁在国际生产网络中占据核心环节，谁就在国际产业链中获取最大的利益分配。世界各国在全球化的生产网络中深度合作，相互依赖程度日益加深，使得中间品跨越国界成为国际贸易的主要内容。国际生产网络形成的基础是国际分工。伴随着经济全球化的发展，中间产品贸易在国际贸易总额的占比越来越大，新的国际分工深化为按价值链增值环节进行全球布局（Jeffrey H et al., 2002）。生产分散化（景瑞琴，2008；钱学锋和陈勇兵，2009）与生产非一体化（刘志彪和吴福象，2006；张少军和侯慧芳，2019；邱斌等，2007）的发展态势避免了垂直一体化所带来的一系列问题，并促进向外转移稀缺要素的生产环节，带动垂直解体的企业占据价值链的"头脑"（Arndt S W and Kierzkowski H, 2001）。因此学者们将国际劳动分工最新演变形态和组织机制与价值链、全球价值链（Paul K and Anthony J, 1995; Koopman et al., 2014）、全球商品链等理论结合，并在全球生产网络这一研究框架中研究当前全球化与区域发展。全球化生产网络成为国际分工发展的主流趋势。

国际生产网络的形成开辟了中国等新兴经济体和发展中国家融入世界经济的路径（江小涓和孟丽君，2021）。改革开放以来的四十余年间，中国大力吸引外商直接投资，主动依托加工贸易参与全球生产分工，成为"世界工厂"，通过发展出口导向型经济保持经济持续增长的动力（张小溪，2020）。根据国家统计局2018年数据，改革开放40年来中国出口贸易额累计增长914倍，年均增长率达到14.5%，占全球进出口比重从0.77%跃升至11.48%，全球货物贸易规模排名由第 30 位上升至第一位，成为全球货物贸易第一大国。[①] 中国作为全球价值链的重要枢纽，对全球经济产生巨大的贸易创造效应。中国中间品贸易的"爆发式"成长不断提升中国在世界经济中的地位，也推动中国参与国际生产网络的地位由"低端锁定"到持续向中高端攀升。当前，世界面临百年未有之大变局，以美国为主导的逆全球化思潮在全球泛滥，英国脱欧、中美贸易摩擦成为逆全球化的典型事件。2020 年新冠肺炎疫情的蔓延对全球经济造成严重冲击，并进一步加剧了"逆全球化"和"反中国化"问题。面对一个矛盾交织、不确定性上升的世界，中国如何有效推动以区域合作为特色的全球化、构建以中国为主导的"一带一路"生产网络已成为亟待完善的重大问题。本章通过梳理过去几十年间，中国在国际生产网络中的地位变迁和中国与世界经济深度融合的现状以及中国所起作用，结合当前中国在国际生产网络中面临的机遇与挑战，提出未来中国应在塑造全球化新格局中扮演何种角色，以提升在国际生产网络中的地位。

第二节　中国在国际生产网络中的地位变迁

在对外开放战略的指导下，凭借自身优势融入国际生产网络是中国与世界经济深度融合、推动本国工业化迅速发展的关键路径。改革开放以来，中国凭借劳动禀赋优势迅速嵌入国际生产网络，实现了产业结构优化、生产力水平大幅提升、比较优势转变。中国国际竞争力明显增强的同时，在全球生产网络承担的角色也在发生改变。总体而言，20 世纪 80 年代以来，中国参与国际生产网络的方式经历了四次变迁，使得中国在国际生产网络中的地位从价值链的最低端发展到如今有能力构建"以我为主"的区域价值链。

一、通过轻工业加工装配环节参与国际生产网络

在改革开放初期，中国国内市场狭小，中国以初始生产要素参与产业间分工，被锁定在价值链的底部。20 世纪 80 年代，全球经历了劳动密集型产业转向发展中国家的国际产业转移，中国抓住了这次机遇。在 1984 年外贸体制改革之前，我国对外出口的产品中可以获利的仅有石油、煤炭和建筑材料这三种类别。

[①] 据国家统计局 2018 年数据。

在1984年后，我国外贸体制进入一个崭新的阶段，鼓励经营、兴办特区、扶持加工贸易、吸引外资融资，积极发展以纺织品和初级制造业为重心的外贸经济。轻工业成为当时中国嵌入国际生产网络的敲门砖。1987年国家公布的《轻工业振兴纲要》中提出"推进沿海地区轻工业外向发展""扶持轻工业等优势产能以促进国内国际经济市场的联系"，进一步放开轻工业参与国际生产分工的方式，提出"三来一补"，即来料加工、来料装配、来样加工和贸易补偿，从而开启了中国以产业内分工融入国际生产网络的进程。我国以轻纺产品为主，参与国际产业链的加工、装配环节，这种发展模式为我国经济的发展提供了机遇，但也弱化了中国经济独立发展的主动性，被锁定在国际生产网络的底部。

二、在跨国企业发展背景下承接国际制造业转移

轻工业加工装备的发展为我国进一步深入国际生产分工打下了基础。20世纪90年代以来，外商对我国的直接投资大量增加，跨国企业主导了我国参与国际生产网络的模式，我国加工贸易的规模持续扩大。中国嵌入国际生产网络的路径也逐步转向，原厂委托制造在中国国际贸易订单中的比重越来越大，委托加工转而成为中国融入国际生产网络的主要方式。在这一阶段，来自世界市场的大量原材料和中间品涌入我国，在我国进行加工后制成最终品或半成品，再投入世界市场。1992年我国加工贸易出口占总出口比重为46.64%，到1999年，该比率达到56.88%。[①] 在此过程中，我国参与国际生产网络的程度逐渐加深，与世界经济市场的联系更加紧密。中国的主要外贸产业也从轻工业逐步过渡到机电产业。国家出台了相关政策扶持机械电子、汽车制造等产业，着力提升机电设备的出口规模，我国机电产品的出口比重由1980年的7.7%跃升至2000年的42.3%。跨国公司在对我国投资的过程中也产生了一定程度的技术溢出效应，助推我国技术提升、产业结构转型升级，以更优的姿态嵌入国际生产分工。在瞩目的经济成就面前，我们仍需客观地看到，此时的中国依然实现的是粗放的增长，规模大但增加值率低，以低级的制造业发展模式仍被锁定在附加值较低的环节上。

三、加入WTO后，中国开始成为"世界工厂"

对于成长中的中国来说，2001年加入世界贸易组织（WTO）是重要的战

---

① 数据来源于国家统计局网站公开信息。

略机遇。作为国际生产网络的重要参与者，中国深化改革对外经贸模式，以更高层次、宽领域的对外开放融入世界经济，大大加速了国际生产分工的进程。2001~2008年中国国民生产总值（GDP）增长高达10.2%，而出口总额年均增长高达19.1%。在这一时期，中国一跃成为世界市场中外商直接投资的主要国家之一。2000年投入我国市场被实际利用的对外直接投资（Foreign Direct Investment，FDI）金额为407.2亿美元，2005年该金额激增至603.25亿美元，2010年更是高达1057.3亿美元，90%以上的世界500强企业都曾参与到对华投资的热潮当中。① 在这种令世界瞩目的发展趋势中，我国在国际生产分工中的所承接的产业转移质量提升，这也使得我国在国际生产网络中的地位进一步攀升。其一，我国的主要承接产业逐渐趋向技术密集型和资本密集型产业，尤其是以IT技术为核心的高科技产业，产业转移质量的提升有效推动了我国技术创新和产业结构调整；其二，承接链条由单一产品或其零部件延伸至该产品的上下游环节或其相关产业，由此形成了相对长的产业链条，扩大了中国制造在国际市场中的发展空间。其三，承接环节不再局限于制造业，开始吸纳服务业环节，房地产业、商务服务业等的服务外包逐渐兴起。至此，中国在国际生产分工中占据了越来越重要的位置，尽管比较优势仍集中在生产组装等环节，在研发和设计环节以及建立国际品牌方面仍较薄弱，但中国在国际生产网络中的地位一直稳步提升。

四、2011年后，开始以对外直接投资的方式主导参与国际生产网络

长期以来，中国处在贸易顺差的位置，但出口结构却不太合理，技术水平仍旧比较落后。为了缩小与发达国家之间的技术差距，中国改变了被动接受产业转移和在夹缝中寻求技术溢出的发展方式，开始主动以对外直接投资的方式寻求在国际生产网络中的重新定位并调整嵌入模式。2011年以后，随着中国经济实力的不断提升以及与国际生产网络联系愈发紧密，我国的对外直接投资迅速发展。2012年中国的OFDI金额达到878亿美元，仅次于美国和日本。2015年，我国OFDI超过日本攀升至1456.7亿美元，超过了同期吸收外资的规模，成为资本净输出国。到2017年，我国对外投资已经达到1583亿美元，占全球对外投资总存量的5.9%。② 资本大规模"走出去"和外资高质量"引进来"成为中国参与世界经济市场的着力点，以此吸收发达国家的先进技术、

---

①② 数据来源于国家统计局、商务部。

学习有效的管理经验和方法，助推我国创新能力和研发能力的发展，提升我国的整体技术水平，从而对国际生产网络重新布局与调整，提高我国在国际生产网络中的地位。

第三节 中国在国际生产网络中地位的现状与作用

一、中国在国际生产网络中地位的现状

中国是世界上最大的发展中国家，经济总量仅次于美国，以雄厚的经济实力深度融入国际生产网络，对外贸易长期保持高速增长，中国在国际生产网络中的地位已经从价值链的最低端上升发展到如今有能力构建"以我为主"的区域价值链。随着我国产业结构持续调整与完善，我国秉持的经济发展模式也逐步从数量型增长过渡为质量型增长，实现了大约30%的世界经济贡献率（见表3－1）。从贸易商品结构来看，在纺织、服装、电力机械以及玻璃、水泥和陶瓷等行业，来自中国的产品占据了全球贸易市场的半壁江山；在中端高科技产业，中国已经占据主导地位；机电产品尤其是大型单机和成套设备出口在我国外贸出口所占比重迅速增长，铁路、船舶、航空航天和其他运输设备制造业的出口规模也保持了持续的增加；2018年中国高科技产品进出口总额约占对外贸易总额的30.7%，出口商品里工业品占比超过90%，而出口的高科技产品占比也超过了30%。① 中国出口产品的转变揭示了中国出口结构已经有了极大的改善，一般消费品向资本品的升级表明了中国出口质量的提升，中国制造在出口领域表现出极强的竞争力。

表3－1   1980~2018年中国经济增长情况

年份	GDP 增长率	占世界经济比重	对世界经济增长的贡献率
1980~1989	9.75	2.29	5.13
2000~2009	10.29	5.34	20.15
2010	10.45	9.24	18.07
2011	9.30	10.27	24.66

① 作者利用网络公开资料整理。

续表

年份	GDP 增长率	占世界经济比重	对世界经济增长的贡献率
2012	7.65	11.50	26.09
2013	7.67	12.49	28.58
2014	7.40	13.82	27.80
2017	6.90	16.34	34.10
2018	6.60	16.67	29.6

资料来源：UNCTAD 数据库。

我国已然成为国际生产分工中的重要"节点"，由国际生产网络中的"被动参与者"转向"逐步引领者"，中国在全球产业链和供应链上将长期发挥关键作用。中国在国际生产网络中地位的提升表现为向全球价值链和产业链上游攀升，其中最关键的是在中间品和零部件领域。在国际生产网络的形成和发展历程中，中国凭借自身在劳动力要素、基础设施等方面的比较优势一步一步融入国际生产分工，直至确立了在国际中间品贸易领域的核心地位。随着中国参与国际生产网络的程度不断加深，中间品贸易在全球贸易中所占的比重也逐渐上升。中国已经成为国际生产分工中的不可或缺的一环。中国进口零部件的来源地主要为韩国、东盟、欧盟、日本等，通过进一步加工制造，将制成品出口到美国、欧盟等地；例如电子集成电路的零件进口中有70%以上来自韩国，而电信设备、零件的出口中70%左右出口至美国和欧盟。近年来，中国倾向于进口高新技术的零配件和半成品，利用国内的资源和劳动力禀赋进行组装和加工后出口。在产业分工中，制造零部件所需的技术含量要远远高于半成品，尤其是机械、电子等产品中的精密零件，而这些尖端技术往往还只掌握在发达国家手中，因而我国进口的零部件持续发挥着技术溢出的效应，对我国在国际生产网络中地位的提升也有重要的作用。

二、中国在国际生产网络中的作用

（一）对国际生产网络中新兴经济体的影响力进一步增强

中国经济实力逐步上升，对国际生产网络中新兴经济体的影响力进一步增强。一方面，中国带动新兴经济体深度融入国际生产网络。东亚区域生产网络已逐渐完成了产业间、产业内再到产品内分工的演进，形成如今"龙腾东方"

的东亚价值链,日本和中国分别为龙头和龙体,四小龙和越南则为龙爪与龙尾(翟东升,2019)。另一方面,中国对发展中国家和新兴经济体的贸易交往逐渐加大,以自身为纽带推动新兴经济体更深地嵌入国际生产网络。数据显示,2016~2017年中国向发达国家的出口份额由2000~2001年的69.7%下降到50.2%(见表3-2),而中国成为众多发展中国家的出口目的地,且中国在其市场份额中的比重大幅度上升。在东南亚等地区,中国进口配件总额相对于加工产品出口总额的比例显著下降。中国对东盟等地区的对外直接投资也呈现出持续增长的势头,2001~2016年这15年间双向投资增长了22倍。

表3-2　　　　　　　　中国全球网络出口目的国(地区)　　　　　　　单位:%

国家(地区)	零部件产品		最后组装产品		全球网络产品	
	2000~2001年	2016~2017年	2000~2001年	2016~2017年	2000~2001年	2016~2017年
日本	19.4	9.4	15.3	7.1	17.8	8.1
韩国	4.5	7.1	2.8	4.8	3.8	5.7
中国台湾	5.9	2.7	3.9	2.6	5.0	2.6
东南亚	11.5	11.5	8.6	12.5	10.1	11.9
南亚	2.4	5.0	2.6	4.2	2.5	4.6
印度	0.4	3.1	0.5	2.4	0.5	9.8
西亚	1.8	4.3	2.5	5.0	2.1	0.7
中亚	0.1	0.6	0.1	0.8	0.1	36.1
大洋洲	1.1	1.6	1.7	2.5	1.4	2.1
澳大利亚	1.0	1.5	1.5	2.0	1.2	1.8
北美自贸区	28.8	27.0	31.7	25.3	29.6	24.1
美国	27.1	23.4	29.7	22.2	27.7	22.7
加拿大	1.1	1.4	1.3	1.3	1.2	1.4
欧盟	21.1	18.9	21.4	19.9	21.1	19.5
俄罗斯	0.1	2.1	0.4	2.3	0.3	2.2
非洲	1.6	3.5	3.2	4.6	2.3	4.1

资料来源:联合国商品贸易统计数据库。

（二）构建以中国为主导的"一带一路"生产网络

当今世界经济竞争主要体现在国际生产网络上的竞争，面对欧美等发达国家引发的国际生产分工调整与竞争加剧，中国必须统筹战略安排，全面构筑起以中国为主导的可持续、有竞争力的区域生产网络，加快向国际生产分工中的高端位置攀升，打造以"我"为主的产业链。中国作为"一带一路"区域内最强劲的经济引擎，利用体量巨大的中国市场引领"一带一路"沿线国家培育经济合作新亮点，构建"一带一路"区域生产网络。一方面，中国是"一带一路"沿线国家关系紧密的合作伙伴和最重要的进出口市场。中国新闻网的数据显示，2013~2018年，我国与"一带一路"沿线国家贸易总额达到6万亿美元，中国是沿线国家最大的贸易合作国。中国积极促进"一带一路"区域经济的多元合作，推动区域贸易合作潜力持续释放。综合分析沿线各个国家的特殊性，将中国优势产能、资源禀赋以及先进技术和管理经验与各国不同的比较优势结合起来，促进资源整合和效率的提升，推动互联互通，着力打造"一带一路"新型产业分工体系。另一方面，中国作为当今世界最大的中间品贸易国，有责任响应市场的需求，推动"一带一路"生产网络构建。根据《全球价值链发展报告2017》，国际生产网络现分为三大生产中心，分别是美国、欧洲以及亚洲（中国大陆、日本、韩国）。中国作为"一带一路"主要的中间品贸易大国，与沿线国家产业的关联性逐渐加强。中国依靠自身对核心技术的吸收和与国际生产网络的深度融合，带动沿线国家深入国际生产分工，并输出技术知识和管理经验，为"一带一路"生产网络的构建做出贡献。

（三）履行大国责任，推动国际生产网络包容发展

作为最大的中间品贸易国和在国际生产网络中有着重要影响力的一环，中国一直积极融入国际生产网络，并以开放合作的姿态推进其包容性发展。在全球经济局势动荡、国际贸易保护主义和单边主义盛行之时，中国对外开放战略仍未转向，坚定不移地以自身经济发展推动国际生产分工健康向前发展。对外秉承多边主义精神，积极参与多边对话和区域协商谈判，建立与国际规则接轨的市场经济制度，稳步扩大各领域开放程度；对内实施自贸试验区建设等战略，开拓与国际市场接轨的平台，主动扩大全方位开放，促进"引进来"和"走出去"高质量增长。作为负责任的大国，中国积极助推投资便利化的进程；顺应国际形势发展的要求，推动我国市场发展制度性改革持续深入，持续优化营商环境。中国将本国的发展战略置于国际生产网络，倡议共建有利于国

际生产网络发展的核算体系与政策环境，以"一带一路"倡议促进国际贸易合作，深化国内改革的同时以自身力量推进新时代的国际生产分工。

第四节 中国在国际生产网络中面临的机遇和挑战

一、中国在国际生产网络中面临的机遇

（一）自动化、数字贸易驱动比较优势重塑

目前，全球数字经济的规模和价值呈现指数级的增长态势，为国际生产网络带来巨大的活力，使其逐渐成为推动经济改革和国际生产分工体系重构的新引擎。数字技能、数字设备尤其是通信技术和交通物流水平的高速发展，为传统贸易提供了新的发展路径，极大地提高了生产分工的效率、节约了贸易成本。各国开始重新塑造本国在生产中的比较优势，促进产业结构变革，为寻求在国际生产网络中的重新定位提供了可能。一方面，数字科技对传统行业具有极强的渗透能力，通过对机器设备和运营模式等方面的数字化应用，传统行业的发展方式得到优化和更新，也给传统行业带来了新的经济增长动力；另一方面，数字科技带动新产品、新行业的衍生和发展。以自动化、人工智能和3D打印为例的这些新兴技术的产生和成长，极大地改造了产品结构，推动一系列全新的产品问世，由此带动一系列新的产业链条以及新兴行业的诞生和快速成长。中国在数字经济方面起步虽晚于众多发达国家，但成长速度却位于世界前列。2018年中国数字经济规模实现31.3万亿元，占国内生产总值的份额为34.8%，贡献率达到67.9%，超越部分发达国家水平，数字经济已然成为助推中国经济增长的核心力量之一。[①] 在未来的发展中，数字经济已成为发展的必然趋势，中国应如何适应数字贸易的发展，发挥比较优势，更好地参与国际生产网络也是值得我国深入探索的课题。

（二）区域全面经济伙伴关系协定（RCEP）的签订

区域全面经济伙伴关系协定（Regional Comprehensive Economic Partnership，RCEP）倡导在区域内建立起统一的制度性经贸安排，促进区域内生产分工和价值链布局。RCEP协定的最后敲定改变了该区域在贸易中深度融合和

---

① 根据2019年中国信息通信研究院公布的数据整理。

"制度安排长期空白"的局面,并充分衡量参与国的不同发展情况,协调特殊化、差别化的生产分工,使各成员国能更大程度地依据各自的禀赋差异进行产业链协作,更好发挥各自的比较优势,促进域内供应链、价值链的深度融合和发展。以东亚轨道为中心的RCEP将大幅降低区域内贸易、投资壁垒以及分工合作中的制度性成本,旨在达成多维度、全方面、高质量的合作交流,助力东亚区域的合理分工与经贸发展。由于RCEP的15个初始成员国处在不同的发展阶段,经济结构互补、要素齐全的成员结构和紧密的生产协作使得RCEP拥有更高的稳定度和更强的抵御风险能力,构建起超大规模的一体化区域性大市场。同时,RCEP的建立将深化区域内生产分工,优化价值链布局,强化整个区域的谈判能力和对资金的吸引力,不仅提高了区域内的商业信心,也对推动区域及全球产业链、供应链的稳定发展发挥重要作用。贸易投资壁垒的打通和统一的大市场的建立将成为中国构建以国内大循环为主体、国内国际双循环相互促进的新发展格局的重要助力,而中国不断发展的市场和始终坚持的对外开放也为其他成员国提供了巨大的机遇。

(三)"一带一路"成为新的全球化倡议

"一带一路"倡议自提出以来,为中国积极参与国际生产分工,促进开放合作、共同繁荣提供"中国方案",被认为是"前景最好的国际合作平台"(卢盛峰等,2021)。据预测,到2027年包括欧盟成员国在内的"一带一路"区域GDP预计实现62万亿美元,占全球GDP份额的60.4%;2017~2027年十年间,"一带一路"区域将创造世界60%的经济增长,实现250万亿美元的投资需求。① 目前,"一带一路"建设已转向高质量发展阶段,为全球区域贯通、全球经贸规则重塑与沿线国家和地区的进一步发展提供新动力,创造发展新机遇(胡必亮,2020)。在百年未有之大变局背景下,推动"一带一路"高质量发展更要求各国秉持共生发展观,建设普遍受益的全球价值链(张春,2020)。"一带一路"倡议以"共商、共建、共享"原则与现有国际合作机制有机融合,助推"碎片化"多边合作机制的整合,有利于形成区域乃至全球的新型国际分工体系,重塑国际生产网络。"一带一路"倡议奉行互利共赢的开放战略,推动区域合作规则的创新和完善,有助于突破原有国际合作机制的局限性,促进国际生产网络的整合和发展。"一带一路"倡议推崇符合各国共同利益的合作共赢发展模式,与新的国际生产分工发展方向相适应,对中国推

---

① 根据IMF公布的数据整理。

动高质量发展、向国际生产分工的高端环节跃进、提升在国际生产网络中的地位有重要的意义。

二、中国在国际生产网络中面临的挑战

(一) 全球产业链面临"断链"困局

后疫情时代，经济衰退带来的不确定性与日俱增。从本质上看，这是新冠肺炎疫情暴发导致世界各国封锁边境、限制人员流动造成全球需求萎缩和供应链中断引发的流动性危机（尹响等，2020）。长期以来，国际生产网络一直保持紧密的联系和衔接，全球产业链保持"你中有我，我中有你"的分工合作体系，其关联性和复杂性决定了其"牵一发而动全身"的脆弱性。疫情对于全球产业链上任何一个分工环节的打击都将冲击到多个国家，形成风险传播的蝴蝶效应。疫情期间，世界各国陷入停产、半停产或减产的状态，全球产业链陷入停摆。产业链断裂的危机给在后疫情时代各国的发展发起了挑战，全球产业链的"断链"亟待解决，对国际生产网络的调整和布局也应列入发展日程。风险后的发展模式也逐渐颠覆传统的贸易形态，各国出现产业回归的趋势，产业链逐渐向更短、靠拢母国的模式转变，在这种新的发展方向下，我国应如何修复断裂的产业链，建立起完整的区域产业系统，成为一个重要的课题。

(二) 逆全球化下国际形势发生剧烈变化

在逆全球化和民粹主义思潮抬头的背景下，全球化进程受到阻碍（沈铭辉和李天国，2020），美国强制推行对华全面"脱钩"政策，强迫他国"选边站队"，重创国际产业链，致使全球化进程遭遇"寒潮"（石源华和韩常顺，2020）。逆全球化思潮将引发全球化加速重构，对全球资源配置产生较大影响，使国际经济格局的演变充满不确定性（沈铭辉和李天国，2020）。

第五节 提升中国在国际生产网络中地位的建议

一、加快发展先进制造业，提高我国国际竞争力

在未来的发展道路中，我国传统要素的比较优势将逐渐减弱，以往"市场换技术"的模式已经难以维持。我国必须加快发展先进制造业，大力推行自主

创新，以自身技术进步提高国际竞争力，从而推动中国在国际生产网络中的地位全面提高，用技术创新带动新的经济增长动力来助推中国深度融入全球生产分工体系。一方面，中国应当鼓励企业由简单的技术模仿和直接使用转向自主研发，在中间品的生产中加大研发投入，摆脱核心部件对外国的进口依赖，为制造业发展提供源源不断的创新活力和发展后劲。另一方面，我国应当重视对产业结构的调整和升级，改变参与国际生产网络的分工形式，逐步减少劳动密集型产业而转向资本密集型和技术密集型产业。这也要求我国推动产学研共同发展，培育与新型产业结构相契合、满足企业需求的优质人才，培养更多的技术工人，提高我国产品的质量和复杂性，推动中国向国际生产网络的上游升级。

二、把握科技热潮，推动现代化产业链发展

中国参与新一轮的国际生产分工应充分把握信息化、数字化和智能化的发展热潮，在新一轮的科技革命中争取机会，以自身优势进一步融入国际生产分工。在新时期技术创新发展背景下，我国应当更加顺应时代发展要求，着力推动制造业与其他产业的融合发展。一方面，我国应重视数字贸易的发展趋势，将战略性新兴产业与数字经济深度融合。以数字技术创新优化产业的应用场景和发展模式，积极推进智能制造、工业物联网系统、工业大数据等新兴产业的发展，提升我国的竞争力，推动中国成为国际生产网络中领先的"智能＋制造"应用国。另一方面，推进战略性新兴产业与现代服务业深度融合。加大投入力度助推智能制造装备和智能产品研发与升级；支持以战略性新兴产业行业内优质企业为依托，建设现代化工厂和车间；制定智能制造标准体系和完善信息安全保障体系；加强工业互联网平台建设，推动战略性新兴产业集群数字化转型升级。

三、贯彻"一带一路"倡议，构建以中国为主导的区域生产网络

"一带一路"倡议是开放的合作共赢平台，是区域内乃至世界各国参与多边合作的发展项目。在"共商共建共享"的全球治理理念下，构建以我国为主导的"一带一路"区域生产网络，从域内各国的特殊性出发，制定适应各国国情与发展利益的区域生产模式，推动各国经济健康发展。在贸易领域，中国与沿线国家谋求建立经贸合作区；在金融领域，推动建立亚洲基础设施投资

银行、丝路基金，同时也注意加强金融监管合作；在货币领域，扩大沿线国家双边本币互换、结算的范围和规模，推进特别提款权（special drawing right, SDR）的运用。中国应充分利用"一带一路"倡议合作平台，坚定不移地推动贸易自由化进程，反对贸易保护主义，推动以优惠贸易协定（PTA）为主要结果的多边主义和双边主义贸易便利化发展。坚持对外开放，加强对外开放的广度和深度，提升在世界经济中的地位，成为吸引国际商品和要素资源的引力场。同时寻求以中国为主导的区域生产网络，加强中国市场规模的影响力，以多边合作加强我国应对外部冲击的能力。

第四章 "一带一路"背景下中国全球价值链嵌入方式的转变

第一节 引言与文献综述

中国自改革开放以来，依靠自身低成本劳动力和资源禀赋等方面的相对优势，参与美日主导的东亚生产分工网络，以此嵌入全球价值链，承接了全球价值链的组装、加工环节。中国参与全球价值链获益匪浅，中国经济自加入WTO以来取得了巨大成就。然而，随着中国不断深度嵌入全球价值链，原有的全球价值链嵌入路径和地位似乎已不再能够满足中国经济高质量发展的要求。中国嵌入价值链的位置是处于微笑曲线的底端——低附加值的组装、加工部分，而高附加值的设计、研发和销售、服务部分被牢牢把握在发达国家手中，被"低端锁定"；此外，中国在参与价值链分工的过程中接受国外投资的同时也提高了对国外资本和技术的依赖性。

2015年中国提出"一带一路"倡议，这一倡议成为构建一个以中国为主导的生产网络的机遇。对于新生产网络的构建，有必要先明确中国嵌入全球价值链的历史进程，理解中国嵌入全球价值铧的客观规律。基于以上背景，本章以价值链理论为基础，总结全球价值链嵌入位置和嵌入区位的特点，探讨中国自参与全球价值链分工以来，价值链嵌入方式和嵌入区位是否发生了转变以及发生了怎样的转变，并就中国全球价值链嵌入方式和区位发生转变的原因进行探究，并讨论"一带一路"对于中国嵌入全球价值链方式转变的影响，最后就全球价值链嵌入方式转变的经验和现实国内外环境对中国如何真正实现价值链的高端嵌入提出切实可行的建议。从区域的角度划分当前学界将价值链分为全球价值链（global value chains，GVC）和区域价值链（region value chains，RVC），两者各有特点又联系紧密，GVC 是由数个 RVC 构成的，产品的全球化特征还是区域化特征更为显著也是当前学界讨论的一个焦点。产品各价值创造环节主要呈现区域化特征而不是全球化特征（Baldwin R，2013）。构建RVC，利用其对市场反应迅速的优点能够在与发达国家主导的GVC对抗中形成一定优势，促进本国及周边区域的产业发展；更靠近市场、信息和反应速度具备无法比拟的优势，可以更加及时地对市场需求进行反应（Morris M et al.，2011）。金融危机之后，GVC主要市场开始从发达国家向新兴国家转移（Kaplinsky R and Farooki M，2010）。

国内文献对于中国参与全球价值链分工的研究主要是从中国嵌入价值链的位置和区位两个方面来进行观测。在价值链嵌入位置角度，周升起等（2014）认为中国制造业整体及内部各部门在GVC中的国际分工地位仍处于较低水平。陈静等（2015）认为中国跨国公司正面临着价值链"低端锁定"、价值链同等环节其他国家的竞争压力、俘获型的价值链参与方式以及企业家精神的缺失导致的价值链升级制约。虽然中国当前仍被普遍认为还处在价值链低端环节，但是不少学者从实证上论证了中国的价值链地位正在提高，有向价值链高端环节攀升的趋势。尹伟华（2016）研究发现中国制造业在全球价值链中所处地位不高，但中国正向全球价值链上游攀升且中国参与全球生产分工的程度逐渐加深。中国也具备从事高附加值环节工作的能力（Kaplinsky R and Farooki M，2010）。

从中国嵌入全球价值链区位来说，张辉（2015）认为GVC存在两个环流，中国与发达国家之间存在一个环流，中国与亚非拉发展中国家之间存在一个环流，处于"双环流"中心的中国可以通过这一优势从GVC中吸收发达国家经验、技术形成优势，在与亚非拉国家的环流中构建RVC实现技术的产业化、完成产业升级。高敬峰和王庭东（2017）得出了中国最终消费品正从东亚区域向全球范围扩散的结论，认为最终消费品更多表现出全球性而不是区域性特征。

自"一带一路"倡议提出以来，国内不少学者就开展了相关的研究。魏龙和王磊（2016）通过实证研究，认为中国与"一带一路"沿线国家在产业间和产业内的互补性均强于竞争性，并且中国占据价值链的高附加值环节，拥有主导该区域价值链的潜力。许和连等（2015）认为中国应该利用自身的"枢纽"优势，以自身为核心建立国际生产分工体系，充分发挥中国与"一带一路"沿线国家的优势互补。当前学者普遍认为"一带一路"对中国深入价值链分工的影响是有利的，进一步研究也表明中国已经完成了前期积累具备开展"一带一路"深化分工合作的前提，黄先海和余骁（2017）认为中国可以通过与发达国家和"一带一路"沿线构建双向"嵌套型"价值环流,重塑现有全球分工体系,并有潜力成为重塑后的全球价值链分工体系的核心枢纽环节。

第二节 数据来源和指标

一、数据来源

本章所使用的全球价值链指标来源于对外经济贸易大学全球价值链数据库（UIBE GVC）。全球价值链指标来源于两套数据,一是 WIOD 数据库 2016 年版投入产出表,样本期为 2000~2014 年,包括 43 个国家、56 个部门;二是 WIOD 数据库 2013 年版投入产出表,样本期为 1995~2011 年,包括 40 个国家、35 个部门。由于中国参与价值链分工的时间区间较长,需要综合考虑两个数据库的时间跨度。为了避免产生较大误差,会在重合的时间区间对大致趋势进行比较以更准确地描述价值链嵌入方式和特征。在区域层面主要划分成了东亚区域、北美区域、欧洲区域、"一带一路"区域和 WIOD 数据库的其他国家（rest of world, ROW）数据五个部分。"一带一路"有接近 50 个国家被纳入 ROW 中,在 ROW 中占据较大份额,因此本章将 ROW 作为"一带一路"的补充说明项目。

二、分析指标计算方法

（一）贸易增加值的计算

全球价值链指标测度部分参考库普曼等（Koopman et al., 2014）的方法。国外附加值率不仅是反映贸易附加值的主要指标之一,而且该指标还是测度出口技术复杂度的初级指标。假设一个有 N 个国家和 S 个部门的世界,所有产品既可以作为最终产品被本国和外国消费也可以作为中间品被本国和外国投入最终产品的生产过程中,且每个部门只生产一种产品,投入产出出清条件可表示为式（4-1）。

$$\begin{bmatrix} X_1 \\ X_2 \\ \vdots \\ X_N \end{bmatrix} = \begin{bmatrix} A_{11} & A_{12} & \cdots & A_{1N} \\ A_{21} & A_{22} & \cdots & A_{2N} \\ \vdots & \vdots & \ddots & \vdots \\ A_{N1} & A_{N2} & \cdots & A_{NN} \end{bmatrix} \begin{bmatrix} X_1 \\ X_2 \\ \vdots \\ X_N \end{bmatrix} + \begin{bmatrix} Y_{11} & Y_{12} & \cdots & Y_{1N} \\ Y_{21} & Y_{22} & \cdots & Y_{2N} \\ \vdots & \vdots & \ddots & \vdots \\ Y_{N1} & Y_{N2} & \cdots & Y_{NN} \end{bmatrix} \quad (4-1)$$

其中，X_i 为 $S \times 1$ 矩阵，表示 i 国 S 个部门的总产出，而 A_{ij} 为 $S \times S$ 的投入产出系数矩阵，表示 j 国使用 i 国中间投入品的系数矩阵；Y_{ij} 表示 j 国对 i 国的最终产品需求。

矩阵可以进一步简化为：

$$X = AX + Y \tag{4-2}$$

对式（4-2）进行处理可得：

$$X = (1-A)^{-1}Y \tag{4-3}$$

令 $B = (I-A)^{-1}$，B 为里昂惕夫矩阵，又称完全消耗系数矩阵，B_{ij} 表示 j 国额外一单位的最终需求所需要的 i 国的投入。

V 为增加值系数矩阵，并对角化，则可得最终产品的增加值分解矩阵为：

$$VBY = \begin{bmatrix} V_1B_{11}Y_1 & V_1B_{12}Y_2 & \cdots & V_1B_{1N}Y_N \\ V_2B_{21}Y_1 & V_2B_{22}Y_2 & \cdots & V_2B_{2N}Y_N \\ \vdots & \vdots & \ddots & \vdots \\ V_NB_{N1}Y_1 & V_NB_{N2}Y_2 & \cdots & V_NB_{NN}Y_N \end{bmatrix} \tag{4-4}$$

在式（4-4）中，每一个 $V_iB_{ij}Y_j$ 都是 $(G \times S) \times (G \times S)$ 矩阵，从横向看表示每个国家每个部门在生产过程中为其他各个国家各个部门提供了多少增加值，从纵向看表示每个国家每个部门在生产过程中消耗了其他各个国家各个部门多少增加值。

令 $VA_{ij} = V_iB_{ij}Y_j$，则 VA_{ij} 表示 i 国各部门向 j 国各部门生产过程中提供的增加值，或者说 j 国各部门在生产过程中使用的 i 国各部门提供的增加值，则 j 国各行业最终消费品的价值 $FINO_j$ 可以表示为：

$$FINO_j = \sum_i VA_{ij} \tag{4-5}$$

进一步可以计算出国外增加值 FVA_j：

$$FVA_j = \sum_{i \neq j} VA_{ij} \tag{4-6}$$

根据式（4-5）和式（4-6）可得国外增加值率 $FVAS_j$：

$$FVAS_j - FVA_j / FINO_j \tag{4-7}$$

（二）价值链地位指数的计算

价值链地位指数一般被用来说明一国在价值链中所扮演的角色，经过比较可以得出一国在价值链中地位的高低。计算方式为一国间接附加值出口和国外附加值出口之间的差距，如果一国出口中被他国用于生产最终产品的中间品越多，那么价值链地位指数将越大，说明该国处于价值链的高端部分，反之则处于价值链的低端部分。公式如下：

$$\text{GVCPosition} = \ln\left(1 + \frac{IV}{E}\right) - \ln\left(1 + \frac{FV}{E}\right) \quad (4-8)$$

其中 E 表示增加值口径下的总出口额，IV 表示一国出口国外用于生产最终产品并最后出口到第三国的中间品出口额，FV 表示出口产品中包含的国外增加值。

第三节　中国全球价值链嵌入方式的发展变化

一、中国嵌入全球价值链的初期阶段

1995~2004 年可以认为是中国参与价值链分工的初期阶段，在这一阶段中国参与价值链分工的范围集中在东亚，主要从东亚各国进口具有技术密集性的核心零部件，进行组装加工成最终消费品后再出口到欧美国家。由于自身技术的缺乏以及发达国家对高端技术的严密保护，中国对国外技术的依赖度逐渐增强，陷入"低端锁定"状态，价值链地位不断下降，大部分都仅仅从事组装加工工作。

（一）中国的价值链嵌入环节

从表 4-1 和表 4-2 可以看到，根据价值链地位指数的测算公式，中国不论从 1995~2004 年，还是 2000~2004 年，价值链地位指数都出现显著下降，说明在参与价值链分工的过程中，中国以进口他国中间品进行组装加工为主，较少出口中间品到国外生产最终消费品，并且存在越来越依赖进口国外中间品进行组装加工的趋势，导致中国价值链地位指数的下降和价值链地位的下滑。

表 4-1　　　　　　　　1995~2004 年中国价值链地位变化

1995 年			2004 年		
排序	国家	价值链地位指数	排序	国家	价值链地位指数
1	日本	-0.0684	1	日本	-0.0987
2	巴西	-0.0925	2	美国	-0.1203
3	美国	-0.0972	3	澳大利亚	-0.1288
4	印度	-0.0981	4	巴西	-0.1328

续表

1995 年			2004 年		
排序	国家	价值链地位指数	排序	国家	价值链地位指数
5	澳大利亚	-0.1136	5	俄罗斯	-0.1360
6	俄罗斯	-0.1140	6	希腊	-0.1449
7	土耳其	-0.1191	7	印度	-0.1590
8	印度尼西亚	-0.1221	8	印度尼西亚	-0.1604
9	希腊	-0.1271	9	意大利	-0.1651
10	中国	-0.1365	10	土耳其	-0.1791
11	波兰	-0.1422	11	英国	-0.1840
12	德国	-0.1432	12	德国	-0.1928
13	罗马尼亚	-0.1449	13	法国	-0.1942
14	韩国	-0.1484	14	中国	-0.2017
15	意大利	-0.1502	15	塞浦路斯	-0.2053
16	西班牙	-0.1640	16	西班牙	-0.2059
17	法国	-0.1645	17	立陶宛	-0.2087
18	英国	-0.1714	18	韩国	-0.2108
19	匈牙利	-0.1725	19	芬兰	-0.2161
20	保加利亚	-0.1744	20	罗马尼亚	-0.2216

资料来源：根据 WIOD2013 版投入产出数据计算得出。

表 4-2　　　　　　　　2000~2004 年中国价值链地位变化

2000 年			2004 年		
排序	国家	价值链地位指数	排序	国家	价值链地位指数
1	美国	-0.0909	1	希腊	-0.1004
2	日本	-0.0910	2	美国	0.1075
3	印度	-0.1067	3	日本	-0.1076
4	希腊	-0.1083	4	澳大利亚	-0.1326
5	巴西	-0.1127	5	俄罗斯	-0.1338
6	俄罗斯	-0.1130	6	巴西	-0.1347
7	保加利亚	-0.1180	7	印度	-0.1366

续表

2000年			2004年		
排序	国家	价值链地位指数	排序	国家	价值链地位指数
8	澳大利亚	-0.1218	8	保加利亚	-0.1506
9	意大利	-0.1308	9	意大利	-0.1520
10	英国	-0.1310	10	印度尼西亚	-0.1548
11	土耳其	-0.1317	11	塞浦路斯	-0.1601
12	立陶宛	-0.1330	12	英国	-0.1773
13	挪威	-0.1386	13	立陶宛	-0.1775
14	印度尼西亚	-0.1431	14	挪威	-0.1796
15	中国	-0.1489	15	德国	-0.1861
16	拉脱维亚	-0.1506	16	西班牙	-0.1953
17	波兰	-0.1508	17	罗马尼亚	-0.1963
18	克罗地亚	-0.1513	18	葡萄牙	-0.2012
19	西班牙	-0.1524	19	中国	-0.2021
20	德国	-0.1535	20	土耳其	-0.2022

资料来源：根据WIOD2016版投入产出数据计算得出。

（二）中国嵌入全球价值链的区位选择

从图4-1可以看出，中国1995~2004年国外增加值占比处于一个快速提升的阶段，到2004年达到最高点0.2434，说明在该阶段中国生产的最终消费品中包含了约四分之一的国外增加值。1995~2004年的增长趋势一方面说明中国融入全球价值链的程度加深，另一方面也说明中国对国外中间品的使用度在提高。将中国使用国外增加值的情况按区域进行划分，在2004年以前，中国制造业主要从东亚吸收增加值且出口中的外国增加值（foreign value-added share，FVAS）一直处于增长趋势，远高于其他地区，说明从1995~2004年中国主要吸收东亚地区的中间品进行组装加工生产。

1995~2004年，中国出口中的本国增加值份额处于一个上升阶段，说明中国在这一阶段积极融入价值链分工，向外输出增加值，但是相比中国使用国外增加值的占比，中国输出增加值占比相对较少，表明中国在制造业生产过程中对国外增加值依赖较高，现实中表现为与发达国家技术上的差距。

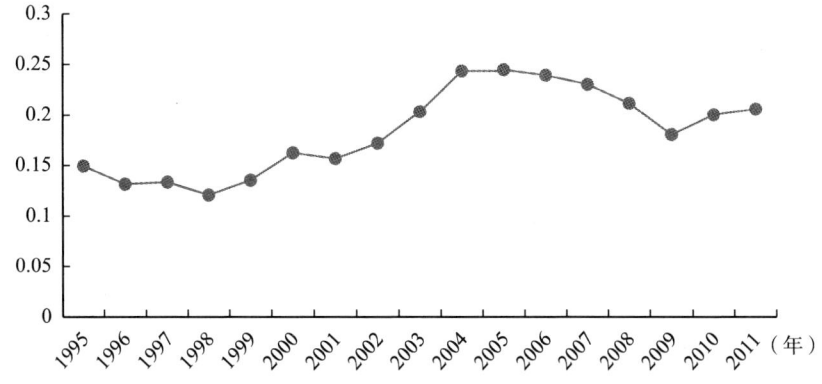

图 4-1 1995~2011 年中国出口中的外国增加值（FVAS）变化

资料来源：作者利用对外经济贸易大学全球价值链数据库（UIBE GVC）计算整理得来。

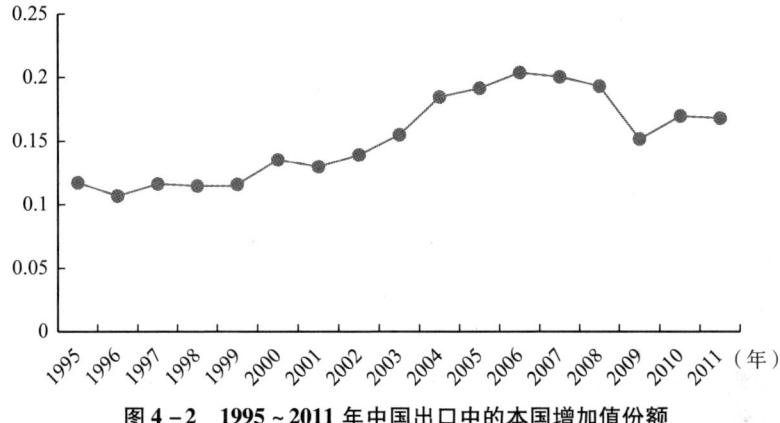

图 4-2 1995~2011 年中国出口中的本国增加值份额

资料来源：作者利用对外经济贸易大学全球价值链数据库（UIBE GVC）计算整理得来。

图 4-3 是中国从 1995~2011 年产出的增加值中输出国外的增加值的区域占比变化，从图中可以看出，到 2004 年为止，中国输出增加值的最主要区域在北美，而欧洲和 ROW 也相对东亚区域更高，说明中国在进口东亚中间品进行组装加工以后主要出口到欧美地区，而不是在东亚区域进行贸易。

二、中国全球价值链嵌入方式的调整阶段

2005~2014 年是中国全球价值链嵌入方式的深化调整阶段，在该阶段，中国通过前期参与价值链分工积累的资本和技术，发挥后发优势，逐渐建立起

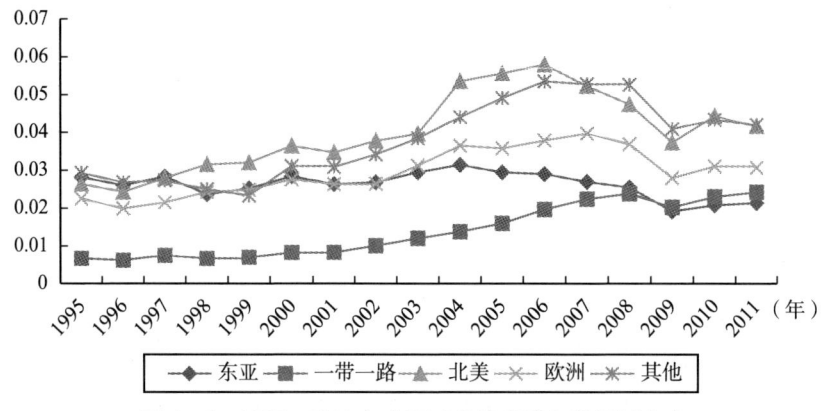

图 4-3　1995~2011 年中国对外输出增加值区域分布

资料来源：作者利用对外经济贸易大学全球价值链数据库（UIBE GVC）计算整理得来。

自身的技术特色，在价值链嵌入环节上开始向价值链低端环节以外的中高端环节迈进，同时增加值的输出目的地也开始从欧美向"一带一路"及其他发展中国家和地区转移。

（一）中国的价值链嵌入环节

从表 4-3 可以看出，中国在 2005 年排在第 20 位，而到了 2014 年，中国价值链地位指数已经排在了第 5 的位置，说明中国在 2005~2014 年之间价值链嵌入环节发生了一定的变化导致了价值链地位的提升。根据价值链地位指数的计算公式分析，中国开始更多的生产中间品出口到国外进行加工后再出口，出口品中更少的包含国外增加值，因此导致了价值链地位指数的提高，从现实角度说，即中国自身生产具有一定技术水准的中间品的能力得到增强，并且对国外技术的依赖性减弱，使中国得以跨出组装加工这一价值链低端环节，开始向价值链中高端环节迈进。

表 4-3　全球前 20 位国家及中国价值链地位指数变化

2005 年			2014 年		
排序	国家	价值链地位指数	排序	国家	价值链地位指数
1	美国	-0.1117	1	美国	-0.1124
2	日本	-0.1143	2	巴西	-0.1274
3	希腊	-0.1164	3	印度	-0.1275

续表

2005 年			2014 年		
排序	国家	价值链地位指数	排序	国家	价值链地位指数
4	巴西	-0.1355	4	日本	-0.1299
5	澳大利亚	-0.1366	5	中国	-0.1339
6	俄罗斯	-0.1369	6	澳大利亚	-0.1363
7	印度	-0.1459	7	俄罗斯	-0.1446
8	意大利	-0.1585	8	英国	-0.1475
9	保加利亚	-0.1586	9	加拿大	-0.1543
10	印度尼西亚	-0.1598	10	印度尼西亚	-0.1568
11	塞浦路斯	-0.1673	11	挪威	-0.1583
12	英国	-0.1774	12	希腊	-0.1722
13	挪威	-0.1835	13	意大利	-0.1766
14	西班牙	-0.1924	14	法国	-0.1811
15	德国	-0.1948	15	塞浦路斯	-0.1817
16	罗马尼亚	-0.1952	16	克罗地亚	-0.1818
17	土耳其	-0.1973	17	罗马尼亚	-0.1823
18	葡萄牙	-0.1987	18	西班牙	-0.1865
19	立陶宛	-0.2012	19	韩国	-0.1895
20	中国	-0.2036	20	德国	-0.1900

资料来源：根据 WIOD2016 版投入产出数据计算得出。

（二）中国嵌入全球价值链的区位调整

在中国参与价值链分工之初，由于东亚区域各国发展情况的梯度差异，中国参与价值链分工表现出明显的东亚区域特征。但是随着中国不断深入全球价值链分工，东亚区域特征开始褪色。

图4-4是中国2000~2014年出口中的外国增加值份额变化情况，从图中可以看出，在经过2004~2007年这一平稳期后，FVAS从2008年开始下降。原因可能有三个：一是亚洲金融危机和欧债危机的影响使各国开始倾向贸易保护主义，对外输出开始放缓；二是中国在人力、土地等方面的成本逐渐增加，国外投资者开始向其他发展中国家和区域转移；三是中国由于前期已经积累了

相当的技术和资本,具备了一定的高附加值环节的生产能力,开始逐步减少对国外高附加值中间品的需求,转为对国外组装、加工等低附加值环节的需求。上述三个原因造成了中国 FVAS 在 2008 年以后的下降趋势。

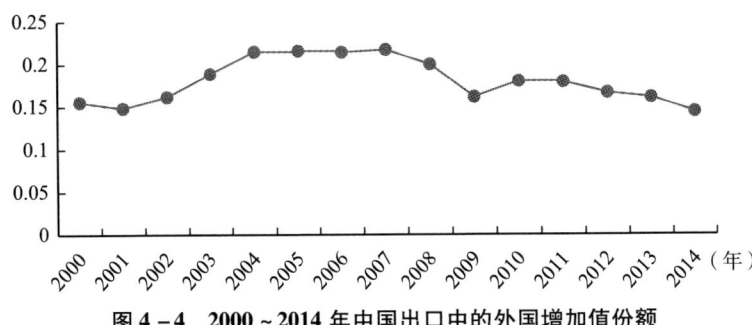

图 4-4　2000~2014 年中国出口中的外国增加值份额

资料来源:作者利用对外经济贸易大学全球价值链数据库(UIBE GVC)计算整理得来。

从图 4-5 可以看出,从 2005 年开始,其他国家(地区)开始取代东亚成为中国外国增加值的第一大来源区域,并在之后的年份差距逐渐拉开,东亚和其他国家(地区)的此消彼长从一定程度上说明,中国在深入价值链分工的过程中,相较于东亚发达国家的高附加值中间品,开始更加倾向于发展中国家提供的低附加值环节,因此出现了东亚增加值在 2004 年显著下降而其他国家(地区)增加的现象。

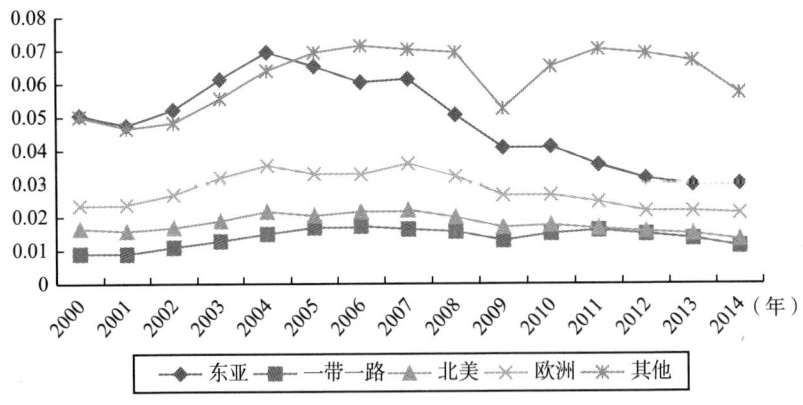

图 4-5　2000~2014 年中国出口中各区域增加值份额

资料来源:作者利用对外经济贸易大学全球价值链数据库(UIBE GVC)计算整理得来。

从图 4-6 可以看出,中国对外输出增加值比例在 2006 年达到最高,但是由于 2007 年全球性金融危机的影响,在 2008~2009 年出现明显下滑,到 2010 年开始恢复,但是由于后金融危机时代贸易保护主义的抬头,始终无法恢复 2006 年的水平,但是整体来说走势趋于平稳,说明中国当前增加值输出能力较为稳定。

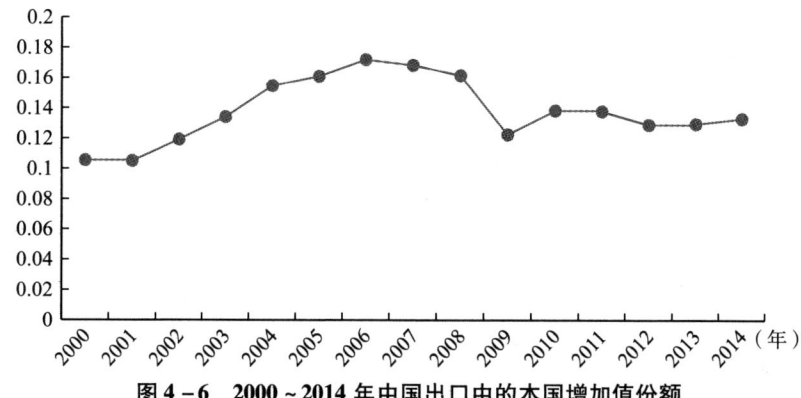

图 4-6　2000~2014 年中国出口中的本国增加值份额

资料来源:作者利用对外经济贸易大学全球价值链数据库(UIBE GVC)计算整理得来。

在图 4-7 中,其他国家(地区)在 2007 年超越北美成为中国第一大增加值输出区域,从大致趋势上,我们依然可以从图中看出其他国家(地区)和北美区域差距的拉开是在 2007 年,而在 2007 年以后中国向欧美市场输出的增加值都出现了显著下降,说明 2007 年开始中国逐渐将增加值输出区域转向其他区域,其中"一带一路"地区在 2004 年到 2008 年处于一直增长的状态,之后虽然出现波动但是表现比较平稳,且跟欧美的差距逐渐缩小。

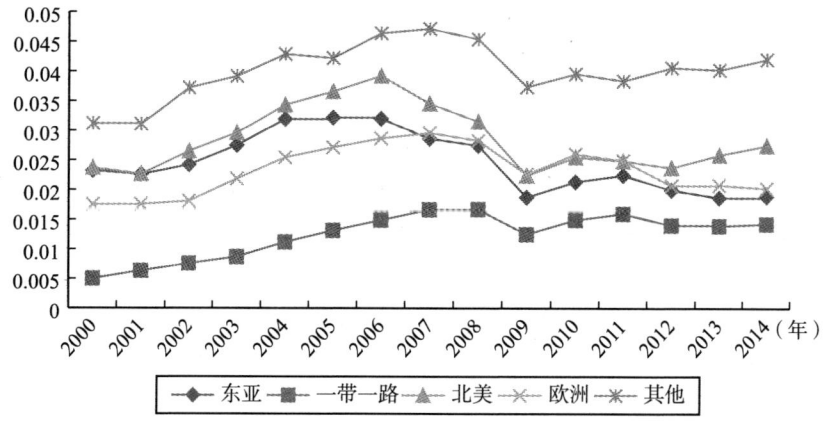

图 4-7　2000~2014 年中国出口中本国增加值的去向分布

资料来源:作者利用对外经济贸易大学全球价值链数据库(UIBE GVC)计算整理得来。

三、"一带一路"倡议下中国全球价值链嵌入方式的转变

2015年至今,是中国对全球价值链嵌入方式进行深刻转变的阶段,2015年中央正式提出"一带一路"倡议象征着这一阶段的开始。在"一带一路"倡议下,中国开始积极地与"一带一路"沿线国家和地区开展合作,2017年5月中国成功举办了第一届"一带一路"国际合作高峰论坛,会议以政策沟通、设施联通、贸易畅通、资金融通、民心相通"五通"为主线,围绕基础设施互联互通、经贸合作、产业投资、能源资源、金融支撑、人文交流、生态环保和海洋合作等重要领域进行讨论。

第四节 中国全球价值链嵌入方式转变的原因分析

一、中国价值链嵌入位置变化的原因分析

中国价值链嵌入位置的变化主要通过价值链地位的变化来体现,影响价值链嵌入位置的主要因素是在技术层面,中国从1995~2014年技术水平的提高来自三方面的共同作用,首先,积极引入FDI、吸收国外先进技术;其次加大教育投入,提高国内劳动力素质,改善国内劳动力结构,培养一批能够钻研国外技术并发挥自主创新功能的技术型劳动力;最后,加大科研投入给技术吸收转化和研发提供良好的环境。

(一) FDI对国外技术的引进

自全球价值链分工成为国际分工的主流以来,跨国公司便成为全球产品内分工布局的主导者,通过将产品生产的不同环节分配到具有不同要素禀赋的区域以实现生产成本的最小化,东道国在接受FDI的同时,跨国公司生产环节上的技术也会跟随生产部门一起转移到东道国,东道国便获得了该生产环节的技术并且有机会通过这一环节逐渐接触该产品的生产流程。

通过图4-8的数据对比可知,中国在2002年以后FDI增长速度大大加快,大量跨国公司来华设立分支机构、投资建厂,为中国制造业提供了规模化发展所需的资本和技术,FDI规模越大也意味着跨国公司引入的生产环节越多、所涉及的技术越多。中国在扩大吸收FDI的过程中不断将各生产环节涉及

的技术进行转化和调整,并且加入自身的改造和创新,逐步形成一套自己的技术,虽然在技术细节上跟跨国公司可能有所差距,但是在功能上基本能够满足使用需求。例如,广汽集团是最初国外汽车企业的国内代工厂,主要配合国外总部生产汽车零部件和整车的组装加工,在消化吸收汽车各零部件的制造工艺以后研发出自己的汽车发动机和汽车设计思路,创建了广汽传祺这一国产品牌,打通了中高端家用车市场。因此,2002年后中国加速引入FDI刺激国内制造业技术的提高,进而导致了中国制造业零部件生产能力的增强,促使中国开始从组装加工这一低附加值环节向研发设计和复杂零部件生产的高附加值环节转移。

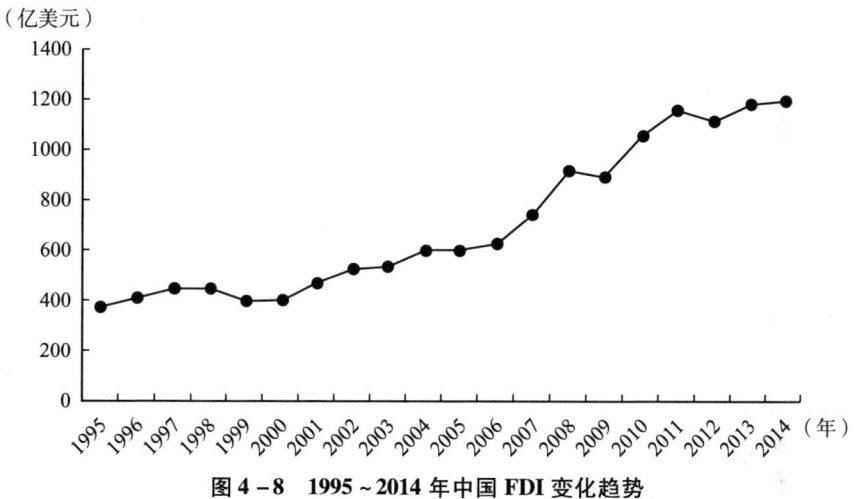

图4-8 1995~2014年中国FDI变化趋势

资料来源:作者利用对外经济贸易大学全球价值链数据库(UIBE GVC)计算整理得来。

(二)教育水平对人力资本的调整

单纯地引入FDI对相关产业技术的提升有限,在生产过程中对FDI进行吸收和转化的关键是中、高技术劳动力。中技术劳动力对生产工序有一定的理论基础,能够在工作过程中通过经验和理论的指导对生产工序进行调整和改进,高技术劳动力对产业的生产工序和原理具备丰富的理论知识,在实践过程中具有创新潜力,是消化FDI、形成自身特色技术的关键,也是在产业发展过程中进行创新取得前沿领域优势的关键。大量使用低技术劳动力只能在价值链分工中从事机械式的组装加工低附加值环节,提高教育水平才能够调整高、中、低技术劳动力的结构,加强国内消化吸收国外技术和自主创新的能力。在中国大力发展教育的趋势下，中国人口的受教育程度结构也发生了改变，最主要的变化在于初中以上文化水平的人数占比增加，尤其是大专及以上的高等院校人口占比提高了两倍。高中以上学历的人口是中技术以上劳动力的重要来源，受教育程度结构的改变大大提高了中国向制造业提供中、高技术劳动力，提高了中国消化吸收 FDI 从而转化技术的能力。同时研究生和留学人员的大规模扩张以及留学归国人员比例的提高都提高了国内技术创新的能力，构成了中国从组装加工环节向设计研发和核心零部件生产环节转移的坚实基础。从人力资本的角度来看，中国初中以上学历人口取代小学学历和文盲成为社会主体，劳动力素质整体提高，已经具备从事组装加工以外更复杂分工环节的能力，大专以上和研究生占比显著提高，使研发能力大大提高，使中国在参与价值链分工的过程中吸收 FDI 的能力显著增强。

（三）加大科研投入提升研发能力

在参与价值链分工的过程中，引进 FDI 带来了接触国外先进技术的机会，提高教育水平改善劳动力质量给予了国内"吃透"国外技术和进行技术创新的能力，而科研投入则是推动技术升级的实质性操作。

从表 4-4 中可以看出从 1996~2014 年中国 R&D 全时人员提高了 3.62 倍，年均增长率为 19%，科研经费支出提高了 31.18 倍，年均增长率高达 164%，科研经费支出占 GDP 比重从 1996 年的 0.6% 提高到 2.05%，科研团队规模的扩大和经费投入的增加给国内科研创造了良好的环境，代表科研成果的专利申请也出现了显著的增长，2014 年相比 1996 年专利申请受理数提高了 26.31 倍，专利申请授权数提高了 26.91 倍。[①] 这些数据反映了自嵌入全球价值链以来，中国极其注重科技研发方面的投入，希望通过技术上的突破摆脱价值链组装加工环节的制约。

表 4-4　　　　　　　　　　中国科技活动基本情况

年份	1996	2000	2004	2010	2014
R&D 全时人员（万人年）	80.4	92.2	115.3	255.4	371.1
科研经费支出（亿元）	404.5	895.7	1966.3	7062.6	13015.6
科研经费支出占 GDP 比重（%）	0.6	1	1.12	1.73	2.05

① 数据来源于中国统计年鉴。

续表

年份	1996	2000	2004	2010	2014
专利申请受理数（件）	83405	134239	353807	838328	2361243
专利申请授权数（件）	45064	100156	190238	411982	1302687

资料来源：1996~2014年中国统计年鉴。

二、中国全球价值链嵌入区位转移的原因分析

中国价值链嵌入区位正在悄然改变，一方面表现为东亚在中国外国增加值来源地的地位下降以及欧美在中国增加值输出区位的地位下降；另一方面表现为"一带一路"和其他发展中国家和地区在中国外国增加值来源和增加值输出区位的地位升高，中国对东亚技术和欧美市场的依赖程度在逐渐减弱，对发展中国家和地区的劳动力资源以及市场需求在逐渐增加。中国改变全球价值链嵌入区位的原因可能在于中国科教投入的提高带来的劳动力素质和技术水平的提高，使得中国对东亚的技术需求以及东亚对中国的劳动力需求都在减弱，而参与东亚价值链过程中对东亚发达国家技术的引进使得中国的制造业和东亚有趋同的势头，继续在东亚进行技术升级会加剧区域内竞争，而近年来发展中国家和地区基础设施建设得到改善，具备承接中国制造业劳动密集型生产环节转移的能力，同时地域广阔、人口众多、对进口商品限制标准较低的发展中国家和地区也更适合中国工业制品的出口。

（一）中国廉价劳动力优势开始消退

中国自20世纪90年代起采取各种措施加大教育支出、提高教育水平，带来的最直观表现是国民受教育程度的明显改善，高中学历以上的占比增加，尤其是大专以上学历和研究生占比的显著提高。这一转变意味着中国中、高技术劳动力的来源增加，虽然这有利于国内对国外技术的分解吸收和对世界前沿技术的研发，但是不利于国外将劳动力密集型生产环节继续放在中国，因此近年来发达国家开始将中国的分支机构迁移到越南、印度尼西亚等劳动力成本更低、技术水平缺乏优势的东亚发展中国家。

对中国自身来说，由于劳动力数量增长乏力和高素质劳动力占比的提高，国内制造业向高端环节发展使得劳动力密集型生产环节不适合继续在国内开展，因此，中国将价值链分工的主要嵌入区位从东亚向发展中国家和地区转移是有利于国内制造业从劳动力密集型生产环节向技术密集型生产环节调整过渡的。

(二) 东亚区域同质化竞争加剧和欧美市场的疲软

中国曾在"雁形模式"下接受东亚淘汰的劳动密集型产业和资本密集型产业，在东亚区域生产分工网络下主要从事东亚发达国家出口过来的高附加值中间品的组装加工工作，随着技术的积累逐渐发展出中国的技术特色，提高了价值链地位，但是技术上却呈现和东亚区域一脉相承的特征。表4-5测算了中国制造业对东亚、"一带一路"、欧洲、北美和ROW的显性比较优势比较。

表4-5　　　　　中国及其他区域制造业显性比较优势比较

部门	中国	东亚		"一带一路"17国		其他		北美		欧洲16国	
	2014年	2014年	相除	2014年	相除	2014年	相除	2014年	相除	2014年	相除
C05	1.067	0.340	3.139	0.978	1.091	0.819	1.304	0.813	1.314	1.251	0.853
C06	2.760	0.745	3.705	0.948	2.911	0.994	2.776	0.257	10.75	0.618	4.464
C07	2.016	0.212	9.527	1.757	1.147	0.825	2.443	0.802	2.515	0.771	2.615
C08	1.010	1.009	1.001	1.248	0.810	0.455	2.218	1.181	0.856	1.125	0.898
C09	1.282	1.470	0.872	0.475	2.697	0.462	2.776	1.194	1.073	1.143	1.121
C10	0.977	1.755	0.557	2.740	0.357	0.717	1.363	1.254	0.779	0.407	2.401
C11	1.154	1.478	0.781	0.845	1.366	0.634	1.819	1.211	0.953	1.018	1.134
C12	0.320	0.249	1.285	0.330	0.968	0.333	0.960	1.152	0.277	2.111	0.151
C13	1.304	1.448	0.900	1.061	1.229	0.439	2.967	0.898	1.451	1.129	1.155
C14	1.872	1.173	1.597	0.915	2.046	0.636	2.946	0.693	2.701	0.951	1.969
C15	1.512	2.032	0.744	1.241	1.219	0.752	2.009	0.846	1.787	0.636	2.378
C16	0.912	1.607	0.568	0.831	1.098	0.289	3.161	1.023	0.892	1.377	0.663
C17	1.836	3.319	0.553	0.269	6.824	0.678	2.709	0.994	1.847	0.553	3.320
C18	1.800	1.733	1.039	0.721	2.497	0.429	4.194	0.669	2.693	1.127	1.598
C19	1.154	1.329	0.868	0.538	2.146	0.449	2.571	0.862	1.338	1.425	0.810
C20	0.547	2.411	0.227	0.816	0.671	0.362	1.511	0.978	0.559	1.279	0.428
C21	0.689	1.899	0.363	0.449	1.535	0.292	2.363	2.046	0.337	1.043	0.661
C22	1.494	0.422	3.543	0.932	1.603	0.933	1.599	0.874	1.709	1.064	1.403

资料来源：根据WIOD2016版数据测算得出。

显性比较优势是某国某种商品的出口占该国出口总值的份额和世界该类商品出口占世界出口总值的份额之间的比例。公式如下：

$$RCA_{ij} = \frac{X_{ij}/X_i}{X_{wj}/X_w} \qquad (4-9)$$

式（4-9）中，RCA_{ij}表示 i 国第 j 种产品的显性比较优势指数，X_{ij}表示 i 国第 j 种商品的出口额，X_i 是 i 国所有商品的出口总额，X_{wj} 是全世界第 j 种商品的出口额，X_w 是全世界所有商品的出口总额。可将计算结果分成四类：当 $RCA_{ij} \geq 2.5$ 时，说明 i 国第 j 种商品具有极强的国际竞争力；当 $1.25 \pounds \leq RCA_{ij} < 1.25$ 时，说明 i 国第 j 种商品具有较强的国际竞争力；当 $0.8 \pounds \leq RCA_{ij} < 1.25$ 时，说明 i 国第 j 种商品具有一般的国际竞争力；当 $RCA_{ij} < 0.8$ 时，说明 i 国第 j 种商品不具备国际竞争力。

和东亚区域比较，中国有 C06"丝绸、服装和皮革制造业"具有极强的国际竞争力，而中国具有较强竞争力的部门有 C07"除家具以外的木材草料加工制造业"等 8 个部门，而东亚区域有 10 个部门具有较强的国际竞争力，其中跟中国重合的有 5 个，占中国具有比较优势的部门的一半，而且将制造业 18 个部门的 RCA 指数和东亚的 RCA 指数相除，仅有 8 个部门的结果大于 1，其中中国具有较强国际竞争力的部门中有 4 个小于 1，说明中国在具有国际竞争优势的制造业部门和东亚比较优势并不明显，制造业整体的国际竞争力也不如东亚，中国继续参与东亚价值链分工会在进一步加剧竞争的同时损害国内制造业的发展。

对比东亚区域，"一带一路"17 国在制造业 18 个部门和中国的契合度高很多。"一带一路"17 国只有 C07 除家具以外的木材草料加工制造业和中国一样具备较强的国际竞争力，更进一步比较 RCA 指数之商，18 个部门中仅有 4 个部门小于 1，表明中国制造业在"一带一路"区域相对地具有优势。再加入 ROW 项进行补充，在制造业层面，ROW 区域没有具有较强国际竞争力的部门，18 个部门中仅有 C12 基础医药生产制造业的 RCA 指数之商小于 1，因此从"一带一路"区域及其他发展中国家和地区总体上来看，中国制造业整体上具备高端嵌入、主导区域价值链分工的能力。

中国也需要将主要目标市场从欧美向这些区域转移。在"三角贸易"模式下，整个东亚区域对欧美市场的需求存在依赖，而作为东亚产品的组装加工中心以及产品对外输出的窗口，中国对欧美市场的依赖性不言而喻，在 2005 年，中国对美国出口额为 1631.8 亿美元，占到当年中国总出口额的 21.42%。在如此紧密的联系下，假如市场需求收缩，中国将首当其冲，出口作为拉动经济的三驾马车之一，一旦受阻将会导致经济发展停滞不前。另外，在"三角贸易"模式下，中国对欧美国家存在大量贸易顺差，对于贸易保护主义或者美元贬值存在较强的敏感性。因此中国出口品从欧美市场淡出会加大对发展中国家和地区输出增加值，成为中国调整价值链嵌入区位的原因。

（三）发展中地区的基础设施建设和市场潜力

虽然劳动密集型生产环节对技术和资本要求较低，但是也需要相应的基础设施进行配合，例如在缺乏电力的地区难以使用电力驱动的生产加工设备，从而无法建设大型工厂或扩大生产规模。

1996~2016年，世界上发展中国家和地区的基础设施建设是在逐渐完善的。而从世界通电率水平来看，世界整体通电率水平处于较高的位置且也呈提高趋势，意味着通电率低于40%的不发达国家只是极少部分，大多数发展中国家电力设施比较完善。同时基础设施的改善使得这些发展中国家和地区能够从事更多生产环节。

对于大多数工业化水平较低、经济实力较弱的发展中国家来说，对产品的需求在于以最少的花费对国内生活实现最大的改善，而不是极致地追求生活品质。将目标市场从欧美转移到发展中国家和地区既有利于中国摆脱出口受欧美市场需求冲击影响较大的缺陷，也有利于中国企业逐步提高技术水平形成国际优势。

三、"一带一路"对中国全球价值链嵌入方式转变的影响

对于中国来说，"一带一路"区域是相对东亚区域技术水平更低的区域，如果"一带一路"区域存在要素禀赋的差距，那就有望实现区域价值链的构建。

借鉴日本构建东亚价值链分工的经验，比较"一带一路"沿线65国的要素禀赋差异，可以发现"一带一路"国家大致分成三类。第一类以俄罗斯、印度、新加坡为代表，整体特征是经济情况大体良好，工业化水平相对较高，具有复杂零部件甚至部分核心零部件的生产制造能力，在周边区域具备较大的影响力的国家。第二类以马来西亚、印度尼西亚、泰国、菲律宾、乌克兰、白俄罗斯、波兰、立陶宛、爱沙尼亚、拉脱维亚、捷克、斯洛伐克、匈牙利、斯洛文尼亚、克罗地亚、罗马尼亚、伊朗、以色列、土耳其为主，这些国家大都具有相对完善的工业体系或者在某行业具有鲜明的特征，具备一定层次的技术优势和一定数量的熟练劳动力，能够从事一般零部件和一些复杂零部件制造。

第三类国家相比第一类和第二类国家，工业体系薄弱，具有肥沃的土地和丰富的资源，国民经济以农林畜牧业为主，主要出口物品大多为农牧产品、资源类产品和一些劳动密集型产品和低技术产品，进口工业制成品，这些国家能够给区域价值链提供大量廉价的资源并吸收区域内相当比例的工业制成品，在价值链分工中能够利用自身廉价劳动力优势承接价值链的组装加工环节。

"一带一路"国家的梯度分布有利于中国在东亚之外建立新的价值链体系。在"一带一路"国家的梯度结构下，中国可以充当研发设计以及核心零部件的生产源头，第一类国家根据中国的设计生产部分核心零部件和复杂零部件，并组织第二类国家进行一般零部件生产和第三类国家进行组装加工，在这一过程中，中国取代以往东亚价值链中欧美和日本价值链高端环节的位置实现对区域价值链的主导。

第五节　中国实现价值链高端嵌入的建议

本章就研究结论和现实情况提出如下建议以推动中国构建"一带一路"区域价值链以实现价值链的高端嵌入。

（1）继续加大科教支持，提高研发能力。将中国和世界发达经济体做横向对比可以发现，中国与发达经济体还存在差距。因此中国在科教投入方面需要进一步加大力度，在科研方面提高研发投入、加强人才引进和专利立法。

（2）重视制造业发展向高端制造转型。价值链分工的基础是制造业分工，中国制造业缺乏国际竞争力极强的制造业部门，且国内存在对制造业资源关注度不足的现象，未来中国应该将关注度转回制造业，尤其是高技术制造业，引导资本流向实体经济，为中国制造业主导"一带一路"奠定国内基础。

（3）重视跨国公司作用，积极推动中国企业走出去。如果中国想要在全球价值链中与发达经济体进行竞争，就必须培养一批具备技术优势的跨国公司，同时也应该鼓励中国具有特色技术优势的中小企业积极向外扩张，共同构建中国主导的区域价值链体系。

（4）坚持推动"一带一路"倡议。从数据上看，"一带一路"等发展中区域在中国 FVAS 占比一直在稳步提高，趋势还在持续，证明还有加深合作的潜力，后续还需要中国从政治、经济、文化等各方面加大支持力度，进一步拓展合作领域，营造更加有利于价值链合作的氛围。

第五章 "一带一路"国家全球价值链中的中国角色

——基于国家间投入产出表的分析

第一节 引言与文献综述

"一带一路"倡议不仅为中国和沿线各国创造了新的增长机遇,也是"构建人类命运共同体"的重要实践。

为探讨中国在"一带一路"国际生产网络形成过程中所扮演的角色,本章将对"一带一路"国家参与 GVC 过程中的中国增加值进行定量测度,探究在国别层面、GVC 活动类型层面以及行业层面,中国如何影响了域内国家的 GVC 参与。与本章相关的文献主要有两类,一类是中国对"一带一路"国家影响的文献,另一类是测度 GVC 参与程度的文献。

现有关于中国与"一带一路"的研究中,更多关注的是"一带一路"为沿线国家所带来的机遇和挑战,以及"一带一路"倡议这一政策的效果评估,而研究"一带一路"沿线国家在经济发展过程中如何受中国影响、"一带一路"生产网络如何构建的文章并不多见。总结来看,这一主题主要涉及三个方面。第一,中国与"一带一路"国家产业结构的关系。无论是从显性比较优势(RCA),还是从价值链地位指数或是上游度指数来看,中国与"一带一路"沿线国家之间的产业互补性要大于竞争性(王恕立和吴楚豪,2018;潘雨晨和张宏,2019),中国 OFDI 推动了"一带一路"国家的产业升级(贾妮莎和雷宏振,2019)。第二,中国对"一带一路"国家经济发展的影响。中国通过金融、贸易、投资和国际石油价格对"一带一路"国家产生正向的 GDP 溢出效应,中国与这些国家逐渐成为利益共同体,经济存在互补性,沿线国家对中国存在较大的经济依赖性(于翠萍和王美昌,2015;王敏和朱泽燕,2019)。签订双边投资协定（bilateral investment treaty，BIT）有助于我国进行 OFDI（许小平等，2016），我国 OFDI 对"一带一路"沿线国家的环境产生了积极的效应，而其他国家的整体投资则对"一带一路"沿线国家环境产生了消极的效应（刘乃全和戴晋，2017）。第三，中国对"一带一路"沿线国家 GVC 分工的影响。中国对"一带一路"沿线国家 OFDI 能够促进"一带一路"国家 GVC 参与程度和地位的提升（姚战琪和夏杰长，2018），"一带一路"区域内部生产网络不断增强，中国在该生产网络中处于核心和优势地位（郑智等，2019）。我们认为现有文献有如下两点不足：第一，少有文献从生产联系的角度讨论中国对"一带一路"国家参与 GVC 的影响；第二，对于"一带一路"国际生产网络如何构建以及中国在生产网络形成中的作用研究尚有欠缺。

　　GVC 描述了增加值的来源与去向，刻画了当今世界经济中的跨国生产共享活动。在微观领域，案例研究占据了 GVC 研究的主导。在创新主导的全球产业链研究中，最为经典的是将苹果公司产品按零部件的来源进行分解，探究不同国家在 iPod 和笔记本电脑全球生产过程中的利润，从而了解各国在该产品全球分工中的角色（Dedrick J et al.，2010）。在品牌主导的全球产业链研究中，通过对中国手机品牌小米和 OPPO 进行拆解，得到产品中的中国增加值（Xing Y and He Y，2018）。随着 GVC 测度领域的发展，企业 GVC 地位的测度方法也得到进步（Chor D et al.，2014；Kee H L and Tang H，2016），但其实质仍然是对企业产品中增加值来源和去向进行分解。宏观领域的 GVC 测度起源于大卫·胡梅尔斯等（Hummels D et al.，2001），其首次利用国际投入产出表测度了垂直专业化以描述各国参与 GVC 的程度，但因中间品多次跨国形成的重复核算问题使得该测度不够准确。随着全球贸易分析模型（global trade analysis project，GTAP）、WIOD 等国际投入产出表的编制成功，分解出口中增加值来源与去向的文献得以涌现（Koopman R et al.，2008；Wang Z et al.，2017b；Antràs P et al.，2012；Antràs P and Chor D，2013），从国家、行业层面讨论出口中不同种类的增加值，以此得到各国在 GVC 分工中的参与程度和位置。

　　GVC 参与程度能够很好地刻画一国产出中涉及全球分工的部分。通俗来说，GVC 参与程度刻画在某一生产阶段产出中的外国要素份额。垂直专业化以进口中间品占总出口的比重来衡量各国参与的跨国序列生产中的垂直联系（Hummels D et al.，2001）。双边层面的出口增加值比重（VAX 比率）用于描述跨国生产共享的强度（Johnson R C et al.，2012），将出口中的增加值分解为

9项和16项，进一步在国家、行业和双边层面上描述各国在跨国生产分工中的参与程度和位置。从前向联系计算GVC参与程度指标能够回答"一国某部门有多少增加值被作为要素投入参与到跨国生产共享活动中"，从后向联系计算GVC参与程度可以回答"一国某部门最终产品中有多大份额是来自GVC活动"（Wang Z et al.，2017a）。由此可见，对于GVC参与程度的考察就是对一国参与全球生产分工的考察，而对一国产出中增加值来源和去向以及类别的考察，有助于探究不同国家或部门在该国参与GVC中的作用和角色。

通过文献回顾可知，考察与中国相关的增加值[①]在"一带一路"各国GVC活动增加值中所占的份额，能够很好地回答中国如何影响"一带一路"国家的GVC参与，以及中国在"一带一路"生产网络中的作用。本章研究借鉴GVC参与程度测度的最新发展，将各国GVC参与程度指标中的中国内容分离出来，从前向和后向联系、国别层面、GVC活动类型、行业层面分析"一带一路"国家GVC的中国角色。

第二节 指标测度与数据来源

在指标测度部分，借鉴王直等（2017a）这一全球价值链核算的前沿方法，计算"一带一路"沿线各国参与GVC活动时与中国相关的增加值。核算方法如下。

一、生产活动的基本核算框架

在G国N部门的国家间投入产出表的情景下，总产出和总使用的平衡如式（5-1）所示。

$$X = AX + Y = A^D X + Y^D + A^F X + Y^F = A^D X + Y^D + E \quad (5-1)$$

式（5-1）中，X为总产出，A为投入系数矩阵，A^D是处于对角线上的本国投入系数矩阵，A^F是处于非对角线上的进口投入系数矩阵，Y表示最终需求矩阵。从用途来看，总产出可以分为中间品（AX）和最终需求（Y）；从总产出使用的目的地看，可以分为国内（$A^D X + Y^D$）和国外（$A^F X + Y^F$），去向为国外的产出等于该国的总出口（E）。

[①] "与中国相关的增加值"包括去向为中国的本国增加值和来源地位于中国的增加值。

由式（5-1）又可以得到：

$$X = (I - A^D)^{-1}Y^D + (I - A^D)^{-1}E = LY^D + LE = LY^D + LY^F + LA^FX \quad (5-2)$$

$L = (I - A^D)^{-1}$ 被定义为局部里昂惕夫矩阵，其为一个 GN × GN 的对角矩阵。对式（5-2）各项乘以直接增加值系数矩阵 $\hat{V}$，并将 X 替换为 BY 便可以得到式（5-3）：

$$\begin{aligned}\hat{V}B\hat{Y} &= \hat{V}L\hat{Y}^D + \hat{V}L\hat{Y}^F + \hat{V}LA^FB\hat{Y} \\ &= \hat{V}L\hat{Y}^D + \hat{V}L\hat{Y}^F + \hat{V}LA^FL\hat{Y}^D + \hat{V}LA^F(B\hat{Y} - L\hat{Y}^D)\end{aligned} \quad (5-3)$$

$\hat{V}B\hat{Y}$ 为 GN × GN 矩阵，被分解为四个 GN × GN 矩阵，其代表某一国家/部门在生产最终品和服务过程中，间接使用或直接使用的来源国增加值。

根据生产要素所嵌入的不同产品类型，可以对生产活动进行完全的分解，从而更好地理解一国参与全球生产活动的情况。具体而言，式（5-3）第一项（$\hat{V}L\hat{Y}^D$）为在本国使用的增加值，该部分增加值不涉及跨国贸易；第二项（$\hat{V}L\hat{Y}^F$）为嵌入最终品贸易的增加值，这些增加值仅涉及直接消费，不用于再生产，也被称为李嘉图式的贸易；第一项和第二项均不涉及跨国的生产活动。

在第三项和第四项中，增加值嵌入进口或者出口中间品，从而刻画了生产活动的跨国特征，被称为 GVC 生产活动。嵌入增加值的中间品被进口国直接用于生产在该国进行吸收的最终品，增加值仅跨国一次（由进口投入系数矩阵 A^F 给出），被称为简单的 GVC 活动（$\hat{V}LA^F L\hat{Y}^D$）。当嵌入增加值的中间品被进口国用于生产出口品时（中间品或者最终品），增加值至少跨国两次，其中第一次跨国由进口投入系数矩阵 A^F 给出，第二次及超过第二次部分由 $B\hat{Y} - L\hat{Y}^D$ 给出，在 BY 矩阵中去除不跨国的部分 $L\hat{Y}^D$ 后，被称为复杂的 GVC 活动（$\hat{V}LA^F(B\hat{Y} - L\hat{Y}^D)$）。两种 GVC 活动的区分体现了一国参与全球价值链的不同方式和程度，是各国参与全球价值链生产活动更为全面的描述。简单 GVC 活动描绘了各国在全球价值链中的浅层次生产共享，其参与的是一种简单的跨境生产活动；复杂 GVC 活动则描绘了各国在全球价值链中的深层次生产共享，其参与的是一种复杂的跨境生产活动。

对式（5-3）进行行向加总，可以将某国特定部门的增加值（GDP）进行前向分解：

$$Va' = \hat{V}BY = \underbrace{\hat{V}LY^D}_{(1)-V\_D} + \underbrace{\hat{V}LY^F}_{(2)-V\_RT} + \underbrace{\hat{V}LA^FLY^D}_{(3a)-V\_GVC\_S} + \underbrace{\hat{V}LA^F(BY - LY^D)}_{(3b)-V\_GVC\_C} \quad (5-4)$$

将简单 GVC 活动中去往中国各部门的增加值进行加总，得到前向简单 GVC 活动中与中国相关的增加值 VGVC_CHNS，表示各国各行业通过中间品出口到达中国的增加值，该部分增加值被用于在中国消费的最终品生产；将复杂

GVC 活动中去往中国各部门的增加值进行加总，得到前向复杂 GVC 活动中与中国相关的增加值 VGVC_CHNS，表示各国各行业通过中间品出口到达中国的增加值，该部分增加值被用于中国的出口品（中间品和最终品）生产。

对式（5-4）进行列向加总，可以得到一国某一特定部门最终品中增加值的来源，即对该部门最终品进行后向分解：

$$Y' = \underbrace{VB\hat{Y}}_{(1)-Y\_D} = \underbrace{VL\hat{Y}^D}_{(1)-Y\_D} + \underbrace{VL\hat{Y}^F}_{(2)-Y\_RT} + \underbrace{VLA^F L\hat{Y}^D}_{(3a)-Y\_GVC\_S} + \underbrace{VLA^F(B\hat{Y} - L\hat{Y}^D)}_{(3b)-Y\_GVC\_C} \quad (5-5)$$

将简单 GVC 活动中来源于中国各部门的增加值进行加总，得到后向简单 GVC 活动中与中国相关的增加值 YGVC_CHNS，表示各国各行业通过进口中间品到达本国的中国增加值，并被用于本国消费的最终品生产；将复杂 GVC 活动中来源于中国各部门的增加值进行加总，得到后向复杂 GVC 活动中与中国相关的增加值 YGVC_CHNS，表示各国各行业通过进口第三国中间品而到达本国的中国增加值，并被本国用于生产最终品。

二、GVC 参与程度指数测度

根据前述的生产分解模型，可以得到前向和后向视角下的全球价值链参与程度测度。前向 GVC 参与程度定义为一国某部门用于 GVC 活动的增加值占该部门总增加值的比重：

$$GVCPt\_f = \frac{V\_GVC\_S}{Va'} + \frac{V\_GVC\_C}{Va'} \quad (5-6)$$

式（5-6）等号右侧第一个表达式为前向简单 GVC 参与程度，第二个表达式为前向复杂 GVC 参与程度，二者之和为前向 GVC 参与程度。

与中国相关的前向 GVC 参与程度定义为一国某部门用于中国生产活动的增加值占该部门总增加值的比重：

$$GVCPt\_CHNF = \frac{VGVC\_CHNS}{Va'} + \frac{VGVC\_CHNC}{Va'} \quad (5-7)$$

式（5-7）等号右侧第一个表达式为与中国相关的前向简单 GVC 参与程度，第二个表达式为与中国相关的前向复杂 GVC 参与程度，二者之和为与中国相关的前向 GVC 参与程度。

后向 GVC 参与程度定义为一国某部门最终品中属于 GVC 活动的比重：

$$GVCPt\_B = \frac{Y\_GVC\_S}{Y'} + \frac{Y\_GVC\_C}{Y'} \quad (5-8)$$

式（5-8）等号右侧第一个表达式为后向简单 GVC 参与程度，第二个表达式为后向复杂 GVC 参与程度,二者之和为后向 GVC 参与程度。

与中国相关的后向 GVC 参与程度定义为来源于中国的增加值占一国某部门最终产品的比重:

$$\text{GVCPt\_CHNB} = \frac{\text{YGVC\_CHNS}}{Y'} + \frac{\text{YGVC\_CHNC}}{Y'} \quad (5-9)$$

式(5-9)等号右侧第一个表达式为与中国相关的后向简单 GVC 参与程度,第二个表达式为与中国相关的后向复杂 GVC 参与程度,二者之和为与中国相关的后向 GVC 参与程度。

从以上指标的定义来看,GVC 参与程度是一个跨国生产的概念而不是有关贸易的概念。前向 GVC 参与程度越高,表明该部门参与下游全球生产共享活动越多;与中国相关的前向 GVC 参与程度较高,则表明中国承担了该国更多的下游生产活动。后向 GVC 参与程度较高,表明该部门参与上游全球生产共享活动更多;与中国相关的后向 GVC 参与程度较高,则表明中国在该国上游 GVC 活动更加重要。

三、数据来源

本章所用数据来源于 2016 年版世界投入产出数据库(WIOD),该数据库包含从 2000 年到 2014 年各年的世界投入产出表。数据库中包括 43 个国家和地区,56 个行业,包括所有 28 个欧盟成员国和其他 15 个主要经济体,属于"一带一路"沿线的国家有 16 个,依次为中国(CHN)、印度(IND)、印度尼西亚(IDN)、土耳其(TUR)、保加利亚(BGR)、克罗地亚(HRV)、捷克(CZE)、爱沙尼亚(EST)、匈牙利(HUN)、拉脱维亚(LVA)、立陶宛(LTU)、罗马尼亚(ROU)、波兰(POL)、斯洛伐克(SVK)、斯洛文尼亚(SVN)、俄罗斯(RUS)。2016 版 WIOD 数据库中的 15 个"一带一路"沿线国家(除中国外)GDP 占"一带一路"沿线 GDP 总值的 56%,这一比重在样本期内保持稳定,这表明以上述样本来讨论中国对"一带一路"国家 GVC 参与程度的影响具有较强代表性。同时,以上国家中除印度和印度尼西亚以外,其余国家传统上一直属于以德国为主导的东欧生产网络,通过对中国在东欧国家参与 GVC 中的角色考察,有助于了解东欧生产网络与东亚生产网络的联系,以及"一带一路"区域内生产网络的扩张趋势。

第三节 测度结果分析

一、总体分析

图 5-1 给出了"一带一路"国家后向 GVC 参与程度变化及其每年的增长率。从后向来看,"一带一路"沿线国家的平均 GVC 参与程度缓慢增长,其平均后向参与程度不高,2000 年为 0.1337,2014 年为 0.1439,增长幅度仅为 7.6%;而"一带一路"沿线国家与中国相关的后向 GVC 参与程度增长速度较快,从 0.0027 增长到 0.0133,增幅为 392.6%。[①] 21 世纪以来,无论是在 2008 年受国际金融危机影响所带来的经济大衰退,还是 2013 年以来的逆全球化浪潮兴起,与中国相关的后向 GVC 参与程度的增长率始终高于"一带一路"国家平均后向 GVC 参与程度增长率。

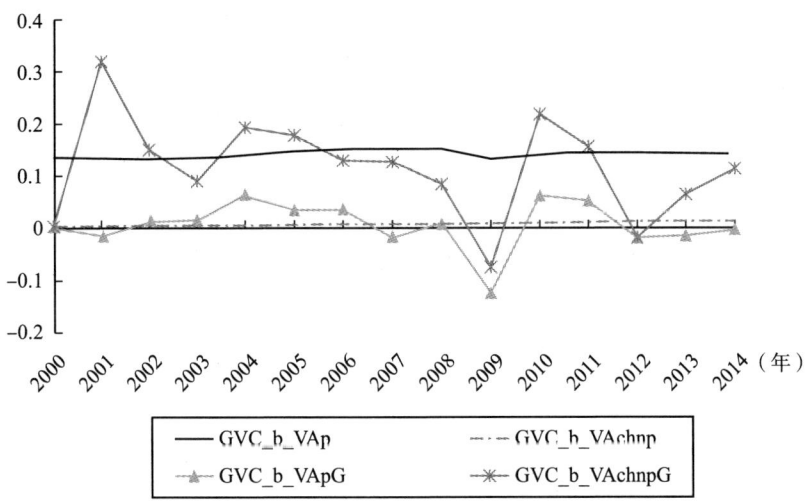

图 5-1 "一带一路"国家后向 GVC 参与程度及其增长率

注:GVC_b_VAp 为"一带一路"国家平均后向 GVC 参与程度,GVC_b_VApG 为"一带一路"国家平均后向 GVC 参与程度增长率,GVC_b_VAchnp 为"一带一路"国家与中国相关的平均后向 GVC 参与程度,GVC_b_VAchnpG 为"一带一路"国家与中国相关的平均后向 GVC 参与程度增长率。
资料来源:图表中数据由作者根据 WIOD2016 版数据测算得出。

---

① 根据 WIOD2016 版数据测算得出。

图 5-2 则给出了"一带一路"国家前向 GVC 参与程度变化及其每年的增长率。从前向来看,"一带一路"国家的平均前向 GVC 参与程度增长缓慢,从 2000 年的 0.1488 增长到 2014 年的 0.1649,增幅仅为 10.8%;而"一带一路"沿线国家与中国相关的前向 GVC 参与程度增长速度较快,从 0.0057 增长到 0.0136,增幅达 138.6%。① 总体来看,"一带一路"国家出口中间品中的本国增加值,去往中国的份额相比去往外国的份额增长速度更快。值得注意的是在 2009 年,与中国相关的参与程度增长率为 0.0384,而总参与程度增长率仅为 -0.1410,在国际大环境严峻之时,去往中国的增加值依然逆势增长,再一次证明中国强劲的经济增长在"一带一路"沿线国家参与 GVC 过程中发挥越来越重要的作用。

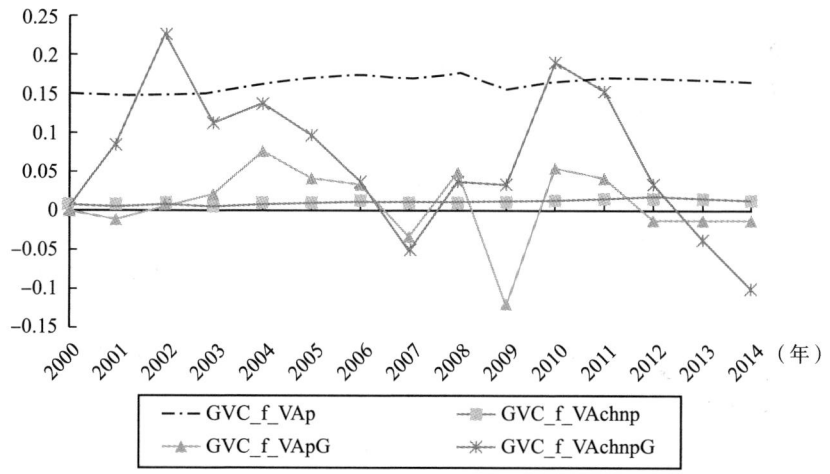

图 5-2 "一带一路"国家前向 GVC 参与程度及其增长率

注:GVC_f_VAp 为"一带一路"国家平均前向 GVC 参与程度,GVC_f_VApG 为"一带一路"国家平均前向 GVC 参与程度增长率,GVC_f_VAchnp 为"一带一路"国家与中国相关的平均前向 GVC 参与程度,GVC_f_VAchnpG 为"一带一路"国家与中国相关的平均前向 GVC 参与程度增长率。

资料来源:图表中数据由作者根据 WIOD2016 版数据测算得出。

总体而言,无论是从前向还是后向来看,中国对"一带一路"国家参与 GVC 活动的影响越来越大,但绝对值依然较小。

---

① 根据 WIOD2016 版数据测算得出。

二、国别层面

本节将从各国前向、后向 GVC 活动中与中国相关的增加值份额和各国前向、后向与中国相关的 GVC 参与程度两个方面，探究中国对"一带一路"国家参与 GVC 影响的国别异质性。前者注重展示中国在"一带一路"国家 GVC 生产活动中的角色，而后者则能更加清晰地表明中国如何影响了"一带一路"国家的 GVC 参与程度。

从时间维度看，各国 GVC 活动中与中国相关的增加值份额都有极大增长。以各年与中国相关的增加值占比排名第一的国家来看，后向视角下与中国相关的增加值占比从 2000 年的 4.8% 增长到 2014 年的 15.3%，15 年间与中国相关的增加值占比增幅达到 218.7%；前向视角下与中国相关的增加值占比也从 2000 年的 7.8% 增长到 2014 年的 14.8%，增幅达 90%。排名第五的国家后向和前向增幅依次为 366.8% 和 159.2%，同样表现出前向增幅不及后向增幅。[①] 这些变化表明随着中国经济增长，"一带一路"沿线国家在参与国际生产分工时对直接来自中国的中间品的需求越来越强，而直接来自这些"一带一路"沿线国家的中间品可能不足以适应中国不断变化的生产需求。

从国别维度看，中国对"一带一路"沿线各国参与全球生产分工的影响存在动态变化、广泛覆盖的特点。与中国相关的增加值份额前五的国家地域分布比较分散。印度尼西亚的前向和后向 GVC 活动增加值中，与中国相关的增加值占比都处于第一的位置，这与东亚生产网络不断壮大、中国地位不断上升不无关系。西亚的土耳其长期占据前五之列，在 2014 年爱沙尼亚、保加利亚也挤进前五。中国已经比较广泛地参与"一带一路"的 GVC 生产活动，但是对中东欧国家的影响依然较小。

表 5-1 给出了后向、前向视角下，"一带一路"沿线各国 GVC 参与程度和与中国相关的 GVC 参与程度。从 2000 年到 2014 年，中东欧国家的后向 GVC 参与程度缓慢增长，印度尼西亚、俄罗斯的 GVC 参与程度有下降的趋势，然而各国共有的特征为与中国相关的 GVC 参与程度大幅增长。与中国相关的 GVC 参与程度从 2000 年最高的 0.008 增长到 2014 年的 0.022，增长幅度为 175%。在 2000 年，该指标与对应国家 GVC 参与程度之比最大值为 4.8%，

---

① 根据 WIOD2016 版数据测算。

2014年，该比值最大值为15.1%。① 这些变化表明，从后向来看，中国在"一带一路"沿线国家跨国生产中地位越来越重要，但是可能在各国的跨国生产活动中并未占据主导地位。

表5-1 "一带一路"国家前后向GVC活动中与中国相关的增加值份额占比前五的国家

后向联系				前向联系			
ISO	VA（亿美元）	VA_CHN（亿美元）	ratio	ISO	VA（亿美元）	VA_CHN（亿美元）	ratio
2000年							
印度尼西亚	28874	1377	0.048	印度尼西亚	38109	2976	0.078
印度	44555	1085	0.024	罗马尼亚	5710	445	0.078
俄罗斯	17616	355	0.020	俄罗斯	78920	3330	0.042
匈牙利	15044	253	0.017	印度	30395	1042	0.034
土耳其	32970	502	0.015	保加利亚	768	16	0.021
2014年							
印度尼西亚	127857	19575	0.153	印度尼西亚	131652	19471	0.148
俄罗斯	124103	15070	0.121	俄罗斯	417323	42850	0.103
印度	250888	24878	0.099	印度	162180	13784	0.085
土耳其	119318	10312	0.086	保加利亚	13485	738	0.055
爱沙尼亚	6557	466	0.071	土耳其	94796	5103	0.054

注：VA、VA_CHN、ratio分别表示GVC活动中的总增加值、GVC活动中的与中国相关的增加值、与中国相关增加值与总增加值之比。单位为百万美元。受限于篇幅，表5-1中所展示的各国前向、后向GVC活动中与中国相关的增加值份额仅包含大小排名前五的国家。

资料来源：表格中数据由作者根据WIOD2016版数据测算得出。

各国前向GVC参与程度和与中国相关的前向GVC参与程度的变化趋势，与后向基本一致，与中国相关的前向GVC参与程度快速增长，见表5-2。但前向视角下也存在特例，罗马尼亚与中国相关的前向GVC参与程度下降趋势非常明显，从2000年的0.012下降到2014年的0.007。尽管一些国家受到自身或金融危机等原因的影响，使其前向GVC参与程度表现出消极下降或波动

---

① 在2000年，该比值最大的国家为IDN，其与中国相关的GVC参与程度/GVC参与程度 = 0.008/0.169 = 0.048；2014年，该比值最大的国家也为IDN，比值为0.022/0.146 = 0.151。

增长，但与中国的生产联系在各个时期逐步加强的特征非常明显，中国强劲的需求为这些国家参与 GVC 提供了保障的动力。

表 5-2　"一带一路"沿线各国 GVC 参与程度和与中国相关的 GVC 参与程度

后向视角						前向视角					
2000 年			2014 年			2000 年			2014 年		
ISO	GVC_b_VAp	GVC_b_VAchnp	ISO	GVC_b_VAp	GVC_b_VAchnp	ISO	GVC_f_VAp	GVC_f_VAchnp	ISO	GVC_f_VAp	GVC_f_VAchnp
印度尼西亚	0.169	0.008	匈牙利	0.335	0.022	印度	0.211	0.017	俄罗斯	0.243	0.025
匈牙利	0.298	0.005	印度	0.146	0.022	俄罗斯	0.326	0.014	印度	0.150	0.022
罗马尼亚	0.176	0.003	捷克	0.295	0.020	罗马尼亚	0.160	0.012	保加利亚	0.256	0.014
印度	0.090	0.002	爱沙尼亚	0.273	0.019	克罗地亚	0.177	0.003	捷克	0.277	0.011
爱沙尼亚	0.242	0.002	斯洛伐克	0.316	0.017	匈牙利	0.183	0.003	匈牙利	0.270	0.010
保加利亚	0.206	0.002	土耳其	0.154	0.013	捷克	0.210	0.003	立陶宛	0.280	0.009
俄罗斯	0.097	0.002	波兰	0.203	0.012	印度	0.063	0.002	爱沙尼亚	0.296	0.009
捷克	0.217	0.002	斯洛文尼亚	0.228	0.011	爱沙尼亚	0.171	0.002	斯洛文尼亚	0.265	0.008
土耳其	0.118	0.002	印度	0.114	0.011	立陶宛	0.134	0.002	拉脱维亚	0.242	0.008
波兰	0.163	0.002	俄罗斯	0.087	0.011	土耳其	0.098	0.002	斯洛伐克	0.264	0.007
拉脱维亚	0.181	0.002	保加利亚	0.265	0.010	拉脱维亚	0.152	0.002	克罗地亚	0.205	0.007
斯洛伐克	0.233	0.001	拉脱维亚	0.214	0.010	波兰	0.125	0.001	罗马尼亚	0.205	0.007
斯洛文尼亚	0.199	0.001	立陶宛	0.218	0.009	斯洛文尼亚	0.139	0.001	波兰	0.205	0.007
克罗地亚	0.190	0.001	罗马尼亚	0.203	0.009	保加利亚	0.063	0.001	土耳其	0.126	0.007
立陶宛	0.162	0.001	克罗地亚	0.195	0.007	斯洛伐克	0.146	0.001	印度	0.077	0.007

资料来源：表格数据是作者根据 WIOD2016 版数据测算得出。

总结而言，无论是各国 GVC 活动中与中国相关的增加值占比，还是与中国相关的 GVC 参与程度的变化趋势，都表明中国在"一带一路"沿线各国参与 GVC 中的角色变得越来越重要，但是其重要程度存在国别差异，且重要性普遍不强。尽管如此，这种变化对构建以中国为主导的"一带一路"生产网络提供了现实基础。

三、GVC 活动类别

通过展示在各国不同类型 GVC 活动中与中国相关的增加值份额，一方面可以清晰地看到中国以何种方式参与"一带一路"国家的 GVC 活动；另一方面可以探究中国在各国不同的 GVC 参与方式中的影响有多大，同时对两种类型的中国影响进行比较。在后向简单 GVC 活动中，中国增加值通过嵌入各国的中国中间品进口而用于各国最终消费品的生产，此类中国增加值仅进行一次跨境生产活动；而在后向复杂 GVC 活动中，中国增加值通过嵌入各国进口的第三国（非中国）中间品而用于各国最终品的生产，此时中国增加值至少经历两次跨境生产活动。表 5-3 给出"一带一路"沿线各国后向各种 GVC 活动增加值中与中国相关增加值所占比重。

中东欧国家与中国建立后向生产联系时，复杂跨国生产活动是主流。在时间维度上，两类 GVC 活动类型的中国增加值份额在 2000 年到 2014 年之间都有显著增长。中东欧国家复杂 GVC 活动中的中国增加值份额在各年都要比简单 GVC 活动中的中国增加值份额大，且复杂 GVC 活动中的中国增加值大于简单 GVC 活动中的中国增加值是极为普遍的现象。印度尼西亚、印度、俄罗斯等国则表现出与之相反的趋势，它们与中国的生产联系更多建立在简单 GVC 生产活动之上，中国增加值更能满足这些国家的国内需求。在国别层面上，印度尼西亚、印度、俄罗斯是受中国影响最大的三个国家，中国的增加值份额大小常年占据前三的位置。西亚国家土耳其的中国增加值份额常年排在简单 GVC 与复杂 GVC 活动前五名的位置，而爱沙尼亚、捷克、斯洛文尼亚、斯洛伐克在两种 GVC 活动中排名都有比较明显的上升，罗马尼亚和匈牙利在简单 GVC 排名中下降幅度较大。这些排名的动态变化体现了各国与中国后向生产联系的强度有所差异，不同国家参与 GVC 时中国影响水平的增长速度并不一致。

前向简单 GVC 活动中，各国增加值嵌入中国进口的中间品被中国用于本国消费品的生产，此时各国增加值仅经历一次跨国生产活动；而在前向复杂 GVC 活动中，各国增加值嵌入中国的进口中间品被用于中国出口品的生产，此时各国增加值至少经历两次跨境生产活动。表 5-4 给出了"一带一路"沿线各国前向各种 GVC 活动增加值中与中国相关增加值所占比重。

表 5-3　后向 GVC 活动中与中国相关的增加值

单位：百万美元

ISO	简单 GVC 活动 2000 年 VA_S	VA_SCHN	ratio	ISO	2014 年 VA_S	VA_SCHN	ratio	ISO	复杂 GVC 活动 2000 年 VA_C	VA_CCHN	ratio	ISO	2014 年 VA_C	VA_CCHN	ratio
印度尼西亚	18501	888	0.048	印度尼西亚	83776	13173	0.157	印度尼西亚	10374	490	0.047	印度尼西亚	44081	6403	0.145
印度	33035	649	0.020	俄罗斯	83667	11217	0.134	印度	11521	437	0.038	印度	76887	8849	0.115
俄罗斯	12631	206	0.016	印度	174001	16030	0.092	俄罗斯	4986	149	0.030	俄罗斯	40437	3854	0.095
罗马尼亚	4075	49	0.012	土耳其	60054	5209	0.087	土耳其	12062	280	0.023	爱沙尼亚	3864	333	0.086
土耳其	20909	222	0.011	爱沙尼亚	2693	133	0.049	匈牙利	8717	200	0.023	土耳其	59264	5103	0.086
匈牙利	6327	53	0.008	波兰	52699	2428	0.046	保加利亚	686	14	0.021	匈牙利	31657	2567	0.081
波兰	18047	136	0.008	捷克	22201	973	0.044	爱沙尼亚	509	9	0.018	捷克	37936	3075	0.081
保加利亚	2275	15	0.006	斯洛文尼亚	4031	158	0.039	罗马尼亚	2355	43	0.018	波兰	50765	3562	0.070
捷克	7639	40	0.005	拉脱维亚	3186	119	0.037	拉脱维亚	451	8	0.017	斯洛伐克	23291	1563	0.067
拉脱维亚	946	5	0.005	匈牙利	15034	543	0.036	波兰	9824	154	0.016	罗马尼亚	15857	983	0.062
斯洛文尼亚	2220	8	0.003	立陶宛	4421	133	0.030	立陶宛	565	9	0.016	斯洛文尼亚	5819	332	0.057
立陶宛	1193	4	0.003	罗马尼亚	22120	623	0.028	捷克	5390	69	0.013	保加利亚	6155	347	0.056
克罗地亚	2381	7	0.003	保加利亚	7940	198	0.025	克罗地亚	1367	17	0.013	拉脱维亚	2793	155	0.055
爱沙尼亚	885	2	0.003	克罗地亚	5508	126	0.023	斯洛伐克	2063	22	0.011	立陶宛	4844	255	0.053
斯洛伐克	3066	7	0.002	斯洛伐克	9844	188	0.019	斯洛文尼亚	1764	19	0.011	克罗地亚	4360	224	0.051

注：VA_S、VA_SCHN、VA_C、VA_CCHN 和 ratio 分别表示简单 GVC 活动中的增加值、简单 GVC 活动中与中国相关的增加值、复杂 GVC 活动中的增加值、复杂 GVC 活动中与中国相关的增加值以及与中国相关的增加值与总增加值之比。

资料来源：表格中数据由作者根据 WIOD2016 版数据测算得出。

第五章 "一带一路"国家全球价值链中的中国角色

表 5-4　前向 GVC 活动中与中国相关的增加值

单位：百万美元

	简单 GVC 活动								复杂 GVC 活动							
	2000 年				2014 年				2000 年				2014 年			
ISO	VA_S	VA_S CHN	ratio	ISO	VA_S	VA_S CHN	ratio	ISO	VA_C	VA_C CHN	ratio	ISO	VA_C	VA_C CHN	ratio
罗马尼亚	3731	342	0.092	印度尼西亚	85284	11323	0.133	印度尼西亚	11773	1059	0.090	印度尼西亚	46569	8148	0.175
印度尼西亚	26358	1917	0.073	俄罗斯	245147	20692	0.084	印度	10115	543	0.054	印度	53823	7374	0.137
俄罗斯	49089	1897	0.039	印度	108545	6411	0.059	罗马尼亚	1982	103	0.052	俄罗斯	174500	22158	0.127
印度	20320	499	0.025	保加利亚	8045	326	0.041	俄罗斯	29989	1434	0.048	土耳其	37473	3445	0.092
保加利亚	483	6	0.012	捷克	26754	882	0.033	克罗地亚	1175	46	0.039	克罗地亚	4274	324	0.076
匈牙利	4732	54	0.011	土耳其	57471	1657	0.029	保加利亚	285	10	0.035	保加利亚	5449	412	0.076
克罗地亚	2249	19	0.009	匈牙利	17651	422	0.024	立陶宛	532	18	0.034	立陶宛	5088	380	0.075
捷克	7536	59	0.008	波兰	53147	1142	0.021	土耳其	10042	331	0.033	拉脱维亚	2845	183	0.064
土耳其	16933	105	0.006	罗马尼亚	21470	308	0.014	拉脱维亚	425	11	0.027	爱沙尼亚	2937	178	0.061
波兰	11988	54	0.005	斯洛伐克	13384	148	0.011	爱沙尼亚	373	9	0.025	罗马尼亚	16811	1016	0.060
爱沙尼亚	527	2	0.003	爱沙尼亚	4398	48	0.011	匈牙利	3214	71	0.022	斯洛文尼亚	5623	304	0.054
斯洛文尼亚	1515	3	0.002	斯洛文尼亚	6362	64	0.010	波兰	8501	176	0.021	匈牙利	16488	800	0.049
立陶宛	875	2	0.002	拉脱维亚	4140	38	0.009	捷克	4948	102	0.021	波兰	51908	2449	0.047
斯洛伐克	1572	2	0.001	立陶宛	7812	55	0.007	斯洛文尼亚	1073	21	0.020	捷克	28171	1291	0.046
拉脱维亚	701	0	0.001	克罗地亚	6242	40	0.006	斯洛伐克	1319	21	0.016	斯洛伐克	12388	566	0.046

资料来源：作者根据 WIOD2016 版数据测算。

中东欧国家在与中国进行前向生产联系时，同样以复杂 GVC 活动为主。除了罗马尼亚，其他中东欧国家复杂 GVC 活动中去往中国的份额要普遍大于简单 GVC，仅印度、俄罗斯、印度尼西亚以及罗马尼亚等国去往中国的简单 GVC 活动增加值要大于去往中国的复杂 GVC 活动增加值，其他国家均呈现非常明显反向特征。就各国受中国影响水平来看，印度尼西亚、印度、俄罗斯等国家一直处在前列，中国对印度尼西亚的影响最大。对中东欧国家的影响水平无论在何种情况下，影响程度在各国之间均无太大差异。

总体而言，中国与"一带一路"沿线各国通过中间品贸易带来的生产联系稳步提升，中国与德国为主导的欧洲生产网络正在逐渐融合。然而，后向视角下中国与中东欧国家的生产联系是以复杂 GVC 活动下的间接联系为主，中国仍未能扮演枢纽角色。前向视角下中国与中东欧国家的生产联系虽仍以复杂 GVC 活动为主，但是其体现的是直接生产联系，中国在"一带一路"生产网络中的枢纽作用正在形成。

四、行业层面

表 5-5 以行业大类展示了前向、后向 GVC 活动中与中国相关的增加值份额，普遍存在后向影响不及前向的特征。从后向视角来看，各行业各类 GVC 活动中的中国增加值份额在样本期内持续增长。这说明中国中间品通过直接和间接渠道，对各行业最终品生产的影响越来越大。从前向来看，尽管 2014 年相较于 2000 年，各行业各类 GVC 活动中的去向中国的增加值份额都有所上升，但是简单 GVC 活动中与中国相关的增加值份额在 2009 年以后呈现明显的下降趋势，而在复杂 GVC 活动中的增加值却一直在稳定上升。这表明在金融危机以后，中国作为"世界工厂"的制造业大国地位依然强势，"一带一路"国家的中间品持续流向中国，用于中国出口产品的生产。在制造业领域，各类 GVC 活动中与中国相关的增加值绝对量，在大多数年份明显高于农业、采矿业和服务业。制造业相较于其他行业更为深度地参与了"一带一路"沿线全球生产分工进程，且与中国相关的增加值对该行业复杂 GVC 活动的影响更大。

表 5-5　行业层面后向和前向 GVC 活动中与中国相关的增加值份额

部门		后向联系						前向联系		
变量	VA_S	VA_S CHN	ratio	VA_C	VA_C CHN	ratio	VA_S	VA_S CHN	ratio	VA_C	VA_C CHN	ratio

年份 2000 年

农业	6313	119	0.019	2180	60	0.028	7730	308	0.040	7764	131	0.017
矿业	431	3	0.006	353	6	0.016	20831	862	0.041	12411	775	0.062
制造业	51075	906	0.018	44813	1161	0.026	65837	2924	0.044	66363	2025	0.031
服务业	76740	1264	0.016	25642	700	0.027	75042	1730	0.023	75676	1798	0.024

年份 2009 年

农业	13805	804	0.058	5699	319	0.056	21402	1997	0.093	9211	791	0.086
矿业	892	17	0.019	458	24	0.052	81534	10336	0.127	57606	6384	0.111
制造业	138839	8184	0.059	154621	11306	0.073	203683	17865	0.088	141458	12785	0.090
服务业	231561	12550	0.054	86527	5329	0.062	241079	9714	0.040	140654	10492	0.075

年份 2014 年

农业	19007	1565	0.082	9757	760	0.078	34310	3208	0.093	15788	1435	0.091
矿业	867	38	0.044	679	52	0.077	121282	13175	0.109	95566	14584	0.153
制造业	202802	18880	0.093	253948	24275	0.096	308866	23792	0.077	240606	27099	0.113
服务业	329367	30806	0.094	144305	12571	0.087	322674	16558	0.051	207953	20493	0.099

资料来源：作者根据 WIOD2016 版数据测算。

为了更进一步探究中国在影响"一带一路"制造业参与 GVC 时的细节信息，下文将制造业按技术高低进行行业细分，来展示中国角色在不同技术水平制造业中的差异。① 表 5-6 给出了各技术水平制造业 GVC 活动中与中国相关的增加值份额。

表 5-6　制造业细分行业 GVC 活动中与中国相关的增加值份额

行业技术类别	后向视角						前向视角					
	2000 年			2014 年			2000 年			2014 年		
	VA	VA_CHN	ratio	VA	VA_CHN	ratio	VA	VA_CHN	ratio	VA	VA_CHN	ratio
低技术	37222	864	0.023	129718	12432	0.0956	16763	1016	0.060	62220	5001	0.080
中低技术	20778	383	0.018	120141	7544	0.063	34003	1362	0.040	161213	10754	0.067
中高技术	28026	505	0.018	160760	15229	0.095	19780	811	0.041	98142	6646	0.067
高技术	9077	308	0.034	44584	7860	0.176	2813	122	0.043	11048	732	0.066

资料来源：作者根据 WIOD2016 版数据测算。

从后向来看，中国增加值份额在各类技术水平的行业中都经历了明显增长，但在绝大多数中高技术行业和高技术行业 GVC 活动中较其他行业明显更大。尽管在 2000 年和 2014 年，低技术行业中的中国增加值份额分别为 0.023 和 0.095，但这是由于行业 6 "纺织品、服装和皮革制品制造业" 的中国增加值份额较高，分别达到了 0.029 和 0.159，而其他低技术行业和中低技术行业中的中国增加值份额普遍较低。中国在加入 WTO 后，中高技术行业和高技术行业都有了比较长足的发展，其生产的中间品成为"一带一路"沿线国家这些行业生产本国消费品和出口品的重要投入来源，中国比较好地参与到这些行业的后向生产联系中。反之，绝大多数的低技术行业和中低技术行业中的中国增加值占比还较低，而在许多中低技术行业中国都具有竞争力，如何能够让其他行业像"纺织品、服装和皮革制品制造业"以及"橡胶和塑料制品制造业"一样比较深度地参与"一带一路"沿线这些国家的全球生产分工中去，亦是构建以中国为主导的生产网络过程中有所作为的方向。

从前向来看，在各类技术水平的制造业 GVC 活动中，样本期内与中国相

---

① 此处参考 ISIC REV.3 TECHNOLOGY INTENSITY DEFINITION 按研发强度区分制造业技术水平的做法，并将 ISIC REV.3 与 ISIC REV.4 在两位数层面对应。

关的增加值份额增长较小。2014年，除中低技术行业外，其他行业与中国相关的前向增加值份额远小于后向GVC活动中与中国相关的增加值份额。仅有极少数行业的这一份额达到10%，这表明"一带一路"沿线制造业与中国的前向联系还比较弱，中国的扩大进口在"一带一路"沿线有"大有可为"之潜力。绝大多数行业的复杂GVC活动中去向为中国的增加值份额都稳定增长，未受金融危机和逆全球化的影响，但依然存在与中国相关的增加值份额绝对值不够大的特点。①

第四节 结论与启示

本章利用王直等（2017a）所提出的GVC参与程度测度方法，将前向、后向GVC活动中与中国相关的增加值提取出来，依次计算与中国相关的GVC参与程度和与中国相关的增加值份额，比较全面地刻画了中国在"一带一路"国家参与GVC时的角色，得到以下结论。第一，"一带一路"国家与中国相关的参与程度的增长率高于各国总体的GVC参与程度增长率，中国在"一带一路"国家参与GVC中扮演的角色越来越重要，影响越来越大。第二，无论是前向还是后向，所有国家与中国相关的GVC参与程度都是上升的。中国对"一带一路"国家参与全球生产分工的影响越来越大，对印度尼西亚、印度、俄罗斯影响更大，对中东欧国家的影响也在增大。但从数值大小来看，中国对这些国家的影响程度仍然较小。第三，前后向各类GVC活动中的中国增加值份额都有所增长，表现为对印度尼西亚、俄罗斯、印度等国家影响更大，且中国对其简单GVC活动影响更大；而中东欧国家中，中国对其复杂GVC活动的影响更大。第四，中国对"一带一路"各行业参与GVC的影响越来越大，而其中对制造业的影响又相对更大。从制造业细分技术水平来看，在后向联系中，中国对中高技术行业和高技术行业的影响更大，中国比较全面和均衡地参与了各类生产活动。在前向联系中，中国对各类技术水平制造业GVC活动的影响均不大。

为进一步提高中国与"一带一路"国家的生产联系，更好地发挥中国在"一带一路"国家参与GVC中的作用，构造以中国为主导的"一带一路"生

---

① 本书计算了制造业两位数层面的前向和后向各类GVC活动中与中国相关的增加值份额，感兴趣的读者可以找作者索要。

产网络，得出以下研究启示。第一，寻求扩大与中东欧国家的跨境生产合作。中东欧国家全球价值链活动中与中国相关的增加值份额还较低，应该把握"一带一路"倡议的契机，扩大国际产能合作，提升中国产业在全球价值链中的地位，扩大进口，在整个"一带一路"区域内寻求优质要素资源的跨国配置，加强中国与中东欧国家的 GVC 联系。第二，以制造业为基础，发挥中高技术和高技术制造业的现有优势，发掘服务业、采矿业和农业的跨国合作潜力，全面提高"一带一路"国家跨境生产中的中国角色，主动构筑"一带一路"国际价值链。

第三篇

区域经济共生发展与全球价值链参与

第六章　逆全球化背景下东亚区域经济共生发展研究

第一节　引言与文献综述

一、东亚区域经济合作的不断深化

国际金融危机后，全球化进入深度调整期，需求的萎缩正不断加速市场收缩，使经贸紧张局势升级，各种形式的保护主义、分离主义在内的"逆全球化"现象在全球蔓延。在此背景下，东亚各国仍对区域合作保有较为积极的态度，合作关系表现出进一步深化的趋势。

其一，东亚各经济体相互依赖程度加深。东亚区域内基础设施建设的不断完善，为生产分工在区域内跨国界大规模开展提供了有力支持（Matsuno S，2014），基础设施包括硬件（道路、港湾、机场、工业园区等）和软件（物流系统，金融服务，FTA 等）。刘重力（2017）通过对东亚区域内贸易密集度指标进行测度，表明东亚区域内贸易总额快速上升，且东亚在推动世界贸易增长的过程中，其区域内的贸易一体化起到了主要作用。

其二，东亚区域贸易体系和结构发生了深刻变化。东亚区域内部已逐渐从传统的雁行模式演变为更为复杂紧密的区域生产网络，而一旦构建了区域内部生产网络，贸易关系就变得更为明确和稳定（Kimura F and Obashi A，2011）。刘中伟（2014）认为，伴随着东亚地区整体经济实力的提升，其内部的生产分工呈现"分散化"，不再集中在某个或某几个国家，而是在产品价值链的不同环节分地区展开，并通过垂直分工和水平分工形成复杂的新型区域生产网络。

其三，RCEP 合作谈判进程已明显加速。RCEP 的一个重要特征是强调发展，考虑到参与国的发展水平不同，RCEP 将保有适当形式的灵活性，比如特别和差别待遇的规定以及针对不发达国家的优惠待遇,这意味着东亚合作将朝更互惠平等的方向发展（Hamanaka S,2014）。张彬和张菲（2016）认为,RCEP 自提出以来受到谈判国的一致认可,积极展开对话,目前已经进行了 13 轮谈判,并取得实质性进展。

二、"逆全球化"产生的原因及对东亚区域经济合作的影响

逆全球化现象的出现是对全球化发展过程中利益失衡的一种暂时性调整,论其原因,陈伟光和蔡伟宏（2017）认为,逆全球化是霸权国家主导下市场力量的释放,持续损害了全球化过程中以中产阶级为主的劳动群体,导致社会冲突积聚从而社会发生自我保护的结果。佟家栋和谢丹阳（2017）认为,经济全球化往往存在明确的福利分配倾斜,要素在国际间的流动引起相对收入的改变,而这种变化会导致利益分配矛盾在国家间或者阶级间不断深化,利益受损方开始聚集并通过形成政治力量来重申自我利益诉求。

逆全球化或将令区域经济一体化受阻,或将倒逼东亚各国采取"抱团取暖"的方式应对。以危机层面而论,廉晓梅和许涛（2017）认为,逆全球化浪潮使前一段时期迅猛发展的区域一体化势头发生重大逆转,有可能出现一段区域一体化发展的低潮期,东亚区域合作也有可能陷入停滞不前的状态。张慧智（2017）认为,特朗普相关政策主张会带动全球贸易的保护主义风潮,引发美国与东亚各国经济关系紧张,汇率矛盾激化的可能性有所增加,东亚区域经济合作框架建构的不确定性持续提高。从机遇层面而论,宋志勇（2017）认为,特朗普正式签署退出 TPP 后,为加快中日韩 FTA 谈判提供了很好的契机,三国若能抓住机会有能力打破合作瓶颈,对东亚区域经济合作有着重要的推动作用。张天桂（2013）认为,贸易战促使中国更注重内需增长,倒逼中国进行出口转型升级,而中国将成为东亚区域"内需拉动"的主要提供者。

三、共生理论的发展及其在区域合作中的应用

共生理论最早来源于微生物学领域,由真菌学家德贝里（Anton de Bary）于 1879 年首次给出界定与说明,并认为"共生"是"不同种群一起生活"的集居形式,是不同种群的内在个体之间延伸出的频繁交流或是物质联系。共生不仅存在于生物界,且广泛存在于人类社会体系当中。共生理论在产业发展领

域有着较为广泛的应用，工业共生是具有服务共享、副产品资源共享以及增加企业利润、降低生产成本、交易成本的包容性关系，是在产业集群式发展中演化而来（Agarwala A and Strachan P，2008）。刘友金等（2012）引入共生理论并通过博弈模型来研究产业集群式转移所必须达到的稳定条件，当企业转移的净收益为正时，无论是对称还是非对称互惠共生模式都会实现集群式转移。

共生理论在经济学领域不断拓展深入，从产业共生发展到了区域共生。黄小勇（2012）对区域共生关系进行解构，认为区域内各共生单元为实现共荣，在共享资源的基础上开展合作，进而形成风险共担、利益均分的共生关系。衣保中和张洁妍（2015）认为，种群生态学中的共生理论是描述不同种类的一个或多个成员之间延伸的物质联系，对解决东北亚地区"一带一路"建设合作问题具有高度的适应性。杨伯江（2016）从共生视角研究东北亚地区的合作之道，认为1997年亚洲金融危机强化了中日韩的合作意识，每一次外部环境的持续恶化促进东亚各国加强区域内合作都并非偶然，有其必要性以及紧迫性。"共生"理论的引入为东亚区域各主体应对"逆全球化"带来的影响提供了新的理论指导。

现有关于东亚区域经济合作、逆全球化以及共生理论的大量研究为本书奠定了坚实的基础，但现有研究成果尚存在以下不足。其一，现有文献对东亚区域经济合作主要是从"为什么合作、怎么合作"的角度进行研究，缺乏"为什么合作的理论研究"，尚未形成完整的理论逻辑框架。其二，国内对逆全球化的原因、影响等方面的研究颇丰，但很少有明确提出以区域共生发展应对逆全球化，从而进一步推动发展走向更深层次的全球化的研究。其三，东亚强劲的经济增长潜力是打破逆全球化危局，促进东亚乃至全球经济稳定、和谐发展的重要力量，然而现有文献大多是将东亚区域经济发展与逆全球化或者说经济全球化的退潮割裂开来分析，对东亚区域经济合作的发展缺乏整体性、系统性的深入认识。东亚区域经济共生发展是应对逆全球化影响、推动区域经济进一步发展的重要方式，也是通过区域经济发展再走向更深层次全球化的重要手段。本章在综合借鉴现有研究的基础上，梳理出逆全球化的表现及其对东亚区域经济发展的影响，然后分析东亚区域经济共生发展的理论逻辑和现实依据，并为促进东亚区域经济共生发展提出对策和建议。

第二节 "逆全球化"的表现及其对东亚区域经济发展的影响

一、"逆全球化"的表现

20世纪90年代，新自由主义成为全球经济领域的主流思想，经济全球化促使跨国商品、服务贸易、资本以及技术在全球范围内的流动与传播更加广泛与深入，世界各经济体的相互依赖程度不断增强，全球生产力水平以及经济发展水平得到了大幅提升。但2008年金融危机后，全球化发展步伐放慢，新自由主义在一些地区备受质疑，逆全球化思潮抬头（薛安伟，2018）。

从目前的发展态势看，逆全球化主要有以下表现。其一，贸易保护主义在全球范围内不断升级，自由贸易理念式微。全球范围内多边贸易谈判停滞不前，区域性贸易投资呈现碎片化，以绿色壁垒、技术壁垒、反倾销和知识产权保护等非关税壁垒为主要表现形式的新贸易保护主义正在向全球蔓延。中国作为世界出口贸易第一大国，深受新贸易保护主义的冲击，其中，技术壁垒是中国出口贸易面临的主要障碍。其二，部分发达国家政府干预加重，保守主义朝极端化发展。以往经济全球化的反对势力是由民间力量自发组成的，而政治力量通常是助推全球化发展的。但目前情况发生了逆转，本轮反经济全球化的行为是由部分发达国家的政治力量主导的，发达国家利用国家权力在多个领域制定去全球化政策，限制跨国商品、资本等的自由流动，强烈排斥外来移民，保守化内顾倾向日益严重。其三，欧美发达国家参与区域合作的意愿下降，国际组织被边缘化。欧洲一体化曾是地区一体化的典范，但2016年6月，英国通过脱欧公投，暴露出欧盟发展的多重困境，表明逆全球化思潮日渐高涨。

二、"逆全球化"对东亚区域经济发展的影响

东亚区域经济的迅速崛起得益于全球化的发展，日益增长的经济实力使其成为世界经济增长的重要引擎，其发展对世界经济及其格局变化的影响力逐步增强。但巨大的贸易体量也使东亚成为逆全球化思潮中发达国家推行保护主义、设置贸易与投资壁垒的最大受害者。"逆全球化"对东亚区域经济的影响主要表现在以下三方面。

（一）保护主义盛行冲击市场需求端，给东亚区域经济发展施加下行压力

在国际生产网络中，东亚大部分国家从中间产品的的生产、加工环节嵌入价值链，而欧美市场则是其最大的出口对象，欧美市场的需求是其经济增长的主要动力。基于这样的发展模式，东亚区域经济的发展对外部环境变化极为敏感，贸易保护主义加剧会进一步冲击市场需求端。据国际货币基金组织（IMF）的数据，2015 年全球采取的贸易保护主义措施是自由贸易促进措施的 3 倍，贸易限制性措施数量多达 736 个，同比增长 50%。如图 6-1 所示，2015 年东盟国家贸易总额下降了 10.12%，中日韩贸易总额下降了 11.12%，2016 年中日韩贸易总额进一步下滑。2017 年以后，为改变美国在全球分工体系中的角色，特朗普开始加快推行贸易保护，压缩美国进口、减少需求外溢，导致美国与以中国为首的东亚主要经济体进一步降低贸易总额。

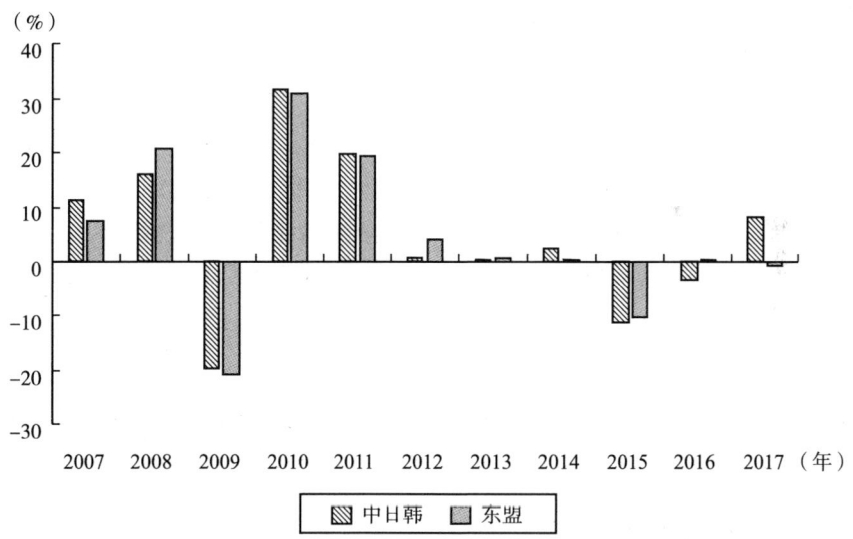

图 6-1 2007~2017 年中日韩及东盟贸易总额增长率变化

资料来源：根据 RIETI-TID 数据库整理计算。

（二）大量资本回流美国，东亚遭受资本外逃冲击

为了推动国内制造业发展，特朗普通过各种贸易保护措施和边界控制

来促使资本回流、产业回流和工作岗位回流美国。在贸易保护主义以及税改外溢效应的双重刺激下，大量资本纷纷逃离亚洲市场回流美国进行生产，这一趋势不仅给东亚主要货币造成贬值压力，而且使股票市场、债券市场也纷纷失去支撑。据彭博社数据，截至2018年上半年，投资者纷纷从泰国、印尼、韩国等国家的股市撤资，撤资总额达到190亿美元之多，这一资金外逃速度打破了2008年金融危机以来的最高记录。由于金融市场开放程度不同，不同经济体对外资的依赖程度也会存在较大的差异性，新西兰、新加坡和澳大利亚等国家以及中国香港等地区对外资的依赖程度较高，因此其受到撤资的负面影响较大。

（三）亚太地区合作路径走向分化，东亚区域经济合作不确定性倍增

一方面，特朗普政府宣布退出TPP后，RCEP在东亚乃至亚太地区的主导作用凸显。RCEP是东亚区域FTA网络的进一步整合，东盟通过推动RCEP积极应对美国重返亚太战略以及TPP对东盟所构建的亚洲自贸区网络的冲击。然而美国宣布退出TPP，TPP的向心力迅速减弱，推进亚洲贸易自由化的谈判重心正在向RCEP转移，促使RCEP成为亚太地区最具实力的区域经济组织，而RCEP的早日谈判成功，对缓解区域内贸易保护主义进一步加剧以及推动亚太自由贸易区（Free Trade Area of the Asia-Pacific，FTAAP）建设具有重要作用。另一方面，美国退出TPP也会给亚太地区一体化发展带来挑战。受到美国退出的深刻影响，TPP想要同RCEP争夺区域经济主导权已经不太可能，RCEP与TPP并驾齐驱的亚太经济一体化路径演变为RCEP同多个双边自由贸易协定并存的局面。

第三节 东亚区域经济共生发展的理论逻辑与现实依据

一、东亚区域经济共生发展的理论逻辑

人类社会的任何一种共生关系都需要具备三大要素，即主体、资源以及约束条件。其中主体可以是人也可以是各种形式的社会组织；资源的概念则较为广泛，凡是能在一定条件下产生效能并满足主体需求的，都可以称为资源；约束条件是指共生主体都必须遵守的条件，可以是法律、道德、宗教、约定等。区域经济共生发展强调的是一种国家间或区域经济体间的经济共生关系，而这

种共生关系须从它的形成、维持以及优化三个方面来理解。

资源是形成区域经济共生关系的基本条件。资源是不同经济体之间建立共生关系的基础，经济体在寻求资源的过程中可能产生斗争；因为需要对方，就可能达成合作，合作也就是经济体间形成的资源互换、分享、竞争的相对平衡，于是在利益相对平衡的基础上形成了共生关系（胡守钧，2012）。东亚地区各参与主体在能源、劳动力、技术以及资本等资源上存在着较大的互补性，满足共生关系形成的基础条件。东亚各国能源分布不均，文莱、印度尼西亚、中国的石油资源比较丰富，但由于技术水平较低，能源利用率低。日本、韩国、新加坡的能源利用技术较先进，尤其是在新能源开发和利用方面非常发达，但能源匮乏，因此，东亚各国有在能源领域进行合作的可行性和必然性。东亚各国在产业结构上也具有互补性，根据2016年东亚国家的人均GDP可知东亚各国经济发展处于不同的阶段：日本、韩国、新加坡和中国属于第四阶段国家；印度尼西亚和菲律宾处于第三阶段国家；越南、老挝、缅甸和柬埔寨属于第二阶段国家。第四阶段的国家资本积累充足，技术先进，在本国主要发展资本密集型和技术密集型产业，而将劳动力密集型产业转移至第二阶段和第三阶段的国家，充分利用后者廉价但高素质的劳动力。东亚各国依托区域资源纽带，具备区域经济共生关系的基本条件，在经济利益相对平衡的基础上达成合作，形成了区域经济共生关系。

共同利益是维持区域经济共生关系的决定性因素。区域经济的和谐共生并不是说不存在矛盾和摩擦，而是寻求经济上"自我实现"的国家间的博弈与权衡，能够恪守底线，不打破约束条件，从而在斗争与合作的互动中区域经济的和谐共生得以维持（金应忠，2012）。共同利益在维持共生关系中发挥了重要作用，东亚区域经济共生关系不仅包括经济共生，还受到政治、文化共生关系的影响。东亚各经济体之间存在共同利益，这是毋庸置疑的。东亚各国政治、经济、文化相互交融，共同利益表现得日益突出，在对待外部政治压力时，东亚各国加强政治互信，有利于提升东亚在世界政治格局中的地位和影响力。经济上的共同利益则是维持共生关系的根本所在，深化东亚各国的贸易、投资合作，无疑会给东亚区域内的各经济体带来丰厚的经济利益回报。而且，东亚各国自古以来有着文化交流的传统，东北亚国家更是具有相似的文化渊源，古有儒家文化、佛教文化的传扬，现有商业文化、科学技术等的交流，文化上的认同促进了不同国家间的相互理解，催化了东亚区域合作组织的形成，并维持着区域内部的和平稳定。因此，东亚地区的共同利益是普遍存在的，且在众多领域中都是可以造就的，通过合作协商与利益的共享，东亚各国能够始终坚守规则，将区域经济合作摆在重要战略位置，维持着区域经济的和谐共生。

分配公平是优化区域经济共生关系的关键所在。区域经济的分配公平，并不是绝对公平，而是指区域内各经济体间及各经济体内部各单元间在合理范围之内分享经济权利。这就需要不断对经济资源分布的差距进行调节，将其控制在合理的范围内。在区域经济体间的利益调节上需要各国凝聚力量，秉承互相尊重、公平正义、合作共赢的理念，平等协商合作细则，建立区域性公共权力机构，推进区域各经济体的开放程度，最终实现东亚繁荣发展新局。此外，主权国家是东亚区域经济共生关系中的行为主体，优化国家内部共生关系，调节贫富差距、城乡差距、行业差距等都有利于促进国家内部的分配公平，改善国家内部的经济关系，从而达到国家内部的稳定和谐，这样的行为主体参与区域经济合作，有助于建立良好的区域经济共生关系。

东亚区域各经济体以多方共赢的理念为先导，奉行开放、包容的合作模式，在均衡利益时大多都能够以区域发展策略为先，经济共生关系不断优化，从而逐步实现东亚区域的共生崛起。

二、东亚区域经济共生发展的现实依据

（一）贸易投资依赖关系深化，区域经济共生发展基础牢固

随着近几年东亚区域贸易投资总量的不断上升，东亚已经成为可以与欧盟和北美自贸区相抗衡的世界三大区域经济体之一。下面将从东亚不同层次的合作框架下探讨其贸易投资关系的不断深化。

贸易层面，从表6-1可以看出，在长期发展趋势方面，2007~2016年东亚整体区域内贸易和东盟、"10+3""10+6"各个次区域内贸易占比基本保持平稳，同时有小幅上升。这说明东亚的区域内贸易一体化发展较为稳定，区域内经济体之间的相互依赖关系也较为牢固。此外，从表6-2可以看出，在国际对比水平上，东亚区域内贸易占比高于北美自由贸易区，但是低于欧盟，总体上表明东亚地区的贸易一体化发展明显，使东亚区域在贸易合作上有较好的现实基础。

表 6-1　　　　　东亚不同层次一体化的区域内贸易比重变化　　　　　单位：%

区域	2007年	2008年	2009年	2010年	2011年	2012年	2013年	2014年	2015年	2016年	2017年
东盟	21.64	22.56	22.12	22.33	21.66	22.08	21.82	21.37	20.81	20.23	19.73
"10+3"	37.60	37.57	38.48	39.24	38.58	38.84	38.23	37.51	38.21	38.68	37.36
"10+6"	42.24	42.76	43.97	44.40	44.30	44.51	43.89	43.28	43.82	44.04	45.10

资料来源：根据 RIETI-TID 数据库整理计算。

表 6-2　　　　　东亚区域内贸易比重变化及国际比较　　　　　单位：%

区域	2007年	2008年	2009年	2011年	2012年	2013年	2014年	2015年	2016年	2017年
东亚	49.37	48.06	49.26	48.54	49.08	48.20	47.79	48.86	49.60	48.93
北美自贸区	39.88	38.72	37.95	38.28	38.88	39.33	39.59	38.98	38.72	39.85
欧盟	64.63	63.15	63.05	60.56	59.54	60.58	60.77	60.54	61.49	62.80

资料来源：根据 RIETI-TID 数据库整理计算。

投资层面，东盟自成立之后，就积极开展区域投资合作。为了促进区域资本流动，东盟在1995年12月，第五届东盟首脑会议倡导成立"东盟投资区"；1998年各成员国签署《东盟投资区域框架协议》，目标是在2010年建成东盟自由投资区；2008年8月，美国金融危机爆发后，在第四十届东盟经济部长会议上，东盟各国决定采取措施进一步加强经济一体化建设，《东盟全面投资协定》对东盟以往的投资协定进行了完善，并增加了促进区域内投资便利化的内容。由图6-2可以看出，2007~2017年，东盟内部区域投资呈上升趋势，尤其是在2008年金融危机之后投资量没有缩减，反而有所增加。这也反映出金融危机后，东盟国家间投资合作的意愿逐步加强，意图通过区域内部的经济力量来共同对抗外部危机，共生发展意愿凸显。

在"10+3"框架下，中日韩与东盟的投资合作关系也在不断深化。中国与东盟在投资领域的合作始于亚洲金融危机之后，双方都非常重视在这一领域的合作。2009年由中国进出口银行发起成立的"中国-东盟投资合作基金"是中国-东盟进行投资合作的第一个阶段性尝试，基金初步规模100亿美元，通过股权、准股权等形式对中国和东盟国家间的经济技术合作企业提供资金融通支持。由图6-3可以看出，2012~2017年，中国对东盟的投资总额整体呈上升趋势，随着中国"一带一路"倡议在东南亚地区的逐步实现以及中国-东盟自贸区建设步伐的加快，中国对东盟的投资依赖程度将进一步加强，

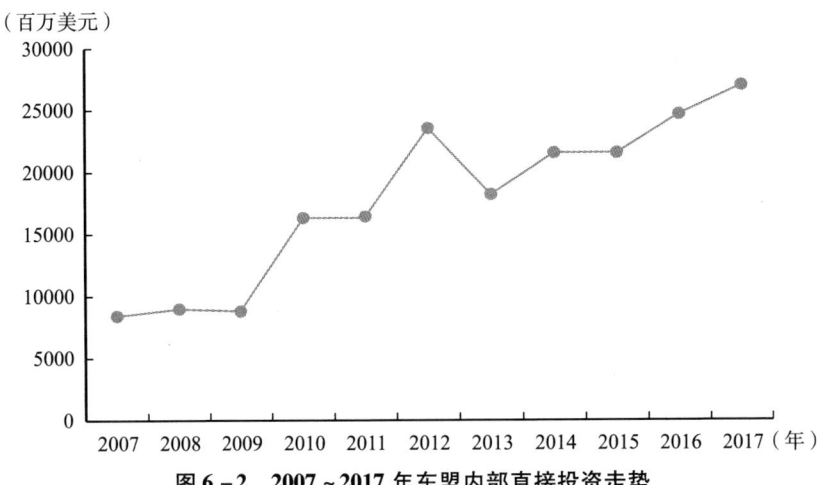

图 6-2　2007~2017 年东盟内部直接投资走势

资料来源：东盟秘书处（ASEAN Secretariat）。

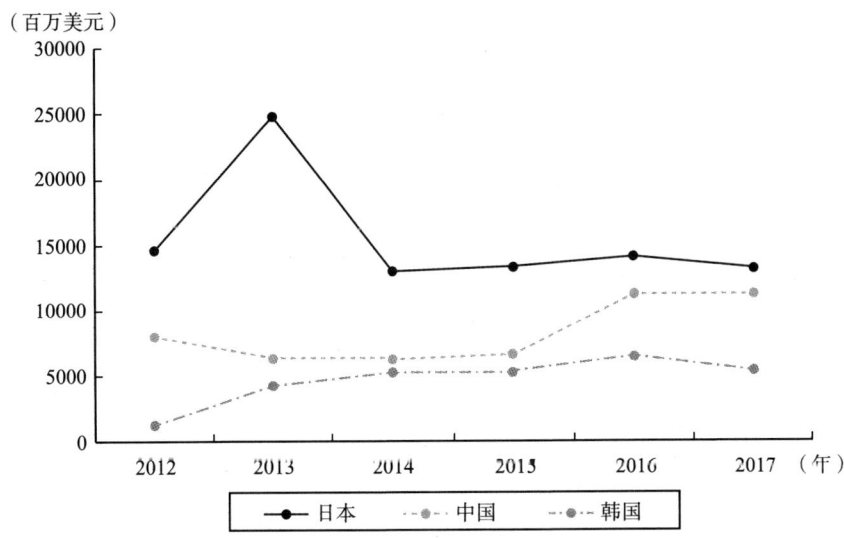

图 6-3　2012~2017 年中日韩对东盟直接投资走势

资料来源：东盟秘书处（ASEAN Secretariat）。

投资额有望稳步上升。东盟十国的经济增长潜力和低廉的劳动力成本，正促使越来越多的日本、韩国企业选择在东盟投资。2013 年上半年（1~6 月份）日本对东盟国家直接投资额为 9986 亿日元、达到去年同期的 4.2 倍，远超日本对华投资，且持续保持在高位水平。① 2012~2017 年韩国对东盟的投资也呈现稳步上升趋势，且韩国总统文在寅在东盟商务与投资峰会（ABIS）上发表了韩国-东盟未来共同体倡议，表示希望将与东盟的合作关系由"战略伙伴"全面升级为"共同体"水平，双方的投资合作有望进一步提高。

在"10+6"框架下，澳大利亚和东盟之间投资关系的不断深化表现得最为突出。根据东盟秘书处发布的《2017 年东盟投资报告：东盟外商直接投资与经济特区》，2013~2016 年，澳大利亚对东盟的直接投资额从 21.95 亿美元上升为 34.33 亿美元，三年内增长了 56.4%。

（二）外部经济环境恶化，区域经济共生发展愿望增强

各种形式的保护主义兴起，逆全球化浪潮正在全球范围内蔓延，以中美贸易争端为主的大国之间的经济摩擦明显上升，对世界贸易投资活动的正常开展产生了较大的负面影响，"共生发展"既是历史经验所指又是东亚区域各国的共同利益所向。

就历史经验而论，历次外部经济环境恶化之时，抱团取暖加强区域合作都是地区寻求稳定环境，实现经济发展的明智之举。在 1997 年亚洲金融危机的冲击下，东亚各国开始探讨类似欧洲联合起来的可能性，同年 12 月"10+3"机制形成，此后东亚领导人定期会晤成为机制。2008 年肆虐全球的金融危机再次催化了东亚各国的合作意愿。同年 12 月，中日韩通过首脑峰会达成共识，积极布局全新的货币互换体系。2009 年 4 月，确立东亚外汇储备库基本框架，出资规模显著提升，高达 1200 亿美元。② 面临不断恶化的外部经济环境，唯有推进东亚区域经济一体化进程，打造更高层次的合作平台，共同构建风险防范屏障，各国才能增强自身抵御风险的能力，实现区域经济更稳健的增长。

就东亚共同利益而论，其一，美欧贸易保护主义给以中间产品进出口贸易为主导的东亚发展中国家造成不利冲击，其共同利益在美欧不正当贸易规则的设置下遭受损失。唯有加快区域内贸易磋商谈判，东亚才能进一步为内部消费市场打开有利通道，弱化贸易保护主义的不利影响，从而在相互依赖中促进东亚区域经济的可持续发展。其二，对于东亚发达国家而言，面对贸易保护主义，贸易、投资规则制定上具有较大的不确定性，而东亚发展中国家不管在基础设施建设还是产业发展上都有着旺盛的资金需求，将合作重心对象放在东亚

---

① 数据来源于东盟秘书处（ASEAN Secretariat）。
② 数据来源于《第一财经日报》。

地区，既能为本国企业对外投资创造安全的政策环境，又可通过资本、技术等优势与区域内发展中国家的劳动力、资源相互补，从而达到以合作共生来振兴本国经济的目的。

(三) 域内市场需求旺盛，区域经济共生发展动力有增无减

以中国为代表的新兴经济体迅速崛起，表现出强大而稳固的经济发展潜力，在这一趋势下世界经济增长中心已经从西方转移到东亚。根据 IMF 数据，东亚地区的中日韩与东盟 2017 年的经济总量已超过美国和欧盟，成为世界最大的经济板块。随着东亚区域经济的崛起，中产阶级数量快速上升，有潜力成长为一个世界级的消费市场。以往"东亚生产、欧美消费"的全球产业和价值链模式正在逐渐发生改变，东亚逐步从生产基地向生产和消费基地转型，这将带动由消费需求引导的最终产品贸易与投资。

中国已经成为东亚区域内最具影响力的经济体。随着供给侧改革、经济结构调整、产业结构优化的推行，有望实现长期稳定的经济增长。东盟与中日韩宏观经济研究办公室（AMRO）发布《2018 年度东亚区域经济展望报告》称，2018 年中国经济增长显示出稳定迹象，私人消费、服务业（包括互联网经济）和基础设施投资增长势头良好。表明中国有潜力成为东亚区域最终产品市场的提供者，区域内市场需求稳定。

(四) "一带一路"建设，成为区域共生发展的助推力

东亚地区优越的地理位置以及巨大的发展潜力，决定了其在"一带一路"建设中的重要战略位置，而"一带一路"建设为东亚区域经济发展搭建了全新的合作框架，是助推东亚区域经济合作的优秀平台。设施连通是"一带一路"建设中的重要一环，基础设施的互联互通将首先惠及东亚地区。能源投资合作也是"一带一路"合作框架下的重要内容，过去能源合作大多是点对点、国家对国家的双边模式，而"一带一路"建设为东亚地区能源合作提供了新思路，有利于东亚地区在多边框架下开展能源合作，共同维护区域内的能源安全。在设施联通以及能源合作的基础上，产业园区的建设步伐将进一步加快。中国同多个东亚国家，如老挝、泰国、印度尼西亚等合作开发的产业园，既满足了当地的市场需求，又成功对接当地发展项目，中国的产能优势同当地的资源与人力的优势互补已然转变为生产动力，为接下来更高层次的区域合作创造了良好的开端。"一带一路"建设将东亚各国的发展战略串联起来，加速贸易投资的便利化，为东亚区域经济合作带来新机遇，有利于深化区域经济共生关

系及推进区域内部的持续发展。

第四节 加强东亚区域经济共生发展的对策

一、培育内生性增长动力，弱化"外部依赖"

东亚区域经济要保持稳定增长必须转变贸易模式，摆脱对欧美发达经济体的市场需求依赖，积极发挥内需市场对区域经济的拉动作用（杜晓郁，2016）。在全球价值链的不断延伸下，东亚区域内各经济体在价值创造的过程中基于上下游依赖关系形成经济合作，从本质上说是生产分工网络主导下的中间产品和最终产品的供需关系。而掌握生产链条核心环节的经济体将从生产分工中获得更高附加值，因此，培育东亚内生性增长动力，拉动区域内中间产品、最终产品的消费需求，就需要积极引导区域内经济体向更高层次的分工阶段迈进。例如，中国和东盟国家应该从自身出发、注重产业结构以及贸易结构的调整，将以劳动密集型产品和资源密集型产品为主的出口结构逐渐转变为以技术密集型和资本密集型产品为主，并加强区域合作与交流。一旦在东亚区域内部培育出替代欧美的最终消费市场，在产业链相互依存的东亚区域生产网络中，中间贸易品生产将得到进一步的巩固和扩大，随着经济的发展，区域内最终产品和服务的需求也会进一步扩大，东亚区域经济合作也将在市场力量的引导下，朝更加规范、更加紧密的方向发展。

二、平衡内部经济利益，实现互惠共生模式

东亚合作共生系统仍处于非对称互惠共生模式阶段，受到各参与国诸如经济发展水平、经济制度、经济结构等因素的影响，经济利益还尚未实现较合理的分配。因此，促进区域整体利益与各经济体局部利益的统一，实现东亚区域经济的对称互惠共生模式是促进合作的重要条件。其一，推进东亚区域经济一体化进程，一定要贯彻共同获益的原则，构建东亚共同意识，将东亚各成员国的整体利益紧密联系在一起。其二，要尊重东亚多样性这一事实，既要使东亚获得整体利益，又要照顾到各方的实际发展水平的差异性。为了达到这样的目标东亚经济实力强的国家应通过经济援助、优惠政策等手段帮助落后国家发展经济。随着落后国家经济的发展，东亚各国的差距会逐渐缩小，这将为东亚区

域经济合作创造更加有利的经济环境。可以说，互惠互赢共同发展已经成为东亚地区未来经济发展的主题，通过建立彼此尊重、相互依赖的关系促进共同的发展，维护共同的经济利益，既是东亚发展的客观要求又是深化合作的前进方向。

三、加快东亚地区基础设施建设，疏通共生界面

共生界面是共生单元间物质、信息和能量的传输通道，顺畅的共生界面有利于推动共生系统中能量的传输，促进系统发展。发展基础设施建设能够直接带动东亚区域内商品、人员的流动以及技术的传播，加速产业在区域内的梯度转移，创造更多的就业机会，从而产生良好的社会和经济效益。推进东亚地区基础设施建设需要从三方面入手。其一，增强东亚各国的战略互信，各参与国需要充分商议基础设施规划，从而避免项目实施时受到当地政府或者民间组织的质疑，造成工程延期或搁置。其二，注重各国基础设施建设与当地重点产业的对接（郭宏宇和竺彩华，2014）。由于基础设施与区域间的产业转移密切相关，东亚各国内部差异较大，因此在进行设计时就需要根据不同国家的产业发展情况制定结构化的方案，根据国别进行细分后的设计方案才能够更好地对接产业转型规划。其三，防范区域内基础设施建设的融资风险。跨境基础设施建设通常具有资金规模大、风险高、回收期长的特点，因此，需要多个国家配合完成，可以采用结构化的融资方式，分摊项目风险，避免风险集中在局部区域。此外，各国的金融监管机构需要相互协调，致力于减少金融管制、拓宽融资渠道以及共同把控融资风险。

四、协调东亚区域内与区域外的关系，优化共生环境

在经济全球化背景下，东亚区域经济的一体化已日益受到区域外因素的影响。为了进一步推进东亚区域经济一体化进程，东亚国家在加强区域内合作的同时，应奉行以不损害第三国利益为宗旨的地区开放主义，妥善协调东亚区域内与区域外的关系（王珏，2015）。只有这样，才能使东亚区域经济合作产生正的外部性，从而赢得区域外的支持，使东亚区域经济合作获得一个良好的外部发展环境。影响东亚区域经济合作重要的外部因素来自美国，对此，中国应在构建新型大国关系的框架下，从东亚的整体利益和中国的长远利益出发，本着求同存异的精神，加强与美国的交流与沟通，使中美双方能在东亚区域经济

合作中共同受益。

五、凝聚共生力量，推动东亚区域经济一体化发展

共生系统的组织程度从最初的点共生开始，继而发展成间歇共生、连续共生，最后再到一体化共生，其中一体化共生是区域合作的高级形式（孙玉华和刘宏，2017）。东亚国家经过长期努力，已经具备和北美、欧盟并驾齐驱的经济实力，且内部经济体的依赖程度还将进一步加深，一体化共生模式或将成为经济发展的必然选择。东亚区域经济一体化进程可以从以下三个方面来加速推进：第一，继续巩固中国与东盟的合作。东盟由于自身经济实力不强以及内部发展不平衡等原因，其主导意愿和能力都略有不足，但东盟可以通过加强与中国的经济合作，尤其是通过货币金融以及高新技术领域的合作来增强自身实力。第二，应以 RCEP 作为核心组织形式。RCEP 在很大程度上可以看成是东亚区域"10+3"战略的升级版，其开放性和包容性更强，基本能满足东亚区域各经济体的利益需要，反映出东亚区域经济合作的最初目标和共同诉求，从而有利于推进东亚区域经济一体化进程。第三，应重视市场化推动力量。在东亚生产网络主导的中间品贸易中，各经济体依赖性不断增强，东亚区域内部建立了相对稳定的贸易联系。这种市场化的合作动力又反过来加大了对区域内经济合作制度建设的需求，在很大程度上促进了东亚区域经济一体化进程。

第七章 制度质量对生产性服务业全球价值链参与程度的影响研究

第一节 引 言

21世纪以来，专业化生产延伸到生产性服务业领域，带来了全球中间品贸易的巨大繁荣。该行业主要以人力资本和知识资本为投入要素，产品不能直接用于消费，也无法直接产生效用，本质上是一种中间品。合理使用中间品，可在一定程度上提高生产专业化程度、创新水平和劳动生产率（顾乃华等，2006）。而且随着生产性服务业专业化生产的发展，其强大的增值能力将渗透到制造业和农业，改善其他行业的贸易格局（樊秀峰和韩亚峰，2012）。一国生产性服务业在价值链生产分工中所扮演的角色越来越成为经济竞争力的重要衡量指标之一。传统的总量出口统计方法并不考虑进口的中间品的价值，因而往往高估结果，不能准确地反映一国的价值链分工位置（王厚双等，2015）。而随着统计技术及增加值测算的分解的发展，对贸易的测算开始剔除了贸易统计中的"重复计算"部分，从而能准确地衡量一国在生产中的增加值及其在生产分工中的位置与前后向参与程度。如今，有关贸易的说法已有所改变：贸易不再是货物的贸易，而是增加值的贸易（Zhang J et al.，2012）。在全球化程度不断加深和全球生产分工在国家间不断分解重构的趋势下，出口中的增加值在全球的分配以及各国垂直参与生产分工的程度变得更加重要。

在已有的针对生产性服务业的研究中，大量学者将制度质量视为外生变量，侧重研究资源、人力资本、技术水平、外贸水平等因素对生产性服务业的影响，缺乏对GVC参与程度的关注。从现实层面上讲，若假定制度因素存在动态变化，那么，制度因素也会像影响因素一样在全球生产分工背景下，深刻影响一国的价值链嵌入位置和参与程度。在此情况下，探索制度因素的影响具备重要的现实意义。更为重要的是，传统的影响因素如技术和人力资本等对行业发展、国际贸易的影响存在较大的延迟性，而制度因素则更具时效性，或许可以成为这些国家加速发展的关键因素。

第二节 制度质量影响生产性服务业全球价值链参与程度的理论分析

一、制度质量的定义

制度因素本质上是一种人为规则、一种约束机制（North D C，1990）。一个国家或实体拥有相对可行的制度规范和具有较强的执行机构，一方面能够约束政府权力，减少权力寻租的可能性以及制止各类强势群体对市场上个人利益的侵占，在社会上营造出私人财产受到良好保护的氛围，鼓励个人部门进行广泛的社会投资，进而拉动就业、促进消费；另一方面可以产生公正、独立的司法部门，用以解决个人部门之间，以及个人与公共部门在合约方面、产权保护与归属上的纠纷，提高生产率，间接促进经济增长（North D C，1981）。简而言之，对于制度质量的评估就是是否可以维护经济主体的合法利益，能否降低市场上的不确定性，减少交易风险。有学者把前者定义为"财产保护制度"，后者定义为"契约维护制度"。在制度因素的影响研究方面，有学者认为制度质量的差异是导致各国巨大财富差距的关键因素之一，还有学者视其为经济发展的最主要因素。此外，制度质量的高低不仅体现在制度因素是否缺失，更重要的是制度是否得到了高效、公平的执行与维护。有学者指出发展中国家缺乏的不是制度本身，而是制度的维护与执行。所以，制度质量的概念涉及的是制度的完善与制度的执行、维护两方面内容。

二、制度质量对生产性服务业全球价值链参与程度的影响机制分析

（一）契约维护制度对 GVC 参与程度的影响

首先，契约维护制度作为制度质量对生产性服务业全球价值链参与程度的影响机制具有两方面作用。一是高质量契约维护制度的促进作用，这种促进作用有两种途径。（1）健全的法律体系可以提供保障。在契约维护制度较好的国家，市场化程度更高，市场机制更完善，而且契约执行力可以得到保证，能

够提供有效的产权、信任和有效的激励，能为交易各方提供公平竞争的经济环境。(2) 减少不确定性，降低潜在成本。在高质量的制度环境中，通过明晰的制度规则安排，可以降低逆向选择和道德风险的发生概率，减少经济交易和生产性激励活动中的不确定性，降低资源错配风险和浪费性损耗，从而达到降低跨国贸易交易成本的目的。

契约维护制度的第二个作用是低制度质量的阻碍作用，这种作用存在三种影响路径。(1) 增加生产成本。低效的契约维护与执行制度，例如陈旧规章、官僚做派，相当于对产品额外征税，直接增加生产成本。(2) 扭曲资源配置。低效制度引起的经营风险会使生产单位将更多的资源流向司法捍卫方面，间接减少了生产资源。(3) 影响贸易的吸引力。有学者研究发现，在出口商收取进口商回扣方面，不同国家表现出的偏好程度差异极大。回扣行为一方面影响出口国的制度声誉，另一方面在一定的程度上降低了该国贸易的吸引力。制度环境良好的国家，索要回扣的行为会少很多，能吸引更多进口订单。

上述内容阐明了契约维护制度的两种作用以及其影响途径，接下来要分析这种作用是如何作用于GVC分工层面的。

从生产环节角度讲，在垂直专业化生产下，生产与交易随精细化程度增加，导致生产环节或链条更多。每增加一个环节，需要协调的任务量将成倍增加，所带来的交易成本和风险控制将成为生产的重点。从中间品贸易的角度讲，中间品生产和贸易存在多次跨越国界、款货的延迟或质量问题以及文化差异、语言障碍等，均会增加跨国企业经营风险。所以在垂直专业化生产下，制度环境更好的国家会得到更多的青睐，尤其是在生产性服务业环节。换言之，制度环境越好的国家，越有可能从事高增加值的生产。

在分析了制度作用及其在GVC层面的影响后，还要分析生产性服务业本身是否对此种作用敏感。如果缺乏敏感性，那制度的两种作用将不会有任何影响。本章的切入角度是生产性服务业产品本身的特性。纵观生产性服务业的行业类别，诸如金融、专业技术、软件、通信等，其产品具有如下特征。

(1) 无形性。无形性又导致其属于"信任品"。有关服务产品的贸易摩擦中，很大比例是有关产品的评估与检验，故而难以对产品进行保护。即便是统一、标准化的制造业，在产品保护上同样困难。有学者就曾指出制造业某些领域的差异化特征，使得其较初级产品领域来说，标准化、统一市场的实现颇为困难。购买方无法在合同签订前"验货"，合同履行后又很难有效追评，或者事后追评已无济于事。从这方面讲，信息的不完全与产品无形性使得该业产品只能被"信任"。如果缺乏有效的制度安排，生产性服务业的交易随时面临

"欺骗"行为，双方背负着巨大的风险压力。

（2）差异性和个性化。一方面产品衡量标准在行业内部并不统一，随不同经济活动显示出巨大的差异，而且往往伴随着个人主观上的差异；另一方面生产性服务业大多数是定制产品，产品规格因经济业务不同而具有多样性。

（3）缺乏标准化市场。生产性服务业产品的无形性、差异性和个性化共同导致其产品难以保护。这直接催生出另一个问题：缺乏有组织、可标准化的交易市场。

产品的无形性、个性化与差异性特征与标准化市场的缺乏互为因果、相互影响。在制度环境恶劣、制度因素难以发挥作用时，很容易造成交易双方的不信任，产生机会主义行为。在最坏的情况下，"不信任"往往导致交易失败。

综上所述，契约维护制度本身具有促进与阻碍两种作用。但是制度质量之所以对生产性服务业更为重要，还涉及其无形性、个性化与差异性、标准化市场的缺乏等产品特征，使得生产性服务业在更大程度上是"制度密集型行业"。此外，在全球价值链生产中，生产性服务业作为中间品广泛地参与到国际生产分工中，需要协调的生产和交易环节更多，制度质量更高的国家，有更多机会从事价值环节更高的生产活动。

上述分析表明了生产性服务业更需要良好的制度环境，与德隆·阿西莫格鲁和西蒙·约翰逊（Acemoglu D and Johnson S，2005）的观点有所不同，后者的研究表明，与契约维护制度相比，财产保护制度更为重要。其解释说，当有关契约保护的制度规范无法发挥作用时，个人或其他实体还可以采用替代渠道；而当财产得不到制度保护时，没有其他渠道可供选择，这样会导致强势群体掠夺私人财产。财产保护本质上是产权的保护，明确的产权划定了物品的归属，所有者可以自由出售，减少了利益纠纷，间接地提高了资源配置的效率。同时，完善的财产保护制度规范了交易行为，维护了市场规则，降低了交易中机会主义的发生概率。在本章的分析中，用契约维护制度而非私人财产保护制度来作为制度质量的代替，逻辑在于：德隆·阿西莫格鲁和西蒙·约翰逊（2005）的分析主体是工业部门，工业部门以有形物为交易对象，当一国制度环境不利时，工业部门能够找到非正式机制替代，从而保证交易完成。而对于生产性服务业来说，其行业特性决定了寻找替代渠道的成本很大。因而，在生产性服务业参与到价值链分工的过程中，契约保护要比私人财产保护重要得多。

基于以上分析，提出待检验假说1：制度质量会对生产性服务业的全球价值链参与程度产生正向直接影响。

(二) 交易成本对生产性服务业 GVC 参与程度的影响

在发达国家的跨国公司主导的全球价值链生产分工体系下,各个要素禀赋具有竞争优势的国家、企业参与不同的生产环节。这一情况一方面取决于一国或一行业的要素竞争优势,另一方面就是受到该国和地区的制度质量的重要影响。而制度因素之所以在全球价值链生产分工环节具有如此重要的影响,其作用机制就在于交易成本。

交易成本与生产成本属于同一范围内的两个概念。前者的概念涉及的是产权的执行与保护,以及由此而产生的成本。因此,参与 GVC 活动的总成本 = 交易成本 + 生产成本。其中,交易成本随分工程度递增,生产成本随分工程度递减。

分工理论认为专业化的分工可以提高各个生产环节的劳动效率,降低整体化生产的高成本。而成本理论认为,越来越精细化的分工必然导致生产环节越来越多,从初始要素投入到最终产品的消费之间环节越来越多,必然导致交易成本的剧增。分工程度本质上是两种成本的均衡,当分工到一定程度后,只有控制交易成本,才能实现最大化的收益。而交易成本的控制主要来源于制度质量的作用。

从前文的分析中看出,制度质量对经济的阻碍作用主要是三点:增加隐性成本、扭曲资源配置和改变贸易方向,这三点更多地涉及交易成本。所以,分析交易成本的种类以及成因有助于理清制度质量发挥作用的途径,更好的"对症下药"。

就交易成本种类而言,第一种是运行类成本。这类成本是制度运作过程中发生的,涉及信息的收集、合同的执行与维护、必要的司法费用等,属于必有成本,只能通过系统优化来降低其大小。第二种是浪费类成本。这类成本不是制度运作中发生的,涉及的是不必要的司法纠纷、代理 – 委托问题成本、腐败的社会成本等。这些成本是典型的资源浪费,是提升制度质量应该控制的主要部分。

交易成本存在的成因有以下三种。(1) 不完全信息。信息的不完全不仅是说合约双方不可能拥有关于经济、资源、市场的全部信息,还指人的认知具有有限性,只能追逐有限的理性。在这种基础上,任何契约都不完美,交易成本在所难免。同时,不完全信息还导致合同签订双方无法了解对方的全部信息,导致签约困难,使交易成本剧增。(2) 资产专用性。资产专用性指的是特定资产只能用于某一领域,挪为他用存在巨大的转换成本,如果没有制度约束，投资方可能会被另一方的机会主义行为所坑害。例如，合同一方已做出投资决定，同时合同已签订，另一方如果做出任何有违合同的行为，该项投资都将贬值。(3) 机会主义。机会主义行为正是引起资产专有性问题的关键因素。在利益最大化的驱动下，如果没有制度约束，理性人会以任何手段逐利，不论合法与否（Williamson O E, 1985）。只要合同存在漏洞，法治水平不足以惩处机会主义行为，逆向选择、道德风险等机会主义行为就会大行其道。

上述分析已经阐明了制度质量的间接影响机制在于交易成本的产生。而交易成本的影响机制是如何发生在全球价值链生产中的，则是接下来要分析的重点。

生产分工的精细化必然导致交易成本的激增，这种交易成本发生在生产性服务业领域则是该行业自身特点导致的。从资产专有性角度讲，在低端环节主要经济活动是初级产品的生产、代工、国外中低端业务的承包，经济活动的开展依赖各种要素的投入，其中大部分是低端要素。资产或投资几乎没有"专用性"特性，而"通用性"特征明显。而且信息不完全性对交易过程的影响很小，如果一方存在机会主义行径，则另一方可以在市场上轻易地找到签约伙伴，交易成本远不如生产成本因素，如土地、劳动力等的影响大。而在高端环节，主要经济活动是金融、科研、软件、广告营销等，被发达经济体操纵，经济活动的开展依赖人力资本、资金、技术等要素投入。在这些生产环节上，资产或投资几乎没有"通用性"特性，"专用性"特征明显。信息不完全性对交易过程的影响极大，如果一方存在机会主义行径，且制度质量无法发挥作用，合同一方将遭受巨大损失。

基于以上分析，提出待检验假说2：制度质量通过影响交易成本，对生产性服务业的全球价值链参与程度产生间接影响。

第三节 模型设定与数据来源

一、模型设定

由于面板数据模型的大样本特性使数据的自由度增加，致使多重共线性问题不再那么重要。因此，本章选取面板数据模型来进行实证研究。为了验证制度质量对生产性服务业GVC参与程度的直接影响机制，设定如下回归模型：

$$GVC\_p_{c,t} = \alpha + \beta rule_{c,t} + \sum X_i + \mu_i + \varepsilon \qquad (7-1)$$

其中,被解释变量 $GVC\_p_{c,t}$ 为 c 国 t 年的生产性服务业 GVC 参与程度; $rule_{c,t}$ 为 c 国 t 年的制度质量水平;Xi 为一系列控制变量,在后文中有详细说明;ε 为不随时间变化的变量。

二、数据来源

本章的被解释变量是生产性服务业的全球价值链参与程度,数据来源于对 WIOD 数据库和对外经贸大学全球价值链数据库,根据本章的研究需要对数据进行了处理。

式 (7-2) 表示跨越国境的中间品贸易的增加值占总增加值的比例,该值越高表示一国一行业参与国际生产分工的程度越高,对下游生产环节越有影响。

$$GVCPt\_f^s = \frac{V\_GVC^s}{\hat{V}^s X^s} = \frac{V\_GVC\_R^s}{\hat{V}^s X^s} + \frac{V\_GVC\_D^s}{\hat{V}^s X^s} + \frac{V\_GVC\_F^s}{\hat{V}^s X^s} \qquad (7-2)$$

在制度质量的指标选取中,使用率最高的是丹尼尔·考夫曼(Kaufmann D,2007)等人构建的指标体系。1999 年,他发表第一份名为 *Governance Matters* 的工作论文。从此之后,这项研究成果开始得到学术界越来越多的重视和肯定。其构建的指标体系具体包括以下六个子指标:政治权利的自由程度;政治稳定性及社会安稳程度;行政效率及公众满意程度;立法能力;法治水平;控制腐败力度。本章研究的对象是与合同、产权和司法相关的法律规则和法治水平,而且法治水平这一指标很大程度上指的是合同执行、维护力度以及社会整体的法治程度,因而从上述定义来看,法制水平最符合本章的制度质量含义。当然,其他五项因素也会对本章研究主题产生影响,但是这种影响对社会而言是普遍性的,并不能很好地契合本章制度质量中关于"契约维护和执行力度"的重点,所以没有像其他文献一样将六项指标加权处理。

关于以上六项指标的赋值,丹尼尔·考夫曼(2007)等人的研究报告是在综合了各方面信息之后,按一定方法测算出最初的数值,并进行了标准化处理,因此本数据库的指标取值范围是 (-2.5,2.5)。数值越高,代表这方面的状况越好。

除了全球治理指标(Worldwide Governance Indicators,WGI)体系,还存在其他指标。例如,有学者就曾经采用 ICRG(全球各国风险指南)的指标来衡量制度质量(Dollar D and Krray A,2003);透明国际从 1995 年开始,每年会公布全球"腐败觉察指数"（Corruption Perceptions Index，CPI）。上述两项指标体系虽然都能够反映制度因素的某个方面，但 WGI 指标体系更具全面性和综合性。这里的全面性和综合性并不是说此体系下包涵多个子指标，而是说每个子指标的测算与其他相比更全面，更具代表性。

一系列控制变量如下。

（1）基础设施建设水平。如果将制度质量视为一国提升价值链参与程度的软实力，那么基础设施就是保障价值链贸易进一步发展的硬件要求。而且，生产性服务业和制造业与农业不同，其产品具有无形性和个性化，对铁路、公路、航空、水运等交通运输项目、能源供应系统等需求较小，对电信、通信、信息网络等邮电通讯项目具有较高的要求，因此，本章将基础设施水平视为控制变量，采用的指标是互联网使用率。

（2）经济发展水平。经济发展水平的一个典型指标是人均 GDP，它描述的是一国或地区宏观经济情况。考虑到样本中各国之间的经济总量差异较大，同时为了剔除物价因素的影响，本章使用人均 GDP 来衡量一国的经济发展水平。数据来源于世界银行（单位：万美元）。

（3）城市化率。一般情况下，城市规模的增大会对城市内的各个行业有正向影响。同时，城市规模扩大也使劳动力有了转移的空间，各个行业可以自如地转换、搜寻需要的人才，这样可以大大降低成本；另外，城市规模的增大意味着越来越多的就业岗位、有吸引力的薪资、丰富的城市生活，这些都会对引入人才产生重要影响（周伟林，2004），对生产性服务业所需要的高端人才更是如此。城市化率是衡量城市规模的核心指标，被普遍认为是影响的重要因素（Riddle D I，1986）。有学者总结发现，人均 GDP 与城市化率是目前研究影响服务业发展的文献中提到最多的两个变量（江小涓和李辉，2004）。

（4）贸易开放度，用进出口总额占该地区 GDP 的比重衡量，代表一国或地区对外开放程度。垂直专业化生产必然涉及国际贸易的各个环节，必然受到对外开放程度的影响，其程度越高，越有利于参与国际生产分工，对生产性服务业的发展越有利。该数据来源于世界银行。

（5）制造业发展水平。因为生产性服务业的主要服务对象是制造业企业，制造业发展越充分，其对生产性服务业的市场需求就会越大。此外，制造业本身会对生产性服务业形成更高的行业要求，迫使该行业向更高端迈进。在测度方面，用工业总产值占 GDP 的比重来衡量其发展水平。数据来源于世界银行。

(6) 科技发展水平。作为影响生产性服务业发展的重要因素，技术水平影响着金融、运输仓储等行业的发展，尤其是专业技术行业更是如此。而且科技水平作为影响经济发展的重要指标，在学术研究中被作为控制变量一直被提及。本章选取专利申请数量作为测度经济体科技发展的指标（单位：万件）。数据来源于世界银行。

(7) 生产性服务业集聚水平。同制造业一样，生产性服务业也有聚集性，例如纽约的华尔街金融聚集，硅谷的新兴科技行业、互联网行业聚集，好莱坞影视娱乐聚集等。行业的聚集在一定程度上可以形成规模经济优势，降低生产成本，例如交通、通信、网络、基础设施等成本。关于产业集聚程度的测量，有学者认为如果用总产值测算，则测算结果可能会低于真实情况。又因为生产性服务业人力资本密集特征明显，故本章借鉴其他学者的做法，用从业人员占比重来衡量一国或地区的行业集聚程度。数据来源于世界银行。

除此之外，本章还进行了交易成本的指标选取，变量描述见表7－1。本章的机制分析已经阐明交易成本在制度质量对生产性服务业GVC参与程度有重要影响，但交易成本没有一个精确的定义，不同视角有不同的含义。本章的研究主要涉及生产性服务业的行业特征，所以采用经济自由度的相反数作为交易成本的衡量指标。该指标涉及贸易政策、政府干预力度、货币政策、产权和黑市等数十个小指标，小指标的加权平均构成了经济自由度指数。从指标种类可以看出，如果经济自由度越小，政府对经济的干涉水平越高，市场自由度越低，资源错配和制度性成本问题会越严重，因此各个行业的交易成本会越大。美国传统基金会的观点是，具有较多经济自由度的国家或地区与那些较少经济度的国家或地区相比，会拥有较高的长期经济增长速度和更繁荣。

表7－1　　　　　　　　　　　　变量描述

变量标志	含义	数据来源
GVC_p	全球价值链参与程度	WIOD数据库 对外经贸大学全球价值链数据库
Rule	制度质量：法治水平	WGI数据库
Trade	贸易开放度	世界银行数据库
Internet	基础设施建设水平	世界银行数据库
Manufacture	制造业发展水平	

续表

变量标志	含义	数据来源
Workers	生产性服务业集聚水平	世界银行数据库
Patent	科技发展水平	
Urban	城市化率	
Per-gdp	经济发展水平	
Cost	交易成本	华尔街日报和美国传统基金会

第四节 实证结果及分析

一、基准结果估计

表 7-2 报告了采用固定效用模型研究制度质量对生产性服务业 GVC 参与程度的基准回归结果。列（1）为核心解释变量法治水平对生产性服务业 GVC 参与程度的影响，该系数在 5% 水平下显著为正，初步证明了制度质量对生产性服务业 GVC 参与程度有正向影响：法治水平每增加 1 单位，GVC 参与程度增加 0.0214。由于 GVC 参与程度的区间普遍在 0.049~0.63 之间，所以从这方面分析能看出制度质量的影响还是很大的。这与胡昭玲和张玉（2015）的研究有相像之处：都得出制度质量可以提高价值链的参与度或者位置，区别在于前者研究领域在制造业，本书重点在生产性服务业。综合来看，制度质量的改善对制造业和生产性服务业都有正向作用。

列（2）为国家层面的控制变量：增加贸易开放度和基建水平两个控制变量后的回归结果。结果显示，贸易开放度（trade）在 1% 的水平下显著为正，每增加 1 单位，生产性服务业的 GVC 参与程度增加 0.0009。基建水平（internet）在 5% 的水平下显著为正，每增加 1 单位，生产性服务业的 GVC 参与程度增加 0.000448。

列（3）为增加行业层面的控制变量：增加制造业发展水平和生产性服务业集聚水平两个控制变量后的结果。结果显示，制造业发展水平（manufacture）系数在 1% 的水平下显著为正，制造业发展水平每增加 1 单位，GVC 参与程度增加 0.00347。已有相关文献证明制造业与生产性服务业之间的协同发展关系。制造业作为生产性服务业发展的基础，也是生产性服务业的服务对象。生产性服务业集聚程度和 GVC 参与程度之间存在正相关关系,在 1% 的水平下显著,集聚水平每增加 1 单位,GVC 参与程度增加 0.00382,与现有理论结果保持一致。

列(4)为增加了科技水平(patent)、城市化率(urban)的回归结果。这两个控制变量在一般经济学研究中广泛被用到,也是提及最多的变量。值得注意的是,代表一国科技水平的专利数量系数为负,且不显著,可能存在的原因是专利申请量无法准确衡量一国的科技实力。大量的专利申请汇总,但能真正转换为生产力的专利极为稀少,且在未来才有实现生产的可能。鉴于数据的可得性,专利申请量是为数不多的衡量科技水平的指标之一。城市化率这个控制变量具有同样的问题,系数为负,且不显著。

列(5)加入了代表一国经济发展水平的人均 GDP,其系数为负,且不显著。正如前面的分析,人均 GDP 与 GVC 参与程度有很强的相关性,参与程度高的国家其人均 GDP 也高。同时,通过对比美日两国、其他高收入国家和非高收入国家的 GVC 参与程度,发现人均 GDP 与参与程度似乎不存在一种线性关系,最富有的那部分国家的参与程度最高,其次是非高收入国家,最后是美日等国家。原因可能在于美日两国的大量外包业务导致下降。

综合来看,制度质量的直接影响机制得到了验证。此外从其系数大小变化也可看出,不能盲目夸大制度质量的作用,其作用机制中有很大一部分是制度质量改善后,其他经济、社会条件作用的结果。同时,这些外部条件的改善进一步地改善制度质量的状况,使制度因素可以发挥更大的价值。

表 7-2　　基准回归

变量	(1) GVC_p	(2) GVC_p	(3) GVC_p	(4) GVC_p	(5) GVC_p
Rule	0.0214** (2.19)	0.02** (2.18)	0.043*** (4.81)	0.0416*** (4.59)	0.0412*** (4.55)
Trade	—	0.0009*** (9.22)	0.000743*** (7.28)	0.000730*** (6.91)	0.000710*** (6.62)
Internet	—	0.000448*** (2.74)	0.000132 (0.82)	0.000185 (1.14)	0.000179 (1.10)
Manufacture	—	—	0.00347*** (4.03)	0.00356*** (4.09)	0.00343*** (3.92)

续表

变量	(1) GVC_p	(2) GVC_p	(3) GVC_p	(4) GVC_p	(5) GVC_p
Workers	—	—	0.00382*** (6.48)	0.0036*** (5.87)	0.00367*** (5.95)
Patent	—	—	—	-1.93e-08 (-0.68)	-1.85e-08 (-0.65)
Urban	—	—	—	-0.000134 (-0.17)	-0.000256 (-0.33)
Per-gdp	—	—	—	—	-0.00176 (-1.07)
_cons	0.174**	0.103***	-0.242***	-0.216***	-0.206***
N	630	630	624	617	617

注：***、**、* 分别表示在1%、5%、10%的置信水平上显著，括号内为标准误。对样本进行估计时控制年份、地区以及行业固定效应。

二、理论机制检验

为了考察交易成本的间接影响，本章对制度质量对生产性服务业 GVC 参与程度进行间接影响做了充分分析，见表7-3。下文将主要验证间接途径的作用机制，设定的中介模型如下：

$$\text{cost}_{i,t} = \alpha_0 + \alpha_1 \text{rule}_{i,t} + \alpha_2 X_{i,t} + \varepsilon_{it} \quad (7-3)$$

$$\text{gvc}_{p_{i,t}} = \beta_0 + \beta_1 \text{rule}_{i,t} + \beta_2 \text{cost}_{i,t} + \beta_3 X_{i,t} + \varepsilon_{it} \quad (7-4)$$

cost 表示交易成本，X 代表一系列控制变量，其他变量与前文一致。实证结果如表7-3所示。

列（1）计量的是制度质量对交易成本的影响，结果显示制度质量的提高确实能减少交易成本，其系数在5%的水平下显著为负，与经济常识相符。列（2）的回归计量的是制度质量对生产性服务业 GVC 参与程度的直接影响，系数在1%的显著性水平下为正。列（3）在增加交易成本这个中介变量后，制度质量的系数在1%的水平下显著为正，符合之前的判断和回归，交易成本的系数在10%的显著性水平下为负。综合来看，制度质量通过影响交易成本，间接地影响 GVC 参与程度，说明中介效应成立。前述从市场自由度角度论述制度质量对生产性服务业的 GVC 参与程度的间接影响得到了数据的支持。

表7-3 中介效应回归分析

变量	(1) Cost	(2) GVC_p	(3) GVC_p
rule	-2.277** (2.35)	0.0412*** (4.55)	0.0396*** (4.36)
Cost	—	—	-0.000669* (1.68)
常数项	是	是	是
控制变量	是	是	是
N	617	617	617

注：***、**、*分别表示在1%、5%、10%的置信水平上显著，括号内为标准误。对样本进行估计时控制年份、地区以及行业固定效应。

三、稳健性与内生性检验

基准回归结果表明制度质量通过影响交易成本来影响 GVC 参与度。为确保结果的可靠性，本章将使用其他指标衡量被解释变量进行稳健性分析。同时，内生性问题也是实证分析中不能绕开的问题，制度质量的内生性问题必须解决。高质量的制度可能会影响生产性服务业的 GVC 参与程度，而 GVC 参与程度的提高也可能倒逼制度质量。为解决这个问题，本章采用系统 GMM 的方法来分析。

在表 7-4 的列 (1) 中，用 GVC 位置指数来替代 GVC 参与程度。GVC 位置指数的测算参考王直等 (2017a) 的文献，在文中，作者用上下游度的比值表示一国一行业在全球价值链中的位置。

$$GVC_S = \frac{Plv\_GVC}{[Ply\_GVC]} \qquad (7-5)$$

分子是上游度指数，分母是下游度指数。如果比值大于1，代表更倾向于上游分工，小于1则代表倾向于下游的生产分工。单纯从上下游度分析，上游度代表的是生产长度或者生产参与度。

$$Plv\_GVC = \frac{Xv\_GVC}{V\_GVC} \qquad (7-6)$$

$$Ply\_GVC = \frac{Xy\_GVC}{Y\_GVC} \qquad (7-7)$$

从式 (7-6) 可以看出，上游度指数表示一单位增加值引致出的总产出，不同于其他指标代表的比值含义,王直等人(2017a)文中的上游度是一个数值,上游度越大,代表该国的中间品参与到其他国家的产品生产中的次数越多,下游度越大,代表其进口其他国家的中间品越多,出口中间品越少。值得注意的是,上下游度的概念与"微笑曲线"的上下游概念不同,本章的上下游度更多的是指参与生产分工的环节数量,是一种产业联系程度。从这个角度讲,GVC 位置指数与参与程度的含义是一致的。替换后的回归结果表明制度质量的影响依然存在,在 1% 的水平下显著为正,说明结果是稳健的。

在列(3)中,使用动态面板,用系统 GMM 的方法,在回归中加入了被解释变量的滞后一期,回归结果表明,核心解释变量和滞后变量的系数在 1% 的水平下显著为正。

表 7-4　　　　　　　　　　稳健性检验

变量	(1) Position	(2) GVC_p	(3) GVC_p
Rule	0.0620 *** (4.30)	0.0412 *** (4.55)	0.0236 *** (3.50)
L.GVC_p	—	—	0.675 *** (22.86)
控制变量	是	是	是
_cons	0.872 *** (7.32)	0.00786 (0.10)	-0.133 ** (-2.49)
Sargan 统计量	—	—	404.6138
Sargan Test	—	—	0.08
N	520	495	495

注:***、**、* 分别表示在 1%、5%、10% 的置信水平上显著,括号内为标准误。对样本进行估计时控制年份、地区以及行业固定效应。

第五节　进一步的分析

一、异质性分析

前文分析了不同行业的 GVC 参与程度存在巨大差异,那么制度质量对不同行业之间的影响大小肯定会有所不同,其解释能力是我们进行分析的重点,有助于精准认识到制度质量发挥更大作用的行业,为提出合理建议提供帮助。在前文基础上,仍然将生产性服务业分成五类,分别进行实证分析。

表7-5列(1)~(5)报告了对五类样本的回归结果。从中可以看到,在对五类行业的实证分析中,制度质量变量的估计系数在1%的水平下均显著为正。一方面,这说明总体回归的结果更加可信,也更能代表一般水平,不存在"逆向"的行业;另一方面,制度质量确实显著地提升了各个行业的GVC参与程度。从各个行业对比角度看,制度质量的影响各不相同,而且差异巨大。其中,对专业技术型行业的促进作用最大,对金融服务业的影响最小。可能的原因是专业技术型行业参与到全球价值链往往出售的是其专业技术和科研能力,这类"无形"商品完全属于信任品范畴,所以更需要良好的契约执行制度。而对金融服务业的影响较小,可能是因为该行业虽然属于无形性的信任品,但是行业发展历史悠久,竞争较为充分,与其他行业相比,法律制度、行业规范已经较为完善,市场上存在的机会主义行为较少,或对此类行为的惩处严格。

此外,本章对不同类型的国家分别进行了回归。按照世界银行的分类标准将42个国家分成了高收入国家和非高收入国家。列(6)报告了高收入国家的回归结果,结果表明制度质量对高收入国家存在正向的影响,在1%的水平下显著为正,且大于基础回归中的系数大小。列(7)报告了非高收入国家的回归结果,结果显示系数为正,在5%的水平下显著。这说明制度质量的改善对非高收入国家确实是提升GVC参与程度、提高国际贸易地位的重要因素,上文的假设得到了验证。

表7-5　　　　　　　　　　异质性分析

变量	(1)	(2)	(3)	(4)	(5)	(6)	(7)
	GVC 运输	GVC 软通	GVC 金融	GVC 批售	GVC 技术	高收入国家 GVC_p	非高收入国家 GVC_p
rule	0.0746 *** (6.12)	0.053 *** (4.09)	-0.017 (-0.30)	0.0284 *** (2.69)	0.0842 *** (5.63)	0.0512 *** (5.61)	0.0490 ** (2.00)
_cons	-0.183 * (-1.75)	-0.258 ** (-2.32)	0.756 (1.52)	-0.313 *** (-3.46)	-0.397 *** (-3.1)	-0.0987 *** (-1.28)	-1.032 * (-4.04)
控制变量	是	是	是	是	是	是	是
N	617	617	617	617	617	474	143

注:***、**、*分别表示在1%、5%、10%的置信水平上显著,括号内为标准误。对样本进行估计时控制年份、地区以及行业固定效应。

二、财产保护制度的影响分析

前文已经从理论层面说明合同或者契约的维护与执行规则要比财产保护规则更加重要。本节将从实证层面分析二者对 GVC 参与程度的不同影响。在财产保护制度的变量选择上,参考的是胡昭玲等(2015,2017)以及其他关于制度质量方面的研究做法。选取的指标有两个——经济风险指数(ecorisk)和政治风险指数(polrisk)。前者衡量的是通货膨胀、GDP、现金账户和预算平衡等方面状况的风险因素,这些与个人财产的关系密切,与契约维护、执行的联系不紧密。后者衡量的是政府更迭、政策连续性、战争、腐败、内部动乱等多方面因素,在一定程度上与 WGI 数据库中除法治水平外的其他因素有相似之处。数据来源于 ICRG 数据库。

表 7-6 列出了回归的结果。列(1)和列(2)是分别将 ecorisk 和 polrisk 对参与程度进行回归的结果。结果表明 ecorisk 虽然符号符合预期,但是在统计上不显著;polrisk 在 1% 的水平下显著为负,且符合预期。列(3)为同时增加 ecorisk 和 polrisk 的回归结果,ecorisk 符号不符合预期,且不显著;polrisk 符合预期,在 1% 的水平下显著为负,与列(2)的结果相比,其绝对值偏大。列(4)、列(5)为增加其他控制变量和原有法治水平变量的结果。综合对比 rule、ecorisk 和 polrisk 发现,ecorisk 和 polrisk 在统计上不显著,且 ecorisk 符号不符合预期,而 rule 系数依然稳健,有很强的解释能力。说明合同契约的执行、维护制度是影响生产性服务业 GVC 参与程度的主要因素,财产保护方面缺乏证据支持,理论机制方面的分析得到了验证。

表 7-6 财产保护制度影响

变量	(1) GVC_p	(2) GVC_p	(3) GVC_p	(4) GVC_p	(5) GVC_p
ecorisk	-0.00102 (-0.45)	—	0.00128 (0.54)	-0.000321 (-0.14)	-0.000597 (-0.27)
polrisk	—	-0.0154*** (-3.38)	-0.0161*** (-3.39)	0.00117 (0.23)	-0.00405 (-0.79)
rule	—	—	—	—	0.0430*** (4.62)

续表

变量	(1) GVC_p	(2) GVC_p	(3) GVC_p	(4) GVC_p	(5) GVC_p
_cons	0.198*** (11.05)	0.289*** (9.80)	0.284*** (9.17)	-0.0883 (-0.84)	-0.256** (-2.51)
N	630	630	630	617	617

注：***、**、*分别表示在1%、5%、10%的置信水平上显著，括号内为标准误。对样本进行估计时控制年份、地区以及行业固定效应。

第六节　结论与政策建议

一、结　论

本章进行了理论层面的分析，逻辑清晰地阐明了制度质量对生产性服务业GVC参与程度的影响机制。结合数据以及模型实证分析了理论层面的两个假说，在上述工作的基础上，得到如下结论。

第一，在制度因素的影响中，契约维护制度与财产保护制度对生产性服务业的作用是不同的。其中，契约维护制度本身具有促进与阻碍两种作用，这两种作用发生在任何行业、任何企业。但是制度质量之所以对生产性服务业更为重要，还涉及其无形性、个性化与差异性、标准化市场的缺乏等产品特征。此外，在全球价值链生产中，生产性服务业作为中间品广泛地参与到国际生产分工中，需要协调的生产和交易环节更多，制度质量更高的国家，有更多机会从事价值环节更高的生产活动。

第二，制度质量对GVC参与程度的影响是以交易成本为渠道。逻辑在于交易成本的成因有不完全信息、机会主义行为和资产专用性三种。而GVC分工中的低附加值环节的机会主义发生概率较小，制度因素的作用有限。而在高附加值环节，情况正好相反，正是交易成本存在于生产性服务业领域的原因。

第三，制度质量对生产性服务业GVC参与程度的影响在贸易开放度、经济发展水平、基础设施建设水平达到一定程度后可以发挥更大的作用；以经济自由度代表的市场化程度能够很好地衡量交易成本，契约维护制度的完善能够减少市场上政府的不当干预、降低制度约束。在生产性服务业的不同行业中，制度质量对各个细分行业的影响不尽相同；在不同类型的国家中，制度质量都发挥了正向的作用，证实了制度因素的改善确实是非高收入国家"弯道超车"的机会。

二、政策建议

本章基于理论分析和实证分析提出如下政策建议。

（一）加大生产性服务业开放程度

提升本国生产性服务业的对外开放程度、吸引外资。加大开放程度，最直接的做法是引入国际先进生产性服务业，加大国内市场的竞争程度，尤其是要搅动竞争程度不足、存在低效垄断的行业市场，以竞争促发展。从制造业发展角度讲，应该推动该行业的离岸外包业务的发展。离岸外包发展根本的是靠制度的健全，制度因素可以保障制造业将服务类业务外包出去，降低生产成本。

（二）加强不同行业的互动融合，促进协调发展

生产性服务业深入参与到制造业的各个环节，有助于其生产效率的提高，例如，金融保险业为制造业提供了融资平台，解决了企业发展需要的资金问题；科学技术研发直接作用于企业的产品生产力。这种共生式的关系决定了生产性服务业和制造业需要保持一致步调、协调发展。

（三）鼓励生产性服务业企业创新

政府这个"看得见的手"应该积极发挥作用。一方面给予企业创新活动的支持，从融资渠道、市场环境、创新风险等诸多环节入手，在减税、审批、出口等方面进行支持。另一方面，要重新审查鼓励创新机制，剔除低效、无效创新，构建科研与市场之间的桥梁，加强高校与企业间的合作联系，让创新产品真正地服务于生产环节。

（四）促进行业协会的发展

行业协会一方面作为政府的补充机构，制定未来发展政策、行业规范、维护市场秩序等，另一方面开展行业研究、规划方向、举办交流活动、提供行业咨询及培训，这两方面的作用为行业的健康发展奠定了基础。

第八章 电子商务与中国企业的全球价值链参与

第一节 引　言

以生产过程碎片化为关键特征的全球化生产，推动着传统贸易向以中间品为核心的全球价值链贸易转变，而各国成功参与全球贸易的竞争力需求也从整个商品转移到了生产环节。正如 2016 年商务部等 7 部门联合发布的《关于加强国际合作提高我国产业全球价值链地位的指导意见》中提到的："一国能否从参与全球化中获益，日益取决于能否成功融入全球价值链、能否在全球价值链中某一环节占据新的竞争优势"。对进入国际市场所需比较优势的转变，也意味着以中国为代表的发展中国家参与全球贸易的门槛降低，参与全球价值链成为诸多发展中国家实现经济增长的有效手段。

自 20 世纪 90 年代以来，信息和通信技术革命降低了远距离信息传递的成本；各类贸易协定的签订，使贸易壁垒下降；两者成为生产全球化的推动力（Antras P，2015）。电子商务作为信息和通信技术发展下的产物，必然会影响企业的全球价值链参与。事实上，电子商务作为在中国蓬勃发展的一种新型互联网经济，其在贸易领域的应用颇受政策制定者和学者们的关注。互联网推动企业创新而促进企业的出口（李兵和李柔，2017；沈国兵和袁征宇，2020），跨境电商能够弱化地理限制和克服贸易成本促进企业出口（马述忠等，2019；鞠雪楠等，2020）。截止到 2020 年 4 月 7 日，中国已经建立了 105 个跨境电商综合实验区，以促进中国企业参与全球贸易。然而，受限于数据可得和全球价值链测度方法的发展进程，尚未有研究直接讨论电子商务对中国企业参与全球价值链的影响。

本章将结合世界银行《2012 年中国企业调查数据》和全球价值链参与的

定性识别方法，在微观层面讨论企业的电子商务选择与其参与全球价值链的关系。以制造业企业为样本，用是否有线上销售作为企业选择电子商务的虚拟变量，用同时满足进口、出口和拥有国际产品认证作为企业参与全球价值链的识别指标，运用 Probit、Logit 模型考察二者的关系，应用 IVProbit 模型缓解可能存在的内生性问题，在稳健性检验下得到一致性结论。

研究结论显示：第一，电子商务的选择能够显著促进中国企业参与全球价值链，在 Probit 和 Logit 估计结果中，平均边际效应均为 4% 左右；第二，通过利用《中小企业划型标准规定的通知2011》的标准识别中小微企业之后，发现中小微企业选择电子商务亦能够显著促进其参与全球价值链。一般而言，企业无论是进口还是出口都需要承担进入国际市场的固定成本（Melitz M，2003；Antras P and Helpman E，2004），这要求企业的生产率达到一个门槛值。并且中小企业普遍面临融资难问题（林毅夫和孙希芳，2005），不利于企业克服国际市场的固定成本。电子商务作为在理论上能够减少企业在国际市场搜寻成本和协调成本、建立良好国际声誉的有效手段，对于中小微企业持续参与全球价值链具有极为重大的意义。

本章的创新之处可能在于两个方面：第一，从研究视角来看，以中国为研究背景，结合企业全球价值链参与的定性识别方法，讨论电子商务与企业全球价值链参与的关系，为支持电子商务在中国跨境贸易中日益广泛的应用提供经验证据。第二，从研究方法来看，与本章研究主题紧密相关的文献在讨论二者的关系时，仅讨论二者之间的相关关系，未对可能存在的内生性问题进行处理，本章为企业的电子商务选择寻找工具变量，以尝试缓解研究中可能存在的反向因果这一内生性问题，努力识别真正的因果关系。

本章余下部分的结构如下：第二节为文献综述与理论基础；第三节，数据处理与模型设定；第四节，估计结果分析；第五节，进一步分析——电子商务对中小微企业参与全球价值链的影响；第六节，结论与政策启示。

第二节 文献综述与理论基础

为了比较好地了解电子商务在理论上如何影响企业的全球价值链参与，以及相关研究进展，本节依次关注信息和通信技术（Information and Communications Technology，ICT）对全球价值链的影响、电子商务对企业全球价值链参与的影响和二者在中国背景下的关系研究。

有学者将企业的 ICT 强度定义为三种类型：电子商务活动、企业软件系统、企业内计算机和互联网的获取（Rasel F，2017）。因此有必要首先了解信息和通信技术（ICT）对全球价值链参与的影响。ICT 技术从直接和间接两个渠道影响 20 世纪 90 年代以来的全球生产组织。ICT 革命被认为是推动自 20 世纪 90 年代以来全球碎片化生产的关键因素之一，一直以来 ICT 技术如何推动了这一具有全球价值链特征的生产组织，是学术界理论研究和经验研究的重要内容（Antras P and Helpman E，2004；Grossman G M and Rossi-Hansberg E，2006）。从直接效应来看，企业外包活动的组织有赖于市场上供应投入的搜寻成本（Grossman G M and Helpman E，2005），企业信息和通信技术（ICT）的应用能够影响企业的生产组织形式，其减少了将生产活动转移到企业边界之外和在更大的地理距离内进行活动的交易成本和调整成本，信息和通信技术密集型的企业更有可能进行离岸外包（Abramovsky L and Griffith R，2005）。从间接效应来看，企业进行出口和离岸外包活动面临着一定的生产率门槛，高生产率的企业更能够克服国际市场的固定成本（Melitz M，2003；Antras P and Helpman E，2004），而采用 ICT 技术能够带来企业生产率的进步（Rasel F，2017）。因此，ICT 技术的应用被认为是企业参与全球价值链的前提条件（Lanz R et al.，2018）。

电子商务是信息和通信技术（ICT）在企业生产经营活动中的应用。电子商务对企业参与全球价值链的影响分为直接效应和间接效应。一方面，互联网电子商务的应用能够直接减少企业在国际市场的信息搜寻成本（Lendle A et al.，2016）和除此之外的各类贸易成本（鞠雪楠等，2020），去除中间商、创造国际声誉和增强竞争力（Fernandes A M et al.，2019）。另一方面，电子商务利于企业进口高质量中间品，提高企业生产率，然后导致其具备出口能力，从而实现参与全球价值链行为（Lanz R et al.，2018）。

电子商务与全球价值链关系在中国背景下的研究并不多见。一方面，在国内的研究中，更多关注的是电子商务与出口的关系（岳云嵩和李兵，2018；马淑琴等，2018；茹玉骢和李燕，2014），然而仅从出口视角并不能很好地刻画企业是否参与了全球价值链。另一方面，从与电子商务密切相关的研究——互联网对全球价值链参与的研究中可以看到，代表性的文献聚焦于行业层面的分析（王欠欠和夏杰长，2018；韩剑等，2018），缺少微观层面的讨论。出现以上现象的原因主要在于两点。（1）微观层面全球价值链测度的相对滞后，导致测度方法的可选择性较差。全球价值链的测度在宏观层面蓬勃发展（Koopman R et al.，2014；Wang Z et al.，2013；Wang Z et al.，2017a，2017b），但是在企业层面的一般性测度研究不足,当前最为经典的方法为两位学者利用中国工业企业数据库和中国海关贸易数据库测度 2000~2007 年中国外贸企业出口品中的本国增加值(Kee H L and Tang H,2016)。(2)与企业层面的电子商务选择识别和全球价值链测度相关的数据有限。当前用于微观企业层面的企业电子商务选择识别的常用数据为世界银行企业调查数据,多以线上销售比来衡量,且该数据为截面数据,其在处理内生性问题方面比较困难。本章采用上述学者的方法测度企业层面的全球价值链参与(Kee H L and Tang H,2016),因为 2007 年以后的中国工业企业数据存在较大问题而无法得到后面年份的测度结果,但是 2000~2007 年又是中国电子商务发展的初期,无法在该时间段识别对应企业的电子商务选择。

通过以上文献研究发现,信息和通信技术应用和电子商务对全球价值链的影响已经具有比较广泛的共识,二者降低了微观主体在国际市场的贸易成本,拓展了企业的边界,改变生产组织的传统形式,是推动和塑造全球价值链形成的重要因素。但是可能仍有两点不足:第一,该问题在中国背景下,聚焦微观企业层面的研究显得不足;第二,与本章研究主题相同的文献中(Rasel F,2017;Lanz R et al.,2018),仅给出二者的相关关系,并未尝试解决内生性,以识别二者真实存在的因果关系。结合以上两点,本章将采用工具变量和定性识别企业全球价值链参与的方法,尝试缓解内生性问题和解决全球价值链参与的微观测度方法不足的问题,以研究中国企业选择电子商务与其参与全球生产分工决定二者之间的因果关系。

第三节 数据处理与模型设定

一、数据来源

本章所用数据来自世界银行 2012 年中国企业调查数据,该数据库采取随机抽样和分层随机抽样的方法,在 2011 年 12 月到 2013 年 2 月期间,对 2700 个中国私营企业和 148 个国有企业进行调查。该数据库的目的是为了调查中国企业的营商环境,受调查的城市达到 25 个(见表 8-1),涉及制造业和服务业两个行业大类,主要调查企业的控制信息(A)、一般特征(B)、基础设施和服务(C)、销售和供应(D)、管理实践(R)、竞争程度(E)、创新情况(H)、资本(F)、土地许可(G)、犯罪(I)、财务(K)、企业与政府关系(J)、劳动(L)、营商环境(M)、企业绩效(N)15 个方面的内容。考虑到国有企业体量庞大,很容易成为样本中的异常值,因此本章的研究对象仅为非国有企业。制造业相比于服务业来说,其参与全球价值链的特征更为明显,因此本章也仅考虑制造业。

表8-1　　　　世界银行《2012中国企业调查数据》所涉及城市　　　　单位:家

城市	企业数	城市	企业数	城市	企业数	城市	企业数	城市	企业数
北京	121	成都	121	大连	121	东莞	99	佛山	120
广州	120	杭州	85	合肥	121	济南	121	洛阳	119
南京	120	南通	118	宁波	120	青岛	119	上海	37
沈阳	117	深圳	121	石家庄	121	苏州	120	唐山	120
温州	120	武汉	107	无锡	120	烟台	120	郑州	120

二、模型设定

为在企业层面讨论电子商务与全球价值链参与的关系,本章选取 Probit 模型作为主要模型。模型设定如下:

$$GVCP_i = \alpha + \beta \cdot netdum_i + \gamma \cdot X_i + city_i + industry_i + V_i \quad (8-1)$$

式(8-1)中,指标 i 表示企业。$GVCP_i$ 表示企业 i 是否参与了全球价值链,参与为1,未参与为0;$netdum_i$ 为企业是否选择电子商务,选择为1,未选择为0;X_i 为控制变量,包括劳动生产率、企业规模、是否为外资企业、融资约束、企业年龄、人均资本等;同时控制城市($city_i$)和行业($industry_i$)固定效应;V_i 为残差项。

三、变量定义

(一)被解释变量——企业是否参与全球价值链(GVCP)

企业的全球价值链参与。本章的企业层面全球价值链参与指标定义采用一种定性的方法。借鉴马里恩·多维斯和查希尔·扎基(Dovis M and Zaki C,2018)的方法,将企业层面的全球价值链参与定义为一个综合指标,即同时满足出口、进口、国际产品认证的企业才被认定为参与了全球价值链。得益于在国际间投入产出框架下出口品中增加值分解方法的进展(Koopman R et al.,

2014；Wang Z et al.，2013）和以案例研究、大型企业数据库为基础的微观测度发展，无论是在宏观层面，还是在微观层面，用进口的外国增加值占本国出口比重来衡量全球价值链参与程度是较为普遍的做法（Prete D D et al.，2015；吕越和吕云龙，2016）。因此，判断一个企业是否参与全球价值链的基本条件为企业同时有进口和出口两种状态。有学者也用企业是否同时具备出口和进口状态来识别企业的全球价值链参与（Baldwin J R and Yan B，2014）。另外，参与全球价值链的企业其产品应该经过国际产品认证，经过国际产品认证的企业更可能生产满足国际碎片化生产所需的高质量产品，所以亦将其视为企业参与全球价值链的一个指标。综上，在本章中，同时满足出口、进口、获得国际产品认证的企业被定性识别为参与了全球价值链，标记为 GVCP，其值为 1；反之，为未参与全球价值链，该值为 0。

（二）核心解释变量——企业是否选择电子商务（netdum）

企业是否选择电子商务。在本章中，对企业是否选择电子商务的识别，遵循以世界银行企业调查数据为研究样本的文献中较为广泛使用的方法——选取"CN010 通过互联网产生的销售收入百分比是多少？"作为识别指标（茹玉骢和李燕，2014；陆施予和李光勤，2018）。当企业通过互联网实现的销售收入份额大于 0 时，我们认为企业选择了电子商务（netdum = 1），否则为没有选择电子商务（netdum = 0）。表 8 - 2 给出参与全球价值链的企业选择电子商务的情况。参与全球价值链的各类规模企业样本中，均有 68% 左右的企业进行过线上销售，参与全球价值链的企业比较普遍的采用线上销售模式。

表 8 - 2　　　　　　参与全球价值链企业的电子商务选择情况

类型	企业规模	是否线上销售		
		有	无	总样本
进口 + 出口企业	中小微企业	103	49	152
	大企业	61	28	89
	所有企业	164	77	241
进口 + 出口 + 国际认证企业	中小微企业	73	35	108
	大企业	51	24	75
	所有企业	124	59	183

资料来源：根据世界银行数据库整理。

(三) 其他控制变量

企业劳动生产率（lnlp）：采用销售额与员工人数的比值，取对数，衡量企业的劳动生产率（Rasel F，2017）。生产率高的企业克服贸易成本出口产品（Melitz M，2003），高生产率的企业也会进口中间品投入（Antras P and Helpman E，2004）。因此，企业生产率越高，参与全球价值链的概率越大。

企业规模（Size）：用企业员工人数的对数值衡量企业规模。相关研究表明，进口企业的规模相比于非进口企业要更大（Bernard A B et al.，2007）。因此，我们预测企业规模越大，参与全球价值链的概率越大。

是否为外资企业（foreigndum）：将外资占比份额达到50%的企业认定为外资企业，foreigndum取值为1，否则为0。外资企业很多时候作为面向国际市场的出口平台存在（Rasel F，2017），其是主动构建全球价值链的有效方式。我们预测外资企业将显著促进企业的全球价值链参与。

融资约束（eFCdum）：融资约束可以分为内部融资约束和外部融资约束，融资约束不利于企业参与全球价值链（吕越等，2015），我们将控制外部融资约束对企业全球价值链参与的影响。参考有关学者的做法（Yin X et al.，2019），当企业有投资（k7）或者企业有来自金融机构的贷款（k8）时，认为企业没有外部融资约束，该变量取0；否则，该企业有外部融资约束，变量取1。

企业年龄（lnage）：企业年龄是关键的特征变量，中国企业的年龄与企业的全球价值链参与呈现显著的负相关（胡昭玲等，2019）。具体定义为2011 - 企业注册年份（b6b）+1，并取对数。

人均资本（hcapital）：为控制企业资本密集度对企业全球价值链参与的影响，本章中用人均资本来衡量。将企业的人均资本测度为机械、车辆和设备的账面净值（n6a）、土地和建筑的账面净值（n6b）之和，除以企业员工人数（l1），取对数。变量含义及描述性统计见表8-3。

表8-3　　　　　　　　各变量的描述性统计

变量	变量含义	观测值	平均值	标准差	最小值	最大值
GVCp	是否参与全球价值链	1392	0.0800	0.270	0	1
netdum	是否选择电子商务	1392	0.420	0.490	0	1
lnlp	劳动生产率	1392	12.48	1.040	8.910	17.77

续表

变量	变量含义	观测值	平均值	标准差	最小值	最大值
size	企业规模	1392	4.430	1.270	1.610	10.31
foreigndum	是否为外资企业	1392	0.0500	0.210	0	1
eFCdum	是否有外部融资约束	1392	0.520	0.500	0	1
lnage	企业年龄	1391	2.430	0.510	0	4.830
hcapital	人均资本	1392	0.340	0.220	0	0.960

四、关于遗漏变量和反向因果等内生性问题的处理思路

遗漏变量问题的处理。当遗漏变量（企业特征变量、行业特征、地区特征等）同时与企业全球价值链参与和选择电子商务决策相关时，则会导致估计结果的不一致。[①] 为了在一定程度上缓解遗漏变量所带来的内生性问题，本章在控制企业规模、劳动生产率、企业年龄、人均资本以及是否为外资企业等企业特征的基础上，进一步加入行业虚拟变量和城市虚拟变量，以控制行业特征和地区特征。

反向因果问题的处理。一方面，企业选择电子商务可以降低在国际市场的信息搜寻成本，从而促进企业参与全球价值链；另一方面，参与了全球价值链的企业为了降低贸易成本，也会采取更有效率和成本更低的交易方式，如建立网站、进行线上销售等。这样，电子商务与企业的全球价值链参与之间将会存在比较明显的反向因果关系。为了尽可能消除反向因果带来的估计偏差，本章将选取合适的工具变量，采用 IVProbit 方法对二者关系进行估计。

第四节 估计结果分析

一、基准回归结果

本章重点考察企业电子商务选择对其参与全球价值链的影响，由于企业的

[①] 电子行业的全球价值链参与比重显著更高，而东部沿海地区由于信息和通信技术的发展，其在应用电子商务进行经营活动时会更有优势。因此，行业和地区特征应该予以控制。

全球价值链是虚拟变量，笔者在逐步回归的基础上，分别采用 OLS、Probit、Logit 三种计量模型对这一影响进行估计，且各模型都在城市层面和行业层面控制固定效应，表 8-4 给出了回归结果。列（1）和列（2）分别为未加入其他控制变量和加入控制变量的 OLS 估计结果，企业选择电子商务显著促进企业参与全球价值链。列（3）、列（4）和列（5）分别为采用 Probit 估计的未加入控制变量、加入控制变量的直接估计系数和加入控制变量的平均边际效应结果，同样企业选择电子商务对企业的全球价值链参与具有显著正向影响，平均而言企业选择电子商务平均能将企业参与全球价值链的概率提高 4%。列（6）、列（7）和列（8）为 Logit 估计结果，其与 Probit 结果并无显著差异。总体而言，企业选择电子商务会使企业参与全球价值链的可能性提高。电子商务的应用能够有效缓解中国企业在全球价值链上下游的信息搜寻成本和协调成本，推动中国企业融入全球价值链。

表 8-4　基准回归：企业是否选择电子商务对其参与全球价值链的影响

解释变量	被解释变量：GVCp							
	OLS	OLS	Probit	Probit	Probit (M)	Logit	Logit	Logit (M)
	(1)	(2)	(3)	(4)	(5)	(6)	(7)	(8)
netdum	0.06*** (0.02)	0.04** (0.02)	0.45*** (0.12)	0.34** (0.13)	0.04** (0.02)	0.82*** (0.25)	0.66** (0.27)	0.04** (0.02)
lnlp	—	0.01* (0.01)	—	0.09* (0.05)	0.01* (0.01)	—	0.18* (0.11)	0.01* (0.01)
size	—	0.04*** (0.01)	—	0.32*** (0.05)	0.04*** (0.01)	—	0.61*** (0.10)	0.04*** (0.01)
foreigndum	—	0.28*** (0.06)	—	1.23*** (0.20)	0.15*** (0.02)	—	2.23*** (0.37)	0.14*** (0.02)
eFCdum	—	-0.03 (0.02)	—	-0.27* (0.16)	-0.03* (0.02)	—	-0.55* (0.33)	-0.03* (0.02)
lnage	—	-0.01 (0.01)	—	-0.10 (0.11)	-0.01 (0.01)	—	-0.18 (0.22)	-0.01 (0.01)
hcapital	—	-0.01 (0.03)	—	-0.29 (0.34)	-0.03 (0.04)	—	-0.54 (0.73)	-0.03 (0.04)

续表

解释变量	被解释变量：GVCp							
	OLS	OLS	Probit	Probit	Probit (M)	Logit	Logit	Logit (M)
	(1)	(2)	(3)	(4)	(5)	(6)	(7)	(8)
常数项	-0.03 (0.02)	-0.34** (0.11)	-1.89*** (0.31)	-4.15*** (0.77)	-4.15*** (0.77)	-3.42*** (0.67)	-7.75*** (1.52)	-7.75*** (1.52)
城市固定	Yes	Yes	Yes	Yes	Yes	Yes	Yes	Yes
行业固定	Yes	Yes	Yes	Yes	Yes	Yes	Yes	Yes
F/Wald chi2	2.83	3.24	125.57	198.20	198.20	118.00	184.07	184.07
[P]	0.00	0.00	0.00	0.00	0.00	0.00	0.00	0.00
观测值	1392	1391	1251	1250	1250	1251	1250	1250

注：***、**、*分别代表1%、5%、10%的显著性水平，括号内对应的估计系数为稳健标准误。本章以下各表同。

控制变量中，企业劳动生产率系数（lnlp）在10%的显著性水平上显著为正，但是平均边际效应仅为1%；企业规模（size）在1%的显著水平上显著为正，其平均边际效应为4%；面临融资约束（eFCdum）的企业将使企业参与全球价值链的概率下降3%。从以上企业特征变量来看，有助于企业克服其在国际市场贸易成本的因素均能促进企业的全球价值链参与，相比较而言，劳动生产率对企业参与全球价值链的影响相对较小。另外，在企业所有权层面，外资企业（foreigndum）对企业全球价值链参与的促进效应同时具备统计显著性和经济显著性，平均边际效应达到了15%左右。

二、内生性问题讨论

为了缓解反向因果这一内生性问题对估计结果造成的估计偏差和不一致，本章采用工具变量法。工具变量一方面要与企业的电子商务选择相关，另一方面要与企业的全球价值链参与无关。参考其他学者的做法，选取2001年地区电话用户总量（dh，单位：百万户）和人均邮电业务量（yzdx，单位：万元）作为工具变量（陈维涛等，2019）。一方面，2001年的电话用户和人均邮电业务总量能够较好体现各个地区的信息和通信技术（ICT）的基础设施发展水平，而ICT是企业电子商务得以实现的大环境，二者必然紧密相关；另一方面，2001年中国电子商务刚刚起步，地区层面滞后期历史数据不会对2012年对应地区企业的全球价值链参与决策产生影响。工具变量结果均满足工具变量外生的检验，在工具变量估计下，企业选择电子商务提高企业参与全球价值链概率的结论依然稳健。具体结果见表8-5。

表8-5　IVProbit：企业是否选择电子商务对其参与全球价值链的影响

被解释变量	GVCp		GVCie	
阶段	第一阶段	第二阶段	第一阶段	第二阶段
yzdx	0.11** (0.05)	—	0.11** (0.05)	—
dh	0.03*** (0.01)	—	0.03*** (0.01)	—
netdum	—	3.83*** (0.89)	—	3.91*** (0.22)
常数项	0.41** (0.19)	-6.16*** (1.12)	0.41*** (0.76)	-5.83*** (1.08)
控制变量	Yes	Yes	Yes	Yes
行业固定	Yes	Yes	Yes	Yes
F/Wald chi2	5.56	86.37	5.49	78.87
[P]	0.00	0.00	0.00	0.00
Wald外生性检验	—	28.83	—	32.19
观测值	1372	1372	1382	1382

从表8-5的估计结果可以看到，在第一阶段回归中，所选取的工具变量与企业的全球价值链参与有较强的相关性，且至少在5%的水平上显著，工具变量具有较强的解释力；另外，在第二阶段回归中wald外生性检验值为28.83，这在1%的水平上拒绝了企业电子商务选择的外生性假设，其为内生变量。从第二阶段回归的估计系数来看，工具变量估计同样证实了企业选择电子商务能够显著促进企业的全球价值链参与，在放松企业的全球价值链参与识别条件（GVCie）之后，工具变量估计结果依然稳健。[①]

---

① GVCie的定义见本节"三、稳健性检验"。

三、稳健性检验

在稳健性检验部分，本章主要采用替换被解释变量和解释变量的方式来验证基准回归结果的稳健性。具体而言：第一，以三种方式重新定义企业的全球价值链参与。（1）采用有关学者的方法（Baldwin J R and Yan B，2014），企业同时有进口和出口被认为参与了全球价值链（GVCie）；（2）采用有关学者的方法识别企业的前向和后向全球价值链参与（Lanz R et al.，2018）。企业的后向全球价值链参与定义为进口投入占总投入的比重（BGVC）；企业的前向全球价值链参与定义为出口占总销售的比重（FGVC）。第二，用线上销售比重（eshare）这一连续变量代替企业是否选择电子商务虚拟变量。具体结果见表 8-6。

表 8-6　稳健性检验：重新定义企业全球价值链参与和电子商务选择后的估计结果

被解释变量	GVCie		BGVC		FGVC		GVCp	
模型	Probit	Logit	Probit	Logit	Probit	Logit	Probit	Logit
	（1）	（2）	（3）	（4）	（5）	（6）	（7）	（8）
netdum	0.38*** (0.13)	0.74*** (0.25)	0.27** (0.11)	0.53** (0.22)	0.38*** (0.09)	0.66*** (0.15)	—	—
eshare	—	—	—	—	—	—	0.01** (0.00)	0.01** (0.01)
常数项	-3.52*** (0.74)	-6.48*** (1.43)	-2.57*** (0.76)	-4.77*** (1.46)	-3.60*** (0.57)	-6.13*** (1.00)	-4.22*** (0.78)	-7.82*** (1.52)
城市固定	Yes	Yes	Yes	Yes	Yes	Yes	Yes	Yes
行业固定	Yes	Yes	Yes	Yes	Yes	Yes	Yes	Yes
F/Wald chi2	212.02	201.74	199.66	194.53	315.25	273.52	205.93	189.31
[P]	0.00	0.00	0.00	0.00	0.00	0.00	0.00	0.00
观测值	1341	1341	1391	1391	1391	1391	1250	1250

表 8-6 列（1）和列（2）结果显示，电子商务与企业同时出口和进口状态在 1% 的水平上显著正相关，列（3）和列（4）的结果显示，电子商务与企

业后向参与在5%的水平上显著正相关，列（5）和列（6）的结果显示电子商务与企业前向参与在1%的水平上显著正相关，列（7）和列（8）表明企业的线上销售比与企业的全球价值链参与在5%的水平上显著正相关。以上结果表明，电子商务能够显著促进企业的全球价值链参与这一结论具有稳健性。

第五节　进一步分析：电子商务对中小微企业参与全球价值链的影响

中小微企业因其市场活力与吸纳就业的能力对中国经济贡献巨大，对其参与全球价值链的影响因素研究具有极强的现实意义。2016年商务部等7部门联合下发的《关于加强国际合作提高我国产业全球价值链地位的指导意见》中指出："支持各类中小企业通过委托设计（ODM）、自创品牌（OBM）等各种形式，嵌入跨国企业主导的全球价值链。"其体现了在国家层面对中小企业嵌入全球价值链的指导与支持。中小微企业的规模和生产率普遍较低，相较于大中型企业更难承担国际市场的贸易成本，其参与全球价值链自然更为困难。在新冠肺炎疫情暴发初期，我国就出台了一系列"稳住外贸基本盘"的政策措施，其中对于中小微外贸企业就有明确的金融、信贷、税收和贸易便利化支持。在因新冠肺炎疫情流行而各国国境封锁的大背景下，从空间上阻断了供应链接，电子商务作为一种降低贸易信息搜寻成本的手段，支持中小微企业参与全球价值链具有极其重大的意义。因此，本节将讨论在中小微企业样本下，电子商务对企业全球价值链参与的影响，见表8-7。

表8-7　**IVProbit**：中小微企业选择电子商务对其参与全球价值链的影响

被解释变量	GVCp		GVCie	
阶段	第一阶段	第二阶段	第一阶段	第二阶段
yzdx	0.11 ** (0.05)	—	0.10 * (0.05)	—
dh	0.03 *** (0.01)	—	0.03 *** (0.01)	—
netdum	—	3.55 *** (0.89)	—	3.65 *** (0.82)

续表

被解释变量	GVCp		GVCie	
阶段	第一阶段	第二阶段	第一阶段	第二阶段
常数项	0.42** (0.19)	-5.69*** (1.15)	0.41*** (0.76)	-5.44*** (1.11)
控制变量	Yes	Yes	Yes	Yes
行业固定	Yes	Yes	Yes	Yes
F/Wald chi2	5.87	76.76	5.80	78.87
[P]	0.00	0.00	0.00	0.00
Wald 外生性检验	—	26.18	—	29.82
观测值	1317	1317	1317	1317

注：根据工信部印发的《中小企业划分标准规定的通知2011》，以从业人数小于1000为标准识别出中小微工业企业1337家，大型企业55家。表8-7给出了中小微企业的估计结果，电子商务选择能够显著促进中小微企业的全球价值参与，估计结果稳健。

第六节 结论与政策启示

本章采用世界银行2012年中国企业调查数据，以制造业企业为样本，利用OLS、Probit、Logit等模型估计了企业选择电子商务对企业参与全球价值链的影响。本章利用工具变量法尝试缓解可能存在的内生性问题，并且通过替换被解释变量和解释变量的方法进行稳健型检验，得到稳健性结果。研究发现，企业选择电子商务能够显著促进企业参与全球价值链的概率，对于参与国际市场能力较弱的中小微企业而言，这一结论依然存在。

本章的研究结论在推动企业融入全球分工体系和突发背景下"稳外贸基本盘""稳全球供应链"具有重要启示。

电子商务能够推动企业融入全球分工体系。正如《关于加强国际合作提高我国产业全球价值链地位的指导意见》所提出的"顺应全球化背景下科技创新、组织创新和商业模式创新的新趋势"，电子商务作为一种较为新颖的商业模式，能够通过降低协调成本实现全球生产的组织创新，也能够通过信息搜寻成本的降低创新商业模式。特别是中小微企业其本身应对外部环境能力较弱，可以广泛采用电子商务参与全球生产分工。因此，在政策上应争取做到中小微外贸企业电子商务的全覆盖，扩大和加强针对企业的电子商务培训，便利化电子商务进入门槛，完善电商平台。

在全球疫情大流行的背景下，电子商务有望在稳定外贸基本盘和稳定全球产业链过程中发挥重大作用。面对疫情所导致的外部需求急剧下滑，在疫情暴发初期中国就提出了"稳外贸基本盘"这一具有指导性的贸易发展要求。面对疫情所导致的逆全球化思潮和一些全球产业链被迫中断，中国作为世界范围内工业体系最为完备的国家，以及中国持续扩大开放的决心，中国能够稳住全球产业链，深度参与各国疫情控制效果不确定性所带来的全球价值链重构进程。为了努力实现目标，中国政府在推动企业复产复工的同时，采取了以贸易便利化和金融支持为主导的政策，其中电子商务扮演重要作用。仅2020年4月7日国务院就新设立了49个国家级跨境电商综合实验区，本章的研究结论从经验的角度支持了这一政策的合理性。笔者认为，为了更好地发挥电子商务的作用，要做到充分认识到电子商务在推动企业参与全球价值链的作用，以跨境电商综合试验区为平台，在全球范围主动寻找投入供应商和产品零售商加盟，加强国内产品质量管控，便利海关交易流程，提升贸易自由化水平，推动跨境电商支付更加便利，完善处理交易摩擦的第三方仲裁制度。

第九章 东道国全球价值链参与、生产共享与中国对外直接投资企业的区位选择
——基于制造业的分析

第一节 引言与文献综述

本章研究了东道国全球价值链（GVC）参与对中国对外直接投资企业的区位选择的影响。2003年党的十六届三中全会提出"走出去"战略，中国对外直接投资从此发生了飞跃。2003年中国对外直接投资总额为29亿美元，对外直接投资存量为334亿美元；2017年中国对外直接投资总额为1582.9亿美元，流量居全球国家（地区）第三位、发展中国家第一位，存量为18090.4亿美元，占第二位，[①]中国对外直接投资蓬勃发展。在中国对外直接投资大发展的同时，国际贸易的本质发生了变化。

以中间品贸易占主导地位的全球贸易新结构，是发生在全球范围内产品碎片化生产行为的具体表现。一国在全球价值链中的参与情况体现了其参与全球生产分工的比较优势。从全球价值链位置来看，一国所处的位置不同体现了其在某一行业链中的优势地位。例如美国处于Iphone手机制造的上游位置，负责手机设计和研发工作，其在技术上有优势。而中国所承担的组装加工任务，处于中下游环节，体现了中国的低成本制造优势。再从GVC参与程度看，一国GVC参与程度与一国的制度质量、贸易便利化水平、基础设施、单位劳动成本都有很大的关系。同时前向参与程度体现其中间品产品在参与GVC生产活动时的竞争优势，而后向参与程度则体现一国在参与GVC生产活动时对外

[①] 数据来源于商务部、国家统计局、国家外汇管理局联合发布的《2017年度中国对外直接投资统计公报》。

国中间品的需求。基于此，我们认为东道国的 GVC 参与特征能够影响他国企业对其进行直接投资的决策。

在各国 GVC 生产活动中，与中国相关的增加值能够衡量各国与中国的生产共享。与中国的生产共享体现的是中国与各国之间随着中间品贸易流而具有的生产联系。以中间品的进口和出口建立起的与中国的生产联系，其可能成为中国企业对外直接投资的原因。本章将讨论东道国 GVC 参与对中国对外直接投资企业区位选择的影响，并讨论与中国的生产共享对这一决定的调节作用。

中国企业对外直接投资的影响因素与动机。拉动因素主要包括东道国的市场规模、金融发展、制度环境等对外资有影响的因素（Dasgupta N, 2009）。在文献中，进口、出口与企业对外直接投资关系的研究中，更多讨论二者之间的互补与替代关系。就出口而言，本国贸易壁垒阻碍出口或者本国试图避免国内低效率时，企业在外国市场的水平对外直接投资，可能表现出一种互补的关系；当面临区域市场一体化的情况下，会发生垂直一体化对外直接投资，此时出口与 OFDI 呈现互补关系（Dasgupta N, 2009；Pontes J P, 2007），出口的学习效应可以使得企业生产率提高，促进 OFDI（Hu Y et al., 2019）。在进口一侧，当面临高贸易成本时，企业会寻求在东道国进行垂直 OFDI，从而规避进口所带来的高昂关税成本（Pontes J P, 2007）。进出口可以刻画中国与东道国之间的贸易联系。出口可以因体现中国的市场寻求动机而与中国的 OFDI 呈现正相关，而进口所带来的对 OFDI 正相关则体现了中国企业对海外战略资源的内部化（Buckley P J et al., 2009）。企业在东道国的进出口经验都促进了企业对该国的对外直接投资行为（蒋冠宏，2019）；从中国的对外直接投资动机来看，中国的对外直接投资动机主要分为商贸服务型、生产销售型、技术研发型和资源开放型（蒋冠宏和蒋殿春，2017）。

本章所讨论的全球价值链参与由全球价值链参与程度和全球价值链位置来刻画。大卫·胡梅尔斯等（Hummels D et al., 2001）用国家间投入产出表对本国出口中的外国增加值进行测度，给出了垂直专业化的测度方法，基本体现了一国在全球价值链中的参与程度。因为大卫·胡梅尔斯等（2001）的垂直专业化指标存在因中间品来回的跨国流动而造成的严重重复核算和没有考虑加工贸易而使得垂直专业化被高估。学者们分别从出口增加值的分解、前后向联系、考虑加工贸易、区分全球价值链活动等多个方面，对垂直专业化测度进行了改善（Koopman R et al., 2014；王直等，2015；Koopman R et al., 2012；Wang Z et al., 2017a）。从全球价值链参与程度的测度来看，其本质体现的是一国在参与全球生产时对中间品的进口需求和出口供给。

一国的全球价值链参与程度广泛体现着该国的经济特征。深度参与全球价值链的发展中国家都有单位劳动力成本低的特征（Golub S S et al.，2018），基础设施完善、贸易便利化都成为各国参与全球价值链的基础（Diakantoni A et al.，2017）。国家层面的制度质量（例如，法治水平、政治稳定等）在决定一国参与全球价值链中扮演重要角色，同时企业层面的数据也给出了制度质量对中国企业参与全球价值链影响的积极证据。从以上文献可以看出，无论是一国所体现进口和出口竞争力，还是全球价值链参与程度所体现的该国特征，都可能成为中国对外直接投资企业进行投资的决策因素。

全球价值链位置主要是对产品部门的上游度和下游度的测度。有学者用最终需求的生产阶段数测度了上游度（Fally T，2012），有学者则用增加值所引致的最终产出来测度上游度（Antras P et al.，2012），而用部门直接中间品使用占总中间品使用的比例测度该部门的下游度（Antras P and Chor D，2013），倪红福（2016）也用广义增加值平均传递步长的方法来定义上游度和下游度。王直等（2017b）区分全球价值链生产活动和非全球价值链生产活动，再次测度了上游度和下游度。

微笑曲线很好地描述了制造业在其全球价值链各环节的增值水平。一般而言，微笑曲线的左端一般表示产品生产的开端，处于全球价值链的上游位置，主要从事产品设计、研发、零部件的产品的制造工作，具有高增加值、高技术含量特征；微笑曲线的中部为加工组装环节，其增加值含量低，属于全球价值链中游位置（Shih S，1996）；微笑曲线的右端靠近消费市场，主要从事产品的销售和售后服务等工作，增值能力强，属于全球价值链下游环节。

基于以上文献分析，全球价值链参与所体现的经济含义能够成为影响中国对外直接投资企业进行区位选择的影响因素。而已有文献对这一关系的讨论甚少，因此本章将对这一关系进行讨论。本章的核心贡献在于，在世界经济碎片化生产的新背景下，各国的禀赋优势逐渐从生产要素转向生产环节的优势。从全球价值链的角度讨论中国企业的对外直接投资问题，为中国企业在全球范围内配置资源给出新认识。

本章余下内容安排如下：第二节为理论假说；第三节为数据、模型、变量测度的说明；第四节为实证结果分析；第五节为结论。

第二节 理论假设

一、全球价值链位置对中国对外直接投资企业的区位选择的影响

全球价值链衡量的是从产品设计、研发，到零部件制造、组装，再到产品贴牌销售的整个价值链环节。在以国际投入产出表测度的全球价值链位置是以含于中间品和最终品贸易流中的增加值跨国贸易来进行测度，可能并不能充分体现研发环节和产品的销售环节所体现出来的增加值，而这两个环节的增加值又在完整的价值链环节中占据了极为重要的地位。正如倪红福（2019）也认为现有基于国际间投入产出表的测度并不能很好地与全球价值链位置相对应。基于国际投入产出表的全球价值链测度可能更多地体现以中间品流动为主要特征的全球生产环节，对于一条全球生产链来说，各国在链上的位置体现了各国在跨国生产链不同环节所占有的优势地位。因此处讨论的是制造业行业，以生产链的角度来看，越处于上游的国家可能其在资源、零部件的生产环节越有优势，其增值能力较强，在技术上更有优势。再者，对于中间品的需求会使得中国企业面临高昂的贸易成本。基于此，中国企业在东道国市场可能有技术寻求和竞争优势要素寻求动机。在具体表现上，企业可能在上游占优势的国家进行技术型和生产销售型对外直接投资。而处于下游的国家可能并不能吸引中国的对外直接投资，同处全球生产链的下游，中国作为"世界工厂"，外国与中国相比并无优势可言。据此，我们提出如下理论假设。

H9-1：出于技术寻求动机和规避贸易成本的动机，东道国越处于全球价值链上游，中国对其进行对外直接投资的可能性越高；而处于下游的东道国则可能对中国的 OFDI 并无吸引力。

二、全球价值链参与程度对中国对外直接投资企业的区位选择的影响

首先，全球价值链参与程度高低不仅体现着各国生产要素禀赋的特征，也体现各国参与全球价值链的外部环境，例如基础设施、经济开放水平、制度质量等都正向促进了一个国家的全球价值链参与。这些外部环境特征也能够成为中国企业对外直接投资决策的拉动因素。其次，就前向来看，参与程

度越高，表明该国以出口中间品的形式参与全球价值链，而中国对进口中间品的需求是比较强烈的，为了避免关税成本、运输成本等贸易成本，中国有动机进行对外直接投资。就后向来看，该国以进口中间品的形式参与全球价值链，在中间品上，中国在绝大多数行业不具有比较优势，一般而言东道国对中国的中间品需求较少，出口品关税规避动机可能并不广泛存在，从而后向参与程度对中国对外直接投资的影响不明显。基于此，提出如下假设。

H9-2：基于东道国外部环境特征和对中间品寻求动机，东道国前向全球价值链参与程度能够促进中国对外直接投资企业的对外直接投资决策；因中国中间品竞争优势不够强，后向全球价值链参与程度的影响不明显。

三、与中国生产共享对中国对外直接投资企业的区位选择的影响

与中国的生产共享所体现的是东道国在全球价值链与中国的生产联系。罗伯特·约翰逊和吉列尔莫·诺格拉（Johnson R C and Noguera G，2012）以各国出口品中的增加值定义全球生产共享，本章将以各国全球价值链活动中与中国相关的增加值来指代各国全球价值链生产活动中与中国的生产共享。具体而言，与中国的前向生产共享为东道国全球价值链活动中去往中国的增加值，体现了在双边中间品贸易中，中国对来自东道国中间品的进口需求；与中国的后向生产共享为东道国全球价值链活动中来源于中国的增加值，则体现了在双边贸易中，中国对东道国的出口供给。中间品的对外直接投资与进口和出口的互补关系、替代关系广泛存在，无论是哪一种关系，都能够促进中国企业的对外直接投资。当存在生产联系的情况下，能够有限降低企业进入东道国市场的不确定性，降低进入成本。基于此，提出如下假设。

H9-3：东道国与中国的生产共享能够吸引中国企业对其进行直接投资，而与东道国的生产共享能够促进东道国全球价值链参与对中国对外投资企业的区位选择。

第三节 数据处理与模型设定

一、数据来源与整理

本章实证分析的数据主要来源于三个数据库，中国工业企业数据库、商务

部中国对外直接投资企业名录、WIOD2016版国际间投入产出表。样本期为2003~2013年。具体而言，中国工业企业数据的样本区间为1998~2013年，涉及了所有国有和规模以上非国有工业企业，主要包含了企业的注册、地址、从业人数等基本情况，企业资产负债表信息，以及现金流量表信息。根据该数据库可以得到企业的劳动生产率、所有权、企业年龄、企业规模等变量。该数据的行业分类在2002年、2011年、2013年发生过变化，为了与WIOD2016行业进行匹配，我们首先在工业企业数据库中将各年都统一调整为GB/T 4754 - 2002两位数行业分类。

商务部对外直接投资名录。该数据库记录了中国企业的对外直接投资的基本情况，主要包括企业境内名称、境外机构名称、投资东道国、核准年份、企业在东道国的经营范围等。由于2003年之前中国对外直接投资记录较少，因此本章选择2003~2013年作为样本考察期。受限于对外直接投资名录信息的匮乏，我们仅以企业名与中国工业企业数据库匹配，得到有对外直接投资记录的工业企业4592家。对于同一企业对同一国的跨期投资，仅保留第一年有对外直接投资的记录，以WIOD2016版数据中的国家为区位选择范围，当各企业对某国有对外直接投资，则企业对该国的区位选择为1，而企业其他未选择国家的区位选择则为0。以此得到区位选择数据。

WIOD2016投入产出表。该数据库提供了2000~2014年43个国家和地区以ISIC4行业分类为标准的56个行业投入产出数据，用于计算各国行业层面的GVC指标。主要包括欧盟28个成员国，美国、日本、加拿大等发达国家，以及中国、墨西哥等新兴市场国家。为了得到各企业所在行业在东道国的GVC指标，本章将ISIC4行业分类与GB/T 4754 - 2002行业分类按两位数行业进行对应。经过与区位选择数据的匹配，共计得到涉及35个国家，包括2056家企业、93742个观测值的样本数据。

二、全球价值链指标测度[①]

本章结合全球价值链测度的权威研究成果，利用WIOD2016版数据库，给出各国行业层面的GVC参与指标。

---

① 感谢对外经贸大学全球价值链研究院全球价值链数据库提供的全球价值链指标测度R代码，笔者依据该代码算出本书的全球价值链指标。

(一) 全球价值链位置的测度

本章对东道国各行业全球价值链的测度主要包括两个层面,依次是各行业的上游度和下游度。

对于东道国各行业层面的上游度测度,将借鉴有关学者(Antras P et al.,2012)的方法。

$$U_i = \sum_{j=1}^{N} \frac{\partial Y_j}{\partial V_i} \quad (9-1)$$

U_i 为部门 i 的上游度,Y_j 是其他部门 j 的总产出,V_i 是部门 i 的增加值。

部门 i 的上游度表示 i 部门增加 1 美元的增加值所导致的所有其他部门产出的美元价值,行业上游度表明了这一行业在该 GVC 中的平均生产位置。一般来说,上游度最高的行业可能是原材料的加工部门。就制造业来说,上游度越高的行业其资本密集越高。

对于东道国各行业层面的下游度测度,本章借鉴如下方法(Antras P and Chor D,2013)。

$$DUse\_TUse = \frac{DF}{Y-F} \quad (9-2)$$

$DUse\_TUse$ 为下游度,D 为最终需求矩阵,F 为最终需求向量,Y 为总产出。

下游度度量了某一行业中用于直接使用的中间品投入与来自该行业的总中间品投入之比。下游度越大,表明该行业在生产最终品时更密集地使用直接中间品投入;下游度越小,表明该行业产出更多来源于本行业的间接投入,表明该行业越可能处于上游环节。

(二) 全球价值链参与程度的测度

本章对参与程度的测度借鉴王直等(2017a)的方法。

王直等(2017a)从生产者角度(基于前向生产联系)和使用者角度(基于后向生产联系),将一国的生产活动根据跨国生产的次数分为 4 种类型。(1)本国消费活动,不进行跨国生产;(2)传统贸易,最终品出口,不进行跨国生产;(3)简单 GVC 活动,中间品出口,仅有一次跨国生产行为;(4)复杂 GVC 活动,中间品出口,并被进口国用于生产出口中间品,至少有两次跨国生产行为。一国参与全球价值链的本质在于一国生产活动是否跨国界,因此仅后两种类型才被称作全球价值链生产活动。生产仅跨国一次的 GVC 活动被称为简单全球价值链参与,生产跨国两次或两次以上的 GVC 活动被称为复杂全球价值链参与活动。又根据全球价值链生产活动的前向和后向联系，本章的 GVC 参与程度指标具体包括：前向、后向全球价值链参与程度；前向、后向简单全球价值参与程度，前向、后向复杂全球价值链参与程度。

前向全球价值链参与程度，定义为一国某部门用于 GVC 活动的增加值占该部门总增加值的比重：

$$\text{GVCPt\_f} = \frac{\text{V\_GVC}}{\text{Va}'} = \frac{\text{V\_GVC\_S}}{\text{Va}'} + \frac{\text{V\_GVC\_C}}{\text{Va}'} \quad (9-3)$$

式（9-3）最后一个等号右侧第一个表达式为前向简单全球价值链参与程度，第二个表达式为前向复杂全球价值链参与程度。将东道国去往中国的增加值提取出来，可以得到东道国各行业与中国的前向生产共享。

后向全球价值链参与程度，定义为源于全球价值链活动的增加值占一国某部门最终产品的比重：

$$\text{GVCPt\_B} = \frac{\text{Y\_GVC}}{\text{Y}'} = \frac{\text{V\_GVC\_S}}{\text{Y}'} + \frac{\text{V\_GVC\_C}}{\text{Y}'} \quad (9-4)$$

式（9-4）第二个等号后第一式为后向简单全球价值链参与程度，第二式为后向复杂全球价值链参与程度。第一个等号后为后向总全球价值链参与程度，为后向简单和复杂 GVC 参与程度之和。将东道国吸收的中国增加值提取出来，可以得到东道国行业与中国的后向后向生产共享。

三、模型设定

本章将借鉴王永钦等（2014）的方法，采用条件 Logit 模型检验东道国全球价值链参与对中国对外直接投资企业的区位选择的影响。

对于企业对外直接投资的区位选择来说，其必将受到推动因素（东道国的）和拉动因素（企业自身的）两方面的影响。而这正好对应了条件 Logit 模型所要满足的特征——"解释变量随个体和方案同时变化"。

$$U_{ij} = X_{ij}'\beta + \varepsilon_{ij} \quad (9-5)$$

式（9-5）表示企业 i 选择国家 j 进行对外直接投资的随机效用。解释变量 X_{ij} 不仅随企业 i 变化，而且也随国家 j 变化。具体而言，本章所选取的核心解释变量为全球价值链参与，其为行业层面的指标。该变量首先受到直接投资的备选国家（方案）的影响，其次对应行业由企业所在的行业确定，因此满足"同时受个体和方案影响"的要求，采用条件 Logit 估计方法可行。

企业 i 选择方案 j 的概率为：

$$p(y_i = j \mid x_{ij}) = \frac{\exp(x'_{ij}\beta)}{\sum_{K=1}^{J} x'_{ij}\beta} \qquad (9-6)$$

四、变量定义

被解释变量（fdidum）。是否进行 OFDI，企业进行 OFDI 的国家该变量取 1，否则取 0。

核心解释变量。上游度（Pu）、下游度（Pd），二者为全球价值链位置指标。前向全球价值链参与程度（Paf）、前向简单全球价值链参与程度（PafS）、前向复杂全球价值链参与程度（PafC）、后向全球价值链参与程度（Pab）、后向简单全球价值链参与程度（PabS）、后向复杂全球价值链参与程度（PabC），以上 6 个指标均为全球价值链参与程度指标。以上核心解释变量的定义方法和预期结果已经在理论假设小节和指标测度小节进行描述，此处不再赘述。

与中国的生产共享。前向生产共享，以前向与中国相关的增加值（VACHN）来衡量，表示为在东道国前向全球价值链活动中，包含在去往中国的中间品中增加值，取对数。后向生产共享，以后向与中国相关的增加值（FyCHN），表示为在东道国后向全球价值链活动中，进口中间品中实际来源于中国的增加值，取对数。

宏观层面的控制变量。法治水平（Rle），该指标来源于世界治理指标数据库，范围为 -2.5（弱）到 2.5（强），数值越大，表明法治水平越好。监管质量（Rqe），该指标来源于世界治理指标数据库，其取值范围仍为 -2.5（弱）到 2.5（强），该值越大，表明政府执行并实施监管政策的能力越强。自然资源丰裕度（Omexportratio），以矿石和金属占商品出口的比重来衡量，该份额越大，表明自然资源越丰富，该数据来源于世界银行发展指标数据库。产品技术含量（Htexportratio），以高技术产品占制造业出口的比重来衡量，该份额越大，表明产品技术含量越高，该数据同样来源于世界银行发展指标数据库。地理距离（Km），表示中国与各国之间的双边地理距离，数据来源于 CEPII 数据库，取对数值。开放度（Fdigdp），以外资进入与 GDP 的比重来代替，该数据来源于世界银行发展指标数据库。人均 GDP（lngdpp），取对数，该数据来源于世界银行发展指标数据库。GDP（lngdp），取对数，该数据来源于世界银行发展指标数据库。劳动生产率（lnla_pro），在各企业中，以主营业务收入除以从业人数，取对数值，数据来源于中国工业企业数据库。企业规模（SIZE），取从业人数的对数值，数据来源于中国工业企业数据库。企业年龄（lnage），定义为企业注册日期到对外直接投资发生的年数，取对数值，数据来源于中国工业企业数据库。各变量的描述性统计见表9-1。

表9-1　　　　　　　　各变量的描述性统计

变量名称		Obs	Mean	Std. Dev.	Min	Max
Pu	上游度	93742	2.216	0.545	1.052	4.254
Pd	下游度	93742	2.536	0.287	1.152	3.479
Paf	前向参与程度	93742	0.329	0.189	0.01	0.999
PafS	前向简单GVC参与程度	93742	0.178	0.099	0.006	0.803
PafC	前向复杂GVC参与程度	93742	0.151	0.102	0.002	0.641
Pab	后向参与程度	93742	0.336	0.132	0.032	0.896
PabS	后向简单GVC参与程度	93742	0.078	0.304	-48.027	0.532
PabC	后向复杂GVC参与程度	93742	0.259	0.334	0.013	48.337
VACHN	前与中国相关的增加值	93742	3.931	2.249	-6.739	10.473
FyCHN	后向与中国相关的增加值	93742	4.301	2.205	-5.688	9.254
Rle	法治水平	93742	1.038	0.813	-0.97	2.014
Rqe	制度质量	93742	1.089	0.633	-0.702	1.925
omexportra~o	自然资源丰裕度	93742	5.429	5.995	0.51	38.197
htexportra~o	产品技术含量	93742	13.925	7.153	1.474	36.897
KM	地理距离	93742	8.864	0.477	6.862	9.776
Fdigdp	开放度	93742	7.034	22.225	-25.017	198.074
lngdpp	人均GDP	93742	10.135	0.931	7.121	11.561
lngdp	国家GDP	93742	27.03	1.48	23.884	30.375
lnla_pro	劳动生产率	93742	6.255	1.2	3.993	10.467
SIZE	企业规模	93742	6.024	1.396	2.773	10.161
lnage	企业年龄	93742	2.391	0.677	0.693	4.22

第四节 实证结果分析

本节将给出东道国行业层面的全球价值链参与对中国对外直接投资企业区位选择的影响。表9-2给出了全球价值链参与对中国对外直接投资区位选择估计的基础结果,表9-3加入了与中国的生产共享再次讨论二者的关系。

一、基准结果

从表9-2的估计结果可以看到,上游度系数在1%的水平上正向显著,而下游度系数在1%的水平上负向显著。估计结果所展示的全球价值链位置与中国对外直接投资企业区位选择的影响与研究假设H9-1一致,即东道国在企业所在行业的上游度越高,越能促进企业的投资。其原因可能是处于制造业上游的国家,在中间品投入的生产上更具有优势,其中间品广泛的出口到其他国家用于生产。一般处于制造业上游的国家具有更强的技术优势,其出口产品更具有竞争优势,其他国家在生产过程中对外国中间品的需求大。基于此,全球价值链位置所表现出的估计结果可能是因为企业存在技术寻求和规避进口中间品关税的动机。这一理由将在表9-6中给出证明。

下游度系数显著为负。其原因可能是因为中国处于全球价值链的下游,同处于下游的其他国家在产品组装加工生产环节上相比于可能并不具有竞争优势,寻求生产成本更低的对外直接投资动机可能并不明显,因而对应行业越处于下游的国家可能对中国的吸引力越不够。换句话,与中国下游度相差更大的国家,才可能吸引中国的对外直接投资。这一观点将在表9-6进行检验。

无论是总体,还是简单或者复杂等前向全球价值链参与程度系数都显著为正。其中,简单全球价值链参与程度的系数要高于复杂全球价值链参与程度。原因可能是,相比于复杂全球价值活动,简单全球价值链活动仅一次跨国,其跨国增值活动要相对更少,增值能力可能不强,其承受关税成本能力要更弱。换句话说,复杂价值链活动更多对应着中间品的再生产,其增值能力更强,而简单价值链活动则是进口中间品生产最终产品,其增值能力相对更弱,从而使

表 9-2 东道国全球价值链参与对中国对外直接投资企业区位选择的基准结果

被解释变量	是否在该国进行对外直接投资：fdidum=1 投资　fdidum=0 未投资								
列	(1)	(2)	(3)	(4)	(5)	(6)	(7)	(8)	(9)
Pu	0.238*** (3.41)	—	—	—	—	—	—	—	0.357*** (4.30)
Pd	—	-0.436*** (-4.82)	—	—	—	—	—	—	-1.087*** (-8.55)
Paf	—	—	1.162*** (5.39)	—	—	—	—	—	0.338 (1.32)
PafS	—	—	—	2.335*** (6.76)	—	—	—	—	—
PafC	—	—	—	—	1.069*** (2.61)	—	—	—	—
Pab	—	—	—	—	—	0.645** (2.14)	—	—	3.110*** (7.15)
PabS	—	—	—	—	—	—	0.374 (1.18)	—	—
PabC	—	—	—	—	—	—	—	-0.005 (-0.05)	—
Rle	-0.177** (-2.00)	-0.219** (-2.47)	-0.207** (-2.35)	-0.172** (-1.96)	-0.219** (-2.47)	-0.207** (-2.36)	-0.203** (-2.31)	-0.202** (-2.30)	-0.244*** (-2.76)

续表

被解释变量	是否在该国进行对外直接投资：fdidum = 1 投资 fdidum = 0 未投资								
列	(1)	(2)	(3)	(4)	(5)	(6)	(7)	(8)	(9)
Rqe	0.002 (0.01)	0.077 (0.71)	-0.049 (-0.44)	-0.096 (-0.87)	0.034 (0.31)	0.047 (0.44)	0.077 (0.72)	0.069 (0.64)	-0.135 (-1.22)
Omexportratio	0.030*** (9.65)	0.030*** (9.79)	0.039*** (11.34)	0.038*** (11.60)	0.035*** (10.08)	0.034*** (9.98)	0.030*** (9.60)	0.031*** (9.80)	0.045*** (11.70)
Htexportratio	-0.000 (-0.06)	-0.002 (-0.40)	-0.001 (-0.32)	-0.001 (-0.26)	-0.001 (-0.23)	-0.001 (-0.33)	-0.000 (-0.08)	-0.001 (-0.13)	-0.007 (-1.56)
KM	-0.105** (-2.77)	-0.242*** (-6.51)	-0.177*** (-5.26)	-0.173*** (-5.13)	-0.173*** (-5.13)	-0.178*** (-5.20)	-0.159*** (-4.71)	-0.165*** (-4.90)	-0.330*** (-7.36)
Fdigdp	0.014*** (8.08)	0.013*** (7.56)	0.014*** (8.11)	0.015*** (8.35)	0.014*** (7.96)	0.014*** (7.94)	0.014*** (8.00)	0.014*** (7.99)	0.013*** (6.82)
lngdp	1.126*** (51.52)	1.109*** (50.17)	1.218*** (43.38)	1.226*** (45.39)	0.000 (0.00)	1.176*** (37.55)	1.126*** (51.22)	1.129*** (48.71)	1.327*** (35.80)
lnla_pro	-0.083 (-0.81)	-0.080 (-0.78)	-0.095 (-0.92)	-0.087 (-0.85)	-0.096 (-0.94)	-0.100 (-0.98)	-0.092 (-0.90)	-0.092 (-0.89)	-0.090 (-0.87)
SIZE	-0.013 (-0.15)	-0.014 (-0.17)	-0.022 (-0.27)	-0.017 (-0.20)	-0.025 (-0.30)	-0.029 (-0.35)	-0.023 (-0.27)	-0.023 (-0.27)	-0.015 (-0.17)
lnage	-0.195 (-0.67)	-0.131 (-0.45)	-0.231 (-0.79)	-0.262 (-0.90)	-0.176 (-0.61)	-0.196 (-0.67)	-0.158 (-0.54)	-0.156 (-0.54)	-0.359 (-1.23)
N	90865	90865	90865	90865	90865	90865	90865	90865	90865

注：***、**、* 分别表示在1%、5%、10%水平上显著，括号内为T值。

得其承担关税成本的能力不强，使得企业更有动机在东道国当地采购中间品进行生产销售活动。另外，总体、简单、复杂情况下的系数均正向显著，表明东道国行业层面的全球价值链程度促进中国企业的对外直接投资是较为稳健的结果。

后向参与程度系数仅在总体时具有正向显著结果，而在简单、复杂全球价值链活动下均不显著，表明这一结果不稳健。其原因可能是，中国是发展中国家，长期处于全球价值链的低端位置，尽管某些行业产业升级有所进展，但其在中间品上并不具有广泛优势。换句话说，在中国处于全球价值链优势环节的行业中，后向参与程度也能促进中国企业的对外直接投资活动。这一观点将在表9－6中进行检验。

二、东道国全球价值链参与、与中国生产共享和中国对外直接投资企业的区位选择

各国行业层面的全球价值链参与指标更多体现的是中国企业对外直接投资的东道国层面的拉动因素，而与中国生产共享则表现的是以中间品贸易为载体的东道国各行业与中国的跨国生产联系。加入跨国生产联系这一视角，将会使得东道国各行业层面的全球价值链参与在影响中国对外直接投资企业的区位选择时更加具体。表9－3、表9－4、表9－5分别给出了全球价值链位置、前向全球价值链参与程度、后向全球价值链参与程度在加入与中国生产贡献之后的估计结果。

表9－3中，列（1）、列（2）分别为加入前向生产共享和上游度与前向生产共享交互之后的结果，该结果在交互下不显著。列（7）、列（8）分别为加入后向生产共享和下游度与后向生产共享交互之后的结果，该结果在交互下不显著。相反，表9－3列（4）和列（6）给出的后向生产共享与上游度交互项系数，前向生产共享与下游度交互项系数均有负向显著结果。因此，本章分别考察后向生产共享与上游度的交互作用、前向生产共享与下游度的交互作用。

从表9－3列（3）至列（6）可以看到，无论是与中国的前向生产共享，还是后向生产共享系数都表现出正向显著。与中国的后向生产共享以各国全球价值链生产活动中来自中国增加值来衡量，可以看作是对中国中间品的进口。一般而言，中国的出口经验有利于积累企业在目的国市场信息等，促进对外直

表 9-3　东道国 GVC 位置、生产共享与中国对外投资企业区位选择

被解释变量	是否在该国进行对外直接投资：fdidum=1 投资　fdidum=0 未投资								
列	(1)	(2)	(3)	(4)	(5)	(6)	(7)	(8)	(9)
Pu	0.165** (2.30)	0.060 (0.39)	0.431*** (5.39)	0.727*** (4.38)	—	—	—	—	1.323*** (6.53)
VACHN	0.102*** (4.33)	0.062 (1.12)	—	—	0.097*** (4.18)	0.512*** (5.30)	—	—	0.189* (1.80)
Pd	—	—	—	—	-0.366*** (-3.96)	0.707*** (2.73)	-0.529*** (-5.69)	-0.085 (-0.29)	-0.202 (-0.71)
FyCHN	—	—	0.135*** (4.91)	0.257*** (3.89)	—	—	0.099*** (3.97)	0.279** (2.44)	0.512*** (6.26)
Pu·VACHN	—	0.018 (0.79)	—	—	—	—	—	—	—
Pu·FyCHN	—	—	—	-0.050** (-2.04)	—	—	—	—	-0.068*** (-2.62)
Pd·VACHN	—	—	—	—	—	-0.167*** (-4.44)	—	—	-0.133*** (-3.45)
Pd·FyCHN	—	—	—	—	—	—	—	-0.071 (-1.62)	—
N	90865	90865	90865	90865	90865	90865	90865	90865	90865

注：***、**、* 分别表示在 1%、5%、10% 水平上显著，括号内为 T 值。因篇幅所限省略其他解释变量。

接投资。与中国的前向生产共享以各国全球价值链生产活动去往中国的增加值来衡量，可以看作是向中国的中间品出口。为了规避进口带来的关税成本，也可促使中国企业在东道国进行投资，直接在当地购买中间品进行生产销售活动。

从列（4）的结果可以看到，后向生产共享与上游度交互项系数显著为负，二者表现出拮抗作用。拮抗作用表明，越处于上游的行业，参与全球价值链活动时吸收更多的中国中间品，则越不利于中国对其进行对外直接投资。原因可能是，吸收中国中间品投入的国家，其处于上游位置所表现出的技术竞争力可能不足以吸引中国对外进行对外直接投资，从而至少是无法实现其技术寻求动机的对外直接投资。这一原因可在表9-6中得到印证。

从列（6）的结果可以看到，前向生产共享与下游度交互项系数显著为负，二者表现出拮抗作用。拮抗作用表明，越处于下游的行业，去往中国的增加值越多，会进一步加重下游度对企业对外直接投资决策负向显著性。原因可能是，当行业处于下游环节时，代表其离生产链末端加工组装环节更近，这些更为高级的中间品更多地用于中国的加工贸易，其不需要承担关税成本，东道国去往中国的增加值越多，越不利于对外直接投资。

表9-4的列（2）给出了各行业前向与中国相关的增加值对前向总体全球价值链参与程度影响效果的调节作用。交互项系数显著为正，前向与中国的增加值表现出调节作用。这表明，中国与东道国对应行业的生产共享越强时，东道国的前向全球价值链参与程度越高，越能够吸引中国企业对其进行直接投资。东道国的前向全球价值链参与程度高，体现的是东道国该行业在上游中间品的整体优势，而与中国相关的前向增加值更多体现的是中国通过在东道国该行业进口中间品所体现的生产共享。生产共享意味着中国企业在双边国家之间存在跨越企业边界的生产需求。在企业边界之间存在着巨大的交易成本，企业有理由进行对外直接投资。可能存在规避贸易成本直接在东道国当地采购中间品进行生产，或者以垂直专业化方式的内化生产过程。因此，前向全球价值链参与程度提供了生产条件，而生产共享提供了方向。所以，与中国相关的前向生产共享强化了东道国各行业前向全球价值链参与程度对中国企业对外直接投资的促进作用。

另外，简单GVC参与程度、复杂GVC参与程度在和与中国相关的前向增加值的交互后，表现的结果相似，这进一步证明了列（2）所得结论的稳健性。

表9-4　东道国前向 GVC 参与程度、生产共享与中国对外投资企业区位选择

被解释变量	是否在该国进行对外直接投资：fdidum=1 投资　fdidum=0 未投资					
列	(1)	(2)	(3)	(4)	(5)	(6)
Paf	0.866*** (3.66)	-1.758*** (-3.39)	—	—	—	—
VACHN	0.077*** (3.09)	-0.046 (-1.41)	0.069*** (2.80)	-0.078** (-2.41)	0.107*** (4.37)	0.020 (0.64)
Paf·VACHN	—	0.465*** (5.76)	—	—	—	—
PafS	—	—	1.965*** (5.26)	-3.271*** (-3.73)	—	—
PafS·VACHN	—	—	—	0.983*** (6.75)	—	—
PafC	—	—	—	—	0.395 (0.90)	-3.740*** (-3.63)
PafC·VACHN	—	—	—	—	—	0.718*** (4.52)
N	90865	90865	90865	90865	90865	90865

注：***、**、*分别表示在1%、5%、10%水平上显著，括号内为T值。因篇幅所限省略其他解释变量。

表9-5给出了与中国的后向生产共享对东道国后向GVC影响的调节作用。总体全球价值链参与活动类别下，交互项系数显著为正，而简单、复杂全球价值链活动类别下系数不显著。这表明，它们与中国的后向生产共享的调节作用不明显。

表9-5　东道国后向 GVC 参与程度、生产共享与中国对外投资企业区位选择

被解释变量	是否在该国进行对外直接投资：fdidum=1 投资　fdidum=0 未投资					
列	(1)	(2)	(3)	(4)	(5)	(6)
Pab	0.447 (1.42)	-1.227 (-1.54)				

续表

被解释变量	是否在该国进行对外直接投资：fdidum=1 投资　fdidum=0 未投资					
解释变量	(1)	(2)	(3)	(4)	(5)	(6)
FyCHN	0.053** (2.10)	-0.014 (-0.36)	0.060** (2.45)	0.052** (2.07)	0.063*** (2.63)	0.049* (1.69)
Pab·FyCHN	—	0.259** (2.29)	—	—	—	—
PabS	—	—	0.259 (0.83)	0.238 (1.47)	—	—
PabS·FyCHN	—	—	—	0.079 (1.59)	—	—
PabC	—	—	—	—	-0.004 (-0.04)	-0.143 (-0.39)
PabC·FyCHN	—	—	—	—	—	0.052 (0.80)
N	90865	90865	90865	90865	90865	90865

注：***、**、*分别表示在1%、5%、10%水平显著，括号内为T值。因篇幅所限省略其他解释变量。

三、对研究假设的进一步检验

为进一步验证研究假设 H9-1 和 H9-2 的合理性，我们需通过提出新的研究假设对二者进行更为充分的验证。因此，进一步提出如下假设。

H9-1a：在技术型和生产销售型样本中，东道国上游度对中国企业对外直接投资的影响会更大；而与中国下游度位置越相近的国家，越不能吸引中国企业的对外直接投资。

H9-2a：上游度体现了各国在中间品环节的优势地位，中国在上游度更高的部门中，后向全球价值链参与程度对中国企业对外直接投资决策有促进作用。

H9-1a 验证处于上游的行业对中国企业对外直接投资的吸引力，是来自中国企业的技术寻求动机和贸易成本规避动机。为了检验这一点，本章将根据企业在东道国的经营活动内容，将企业的对外直接投资类型划分为商贸服务型、技术寻求型、资源寻求型、生产销售型，分别进行估计。为了检验下游度对中国企业对外直接投资缺乏吸引力的原因是与中国相比各国在下游环节可能并不具备优势。为检验这一原因，本章将用东道国与中国对应行业的下游度之差的绝对值（DetPd）作为解释变量，考虑其对中国对外直接投资企业的区位选择的影响。

H9-2a 检验后向参与程度对中国企业的吸引力不足的原因是，中国中间品竞争优势不强，其参与东道国后向全球价值链活动的能力也不强。为了证实这一点，本章以东道国与中国对应行业的上游度之差（DetPu）作为解释变量，考虑其对中国对外直接投资企业的区位选择的影响。

表9-6给出了检验结果。

在区分对外直接投资类型的回归中，列（4）和列（8）分别为技术寻求型和生产销售型估计结果，上游度系数分别为1.372和1.007，高于表9-3列（4）未区分对外直接投资类型时的上游度系数0.727，而商贸服务型系数为0.672，小于该值，表明在资源寻求下，上游度变量系数不显著。在制造业行业，广泛呈现U形的全球价值链特征，使得位于上游环节在技术上更具优势，能够生产整个价值链中具有竞争优势的中间品。以上估计结果的对比表明，中国企业在对外直接投资时的技术寻求动机和以生产销售活动规避进口中间品关税的动机，使得东道国各行业的上游度指数对中国对外直接投资企业的区位选择产生正向影响。

表9-6列（9）为东道国与中国对应行业的下游度之差绝对值对区位选择变量的估计结果，系数显著为正，这表明与中国下游度位置越不同的国家越能吸引中国企业。在具体行业中，当中国下游度更大时，东道国在中间品生产上相对于中国可能更具有优势，存在技术寻求的动机；当中国的下游度更小时，东道国在加工组装环节更具优势，使得中国存在效率寻求动机的对外直接投资。对于后者所述的效率寻求动机是广泛存在，南亚和东南亚劳动力成本相对于中国更具有优势，中国企业在这些区域加工组装产品并不鲜见。

为证实东道国后向参与程度对中国对外直接投资企业区位选择的负向影响是否为来源于中国中间品的相对劣势，笔者将通过中国与东道国对应行业的上游度比较来衡量中国中间品的竞争力。具体而言，中国与东道国对应行业的上游度之差为正时，表明中国处于更上游环节，中间品相对更具优势；中国与东道国对应行业的上游度之差为负时，表明中国处于更下游环节，中间品相对更具劣势。中国具有中间品竞争优势行业，中国以出口中间品参与他国后向全

表 9-6　对研究假设的进一步检验

被解释变量	是否对该国进行直接投资：fdidum = 1 投资　fdidum = 0 未投资										
对外直接投资类型	商贸服务型		技术寻求型		资源寻求型		生产销售型		DetPu > 0	DetPu < 0	
列	(1)	(2)	(3)	(4)	(5)	(6)	(7)	(8)	(9)	(10)	(11)
Pu	0.381*** (3.29)	0.672*** (2.80)	0.547*** (2.58)	1.372*** (2.70)	0.154 (0.23)	1.432 (1.11)	0.441*** (2.65)	1.007*** (2.96)	—	—	—
FyCHN	0.117*** (3.00)	0.235** (2.49)	0.301*** (3.90)	0.629*** (3.14)	0.192 (0.87)	0.894 (1.42)	0.034 (0.62)	0.278** (2.00)	—	—	—
Pu·FyCHN	—	-0.050 (-1.38)	—	-0.136* (-1.79)	—	-0.221 (-1.22)	—	-0.095* (-1.92)	—	—	—
DetPd	—	—	—	—	—	—	—	—	0.366*** (3.48)	—	—
Pab	—	—	—	—	—	—	—	—	—	3.172*** (5.16)	-0.988** (-2.49)
N	45411	45411	12702	12702	866	866	18985	18985	90865	24290	41479

注：***、**、*分别表示在1%、5%、10%水平上显著，括号内为T值。因篇幅所限省略其他解释变量。

球价值链活动的能力提升,在该行业可能存在出口品关税成本或运输成本规避动机,后向参与程度会有正向显著影响;反之,在中国中间品竞争劣势行业,后向参与程度会有负向显著影响。表9-6列(10)为中国上游度更大行业的估计结果,东道国后向参与程度系数显著为正,表明在中间品优势行业,东道国后向参与程度能够吸引中国企业的投资。表9-6列(11)为中国上游度更小行业的估计结果,东道国后向参与程度系数显著为负,表明在中间品劣势行业,东道国后向参与程度对中国企业的投资没有积极影响。另外,可以看到列(10)的观测值为24290,而列(11)观测值为41479。表明中国具有中间品竞争优势的行业并不多,这是对上述结论有益的补充。

四、稳健性检验

为了使本章的结果更具稳健性,本节将从换指标、样本分组、换方法三个手段讨论估计结果的稳健性。

考虑到全球价值链参与程度在之前估计中,可以分为总体、简单、复杂三类,基本给出了因不同指标替换所代表的稳健性。因此,此处仅对全球价值链位置指标进行替换。该位置指标来源于王直(2017b),具体为前向生产长度与后向生产长度之比,为总生产长度。总体生产长度越大,表明该行业处于更上游位置,总体生产长度越小,表明该行业处于更下游位置。替换全球价值链位置指标之后的结果如表9-7所示。

表9-7　总生产长度、生产共享和企业对外直接投资决策

被解释变量	是否在该国进行对外直接投资:fdidum=1 投资　fdidum=0 未投资					
模型	条件 Logit 估计			混合 Logit 估计		
列	(1)	(2)	(3)	(4)	(5)	(6)
pos_tpl	0.898*** (6.48)	-0.342 (-0.94)	1.881*** (5.68)	0.740*** (4.55)	0.206 (0.49)	1.688*** (4.73)
VACHN	—	-0.080 (-1.53)	—	—	0.027 (0.45)	—
Tpl·VACHN	—	0.174*** (3.31)	—	—	0.060 (1.02)	—

续表

被解释变量	是否在该国进行对外直接投资：fdidum = 1 投资　fdidum = 0 未投资					
模型	条件 Logit 估计			混合 Logit 估计		
列	(1)	(2)	(3)	(4)	(5)	(6)
FyCHN	—	—	0.261*** (4.68)	—	—	0.189*** (2.99)
Tpl·FyCHN	—	—	-0.048 (-0.99)	—	—	-0.105** (-2.10)
N	90865	90865	90865	78494	78494	78494

注：***、**、*分别表示在1%、5%、10%水平上显著，括号内为T值。因篇幅所限省略其他解释变量。

表9-7列（1）、列（2）、列（3）为在考虑生产共享下的总生产长度对企业对外直接投资区位选择的影响。因总生产长度给出的是东道国所处的相对上游位置，因此与表9-3列（4）一样，笔者主要考虑该指标与后向生产共享的交互作用。除交互项显著性不强外，交互项系数大小和方向，以及位置变量和后向生产共享变量显著为正，与表9-3列（4）一致。用混合Logit模型重复同样的估计，估计结果在系数方向与显著性均与表9-3列（4）一致。由此，我们认为在基准回归中得到的全球价值链位置变量、生产共享对被解释变量的影响结果是稳健的。

本章接下来从样本分组和改变估计策略两个方面来进一步检验稳健性。

本章以企业在东道国经营活动类型，将样本依次分为商贸服务型、技术寻求型、资源寻求型、生产销售型。表9-8、表9-9、表9-10分别给出下游度、前向全球价值链参与程度、后向全球价值链参与程度对企业区位选择的影响。

表9-8　区分对外直接投资类别下，东道国下游度、生产共享与中国对外投资企业区位选择

对外直接投资类型	商贸服务型		技术寻求型		资源寻求型		生产销售型	
被解释变量	是否在该国进行对外投资 fdidum：fdidum = 1 投资　fdidum = 0 未投资							
列	(1)	(2)	(3)	(4)	(5)	(6)	(7)	(8)
Pd	-0.473*** (-3.56)	0.345 (0.95)	0.208 (0.78)	-0.590 (-0.77)	-0.782 (-0.76)	2.643 (0.91)	-0.518*** (-2.68)	0.696 (1.31)

续表

对外直接投资类型	商贸服务型		技术寻求型		资源寻求型		生产销售型	
被解释变量	是否在该国进行对外投资 fdidum；fdidum = 1 投资　　fdidum = 0 未投资							
列	(1)	(2)	(3)	(4)	(5)	(6)	(7)	(8)
VACHN	0.101*** (3.07)	0.421*** (3.08)	0.309*** (4.70)	0.024 (0.09)	0.332 (1.49)	1.722 (1.45)	0.193*** (4.01)	0.681*** (3.33)
Pd · VACHN	—	-0.129** (-2.42)	—	0.116 (1.10)	—	-0.565 (-1.23)	—	-0.193** (-2.46)
N	45411	45411	12702	12702	866	866	18985	18985

注：***、**、*分别表示在1%、5%、10%水平上显著，括号内为T值。因篇幅所限省略其他解释变量。

从表9-8可以看到，在商贸服务型和生产销售型两种类别下，估计结果基本与表9-3列（6）的结果保持一致，表明下游度估计结论具有一定的稳健性。另外，分投资活动类型下对上游度稳健性检验已经在表9-6中体现，结论基本稳健，此处不再重复展示。

在表9-9中，商贸服务型、技术寻求型、生产销售型对外直接投资组别，其估计结果基本与表9-4结果一致。这表明前向参与程度对中国对外直接投资的影响具有一定的稳健性。

以上四类投资动机仍然表现出后向参与程度对企业区位选择不显著的特点，因此该结论仍具有一定稳健性。

王永钦等（2014）在检验条件Logit模型是否满足IIA假设时，采用对样本进行混合Logit模型的办法。混合Logit模型在不满足IIA假设前提下，也能正常使用，因此本章将该模型应用到稳健性检验中。表9-11、表9-12、表9-13、表9-14分别给出混合Logit模型下对表9-2、表9-3、表9-4、表9-5的重新估计。

表 9-9 区分对外直接投资类别下，前向东道国 GVC 参与程度、生产共享与中国对外投资企业区位选择

对外直接投资分类	商贸服务型 是否在该国进行对外直接投资：fcidum=1 投资 fcidum=0 未投资						技术寻求型 是否在该国进行对外直接投资：fdidum=1 投资 fdidum=0 未投资					
被解释变量 列	(1)	(2)	(3)	(4)	(5)	(6)	(1)	(2)	(3)	(4)	(5)	(6)
Paf	0.852** (2.48)	-2.258*** (-3.07)	—	—	—	—	0.104 (0.16)	-2.633 (-1.63)	—	—	—	—
VACHN	0.086** (2.40)	-0.071 (-1.47)	0.088** (2.52)	-0.074 (-1.56)	0.104** (2.98)	-0.020 (-0.44)	0.296*** (4.23)	0.162 (1.63)	0.267*** (3.87)	0.188* (1.87)	0.328*** (4.80)	0.159* (1.75)
Paf · VACHN	—	0.566*** (4.85)	—	—	—	—	—	0.450* (1.88)	—	—	—	—
PafS	—	—	1.508*** (2.79)	-3.946*** (-3.16)	—	—	—	—	1.571 (1.45)	-1.065 (-0.39)	—	—
PafS · VACHN	—	—	—	1.055*** (4.95)	—	—	—	—	—	0.463 (1.08)	—	—
PafC	—	—	—	—	0.926 (1.44)	-4.638** (-3.18)	—	—	—	—	-1.464 (-1.22)	-9.398*** (-2.92)
PafC · VACHN	—	—	—	—	—	0.980*** (4.35)	—	—	—	—	—	1.278*** (2.72)
N	45411	45411	45411	45411	45411	45411	12702	12702	12702	12702	12702	12702

续表

对外直接投资分类	商贸服务型 是否在该国进行对外直接投资:fdidum=1 投资 fdidum=0 未投资						技术寻求型 是否在该国进行对外直接投资:fdidum=1 投资 fdidum=0 未投资					
被解释变量 列	(1)	(2)	(3)	(4)	(5)	(6)	(1)	(2)	(3)	(4)	(5)	(6)
Paf	2.348 (1.11)	−0.119 (−0.03)	—	—	—	—	1.448*** (2.78)	−0.290 (−0.28)	—	—	—	—
VACHN	0.207 (0.83)	0.054 (0.16)	0.127 (0.50)	0.017 (0.962)	0.017 (0.05)	0.142 (0.47)	0.143*** (2.63)	0.058 (0.83)	0.150*** (2.84)	0.010 (0.14)	0.176*** (3.38)	0.154** (2.39)
Paf·VACHN	—	0.374 (0.64)	—	—	—	—	—	0.320* (1.92)	—	—	—	—
PafS	—	—	5.581* (1.68)	2.828 (0.690)	2.828 (0.40)	—	—	—	2.231*** (2.84)	−2.554 (−1.44)	—	—
PafS·VACHN	—	—	—	0.438 (0.660)	0.438 (0.44)	—	—	—	—	0.938*** (3.08)	—	—
PafC	—	—	—	—	—	−6.434 (−0.73)	—	—	—	—	1.857* (1.90)	0.790 (0.38)
PafC·VACHN	—	—	—	—	—	1.117 (0.91)	—	—	—	—	—	0.186 (0.58)
N	866	866	866	866	866	866	18985	18985	18985	18985	18985	18985

注:***、**、*分别表示在1%、5%、10%水平上显著,括号内为T值。因篇幅所限省略其他解释变量。

表9-10 区分对外直接投资类别下，后向东道国GVC参与程度、生产共享与中国对外投资企业区位选择

对外直接投资分类	商贸服务型						技术寻求型					
	是否在该国进行对外直接投资：fdidum=1投资 fdidum=0未投资						是否在该国进行对外直接投资：fdidum=1投资 fdidum=0未投资					
被解释变量 列	(1)	(2)	(3)	(4)	(5)	(6)	(1)	(2)	(3)	(4)	(5)	(6)
Pab	0.837* (1.87)	-1.224 (-1.07)	—	—	—	—	-1.138 (-1.25)	-2.561 (-1.04)	—	—	—	—
FyCHN	0.035 (0.96)	-0.048 (-0.87)	0.047 (1.34)	0.037 (1.03)	0.055 (1.62)	0.012 (0.28)	0.252*** (3.39)	0.195 (1.65)	0.224*** (3.16)	0.222*** (3.08)	0.233*** (3.20)	0.252*** (3.12)
Pab·FyCHN	—	0.317** (1.97)	—	—	—	—	—	0.216 (0.62)	—	—	—	—
PabS	—	—	0.750 (1.34)	0.463 (1.25)	—	—	—	—	-0.124 (-0.20)	-0.133 (-0.25)	—	—
PabS·FyCHN	—	—	—	0.119 (1.37)	—	—	—	—	—	0.025 (0.18)	—	—
PabC	—	—	—	—	-0.010 (-0.06)	-0.730 (-0.99)	—	—	—	—	-0.524 (-0.70)	-0.130 (-0.20)
PabC·FyCHN	—	—	—	—	—	0.171 (1.45)	—	—	—	—	—	-0.081 (-0.66)
N	45411	45411	45411	45411	45411	45411	12702	12702	12702	12702	12702	12702

续表

对外直接投资分类	商贸服务型						技术寻求型					
	是否在该国进行对外直接投资: fdidum=1 投资 fdidum=0 未投资						是否在该国进行对外直接投资: fdidum=1 投资 fdidum=0 未投资					
被解释变量	(1)	(2)	(3)	(4)	(5)	(6)	(1)	(2)	(3)	(4)	(5)	(6)
Pab	−0.583 (−0.17)	−1.932 (−0.31)	—	—	—	—	−0.017 (−0.03)	−6.069*** (−3.74)	—	—	—	—
FyCHN	0.186 (0.86)	0.119 (0.36)	0.186 (0.86)	0.199 (0.83)	0.180 (0.85)	0.162 (0.62)	−0.032 (−0.63)	−0.269*** (−3.56)	−0.029 (−0.59)	−0.029 (−0.57)	−0.033 (−0.68)	−0.133** (−2.09)
Pab · FyCHN	—	0.279 (0.26)	—	—	—	—	—	0.962*** (4.15)	—	—	—	—
PabS	—	—	−0.329 (−0.21)	−0.395 (−0.17)	—	—	—	—	−0.173 (−0.39)	−0.173 (−0.39)	—	—
PabS · FyCHN	—	—	—	−0.084 (−0.12)	—	—	—	—	—	−0.001 (−0.01)	—	—
PabC	—	—	—	—	0.129 (0.05)	−0.197 (−0.04)	—	—	—	—	0.132 (0.31)	−2.650 (−1.63)
PabC · FyCHN	—	—	—	—	—	0.112 (0.12)	—	—	—	—	—	0.498** (2.19)
N	866	866	866	866	866	866	18985	18985	18985	18985	18985	18985

注：***、**、* 分别表示在1%、5%、10%水平上显著，括号内为T值。因篇幅所限省略其他解释变量。

表 9-11 东道国 GVC 参与对中国对外投资企业区位选择影响的基准结果（混合 Logit 估计）

被解释变量	是否在该国进行对外直接投资：fdidum = 1 投资 fdidum = 0 未投资								
列	(1)	(2)	(3)	(4)	(5)	(6)	(7)	(8)	(9)
Pu	0.257*** (3.14)	—	—	—	—	—	—	—	0.317*** (3.17)
Pd	—	-0.339*** (-3.11)	—	—	—	—	—	—	-0.516*** (-3.21)
Paf	—	—	0.703*** (2.57)	—	—	—	—	—	0.090 (0.28)
PafS	—	—	—	1.367*** (3.01)	—	—	—	—	—
PafC	—	—	—	—	0.838 (1.56)	—	—	—	—
Pab	—	—	—	—	—	-0.454 (-1.17)	—	—	0.646 (1.14)
PabS	—	—	—	—	—	—	0.127 (0.49)	—	—
PabC	—	—	—	—	—	—	—	-0.330 (-1.15)	—
N	78494	78494	78494	78494	78494	78494	78494	78494	78494

注：***、**、* 分别表示在 1%、5%、10% 水平上显著，括号内为 T 值。因篇幅所限省略其他解释变量。

表 9–12　东道国 GVC 位置、生产共享与中国对外投资企业区位选择（混合 Logit 估计）

被解释变量	是否在该国进行对外直接投资：fdidum=1 投资　fdidum=0 未投资								
列	(1)	(2)	(3)	(4)	(5)	(6)	(7)	(8)	(9)
Pu	0.181* (1.81)	0.154 (0.88)	0.466*** (4.27)	0.757*** (4.05)	—	—	—	—	0.760*** (3.27)
VACHN	0.150*** (4.58)	0.065 (0.99)	—	—	0.108*** (3.79)	0.282** (2.46)	—	—	0.065 (0.54)
Pu · VACHN	—	0.021 (0.77)	—	—	—	—	—	—	—
FyCHN	—	—	0.105*** (2.66)	0.203*** (2.62)	—	—	-0.005 (-0.13)	0.069 (0.52)	0.256*** (2.65)
Pu · FyCHN	—	—	—	-0.060** (-2.20)	—	—	—	—	-0.080*** (-2.86)
Pd	—	—	—	—	-0.054 (-0.49)	0.298 (0.93)	-0.518*** (-3.89)	-0.089 (-0.26)	-0.250 (-0.74)
Pd · VACHN	—	—	—	—	—	-0.066 (-1.47)	—	—	-0.011 (-0.24)
Pd · FyCHN	—	—	—	—	—	—	—	-0.027 (-0.55)	—
N	78494	78494	78494	78494	78494	78494	78494	78494	78494

注：***、**、* 分别表示在 1%、5%、10% 水平上显著，括号内为 T 值。因篇幅所限省略其他解释变量。

表 9-13　东道国前向 GVC 参与程度、生产共享与中国对外投资企业区位选择（混合 Logit 估计）

被解释变量	是否在该国进行对外直接投资：fdidum=1 投资　fdidum=0 未投资					
列	(1)	(2)	(3)	(4)	(5)	(6)
Paf	-0.096 (-0.32)	-1.660*** (-2.74)	—	—	—	—
VACHN	0.119*** (3.82)	0.051 (1.32)	0.122*** (3.91)	0.014 (0.35)	0.140*** (4.67)	0.090** (2.44)
Paf·VACHN	—	0.314*** (3.26)	—	—	—	—
PafS	—	—	0.217 (0.43)	-3.612*** (-3.44)	—	—
PafS·VACHN	—	—	—	0.760*** (4.35)	—	—
PafC	—	—	—	—	-0.461 (-0.80)	-2.508** (-2.00)
PafC·VACHN	—	—	—	—	—	0.389** (2.05)
N	78494	78494	78494	78494	78494	78494

注：***、**、*分别表示在1%、5%、10%水平上显著，括号内为T值。因篇幅所限省略其他解释变量。

表 9-14　东道国后向 GVC 参与程度、生产共享与中国对外投资企业区位选择（混合 Logit 估计）

被解释变量	是否在该国进行对外直接投资：fdidum=1 投资　fdidum=0 未投资					
列	(1)	(2)	(3)	(4)	(5)	(6)
Pab	-1.636*** (-4.06)	-2.617*** (-2.75)	—	—	—	—
FyCHN	-0.048 (-1.54)	-0.092* (-1.92)	0.020 (0.59)	-0.042 (-1.35)	-0.002 (-0.08)	-0.011 (-0.32)
Pab·FyCHN	—	0.312** (2.18)	—	—	—	—

续表

被解释变量	是否在该国进行对外直接投资：fdidum=1 投资　fdidum=0 未投资					
列	(1)	(2)	(3)	(4)	(5)	(6)
PabS	—	—	0.272 (0.85)	0.326* (1.71)	—	—
PabSFyCHN	—	—	—	0.088 (1.65)	—	—
PabC	—	—	—	—	-0.753** (-2.27)	-0.442 (-1.33)
PabCFyCHN	—	—	—	—	—	-0.067 (-1.01)
N	78494	78494	78494	78494	78494	78494

注：***、**、*分别表示在1%、5%、10%水平上显著，括号内为T值。因篇幅所限省略其他解释变量。

从以上混合 Logit 估计结果来看，综合考虑解释变量的方向、显著性水平，前文结果基本不变，具有稳健性。

第五节　结　　论

为讨论各国全球价值链参与情况对中国对外直接投资企业区位选择的影响，本章从东道国制造业行业层面的全球价值链地位和全球价值链参与程度切入，并进一步讨论东道国行业层面全球价值链活动中与中国的生产相联系的角色。本章的主要结论如下。

第一，东道国行业越处于上游越能促进中国企业对东道国进行直接投资。东道国行业处于上游，因其中间品更具竞争力，中国企业会表现出比较明显的基于技术寻求和生产销售动机的对外直接投资。

第二，东道国行业越处于下游，越不能促进中国企业对东道国进行直接投资。长期以来，中国作为"世界工厂"，长期占据全球价值链的低端环节，各国在下游环节相比中国更具优势的情况较少，从而导致了与中国下游度相近的国家不足以吸引中国企业的在该区位进行对外直接投资。

第三，东道国行业前向参与程度越高，越能吸引中国企业对其进行直接投资；后向参与程度则表现出不显著特征。东道国前向参与程度越高，表明其以中间品参与全球价值链能力越强，中国有寻求中间品动机的对外直接投资；中国仅在存在中间品竞争优势时，才会被东道国用于后向全球价值链活动中，因此规避中间品关税动机的中国企业对外直接投资的情况并不普遍存在。

第四，东道国与中国的前向、后向生产共享均能促进中国企业对其进行对外直接投资。后向生产共享与上游度、前向生产共享与下游度均表现为拮抗作用，而前向生产共享对前向参与程度有促进作用。

第四篇

中国主导"一带一路"生产网络构建的机制与路径选择

第十章 次区域经济合作促进"一带一路"生产网络的构建与发展

在当前全球生产碎片化的世界经济中,次区域经济合作是构建区域价值链的一种重要途径。自 2013 年"一带一路"倡议提出以来,"一带一路"区域内次区域经济合作蓬勃发展,为"一带一路"生产网络的形成奠定坚实基础。"一带一路"沿线各次区域价值链是"一带一路"生产网络的组成部分,中国要通过完善中国与各次区域的经济合作,实现中国与次区域价值链的高度融合。同时,在贸易摩擦和疫情冲击的外部不确定性的双重影响下,以次区域经济合作来推动区域价值链构建显得更为重要。基于此,本章首先对"一带一路"次区域经济合作现状进行梳理,探究中国与各次区域的经贸合作水平;其次,阐明区域经济合作协定对区域价值链构建的理论机制;再次,介绍区域经济合作背景下的区域价值链构建现状;最后,提出政策建议来完善区域经济合作,实现中国主导"一带一路"生产网络的构建。

第一节 "一带一路"沿线各次区域经济合作发展的现状

一、中国与"一带一路"沿线各次区域经济合作现状

改革开放以来,中国一直秉持多边主义精神,与世界各国开放合作、包容化发展。"一带一路"倡议提出以来,中国不断与沿线国家深化经贸合作,提升贸易自由化和投资便利化水平,持续推进更高水平对外开放,并积极构建以中国为主导的"一带一路"生产网络,越来越多的国家和国际组织加入共商共建共享朋友圈。随着"一带一路"沿线各次区域经济合作正在稳步前行,各次区域经济合作呈现不同特点和不同气象。

中国-东盟经贸关系呈现发展新格局。中国与东盟国家于 1996 年建立对话伙伴关系,2003 年升级为战略伙伴关系,携手共建"一带一路",贸易合作

整体呈现逐步深化的趋势（见表 10-1）。2020 年，中国东盟第一次互为第一大贸易伙伴。据海关总署统计数据，2021 年第一季度，全球经济形势低迷，东盟继续为中国第一大贸易伙伴，中国与东盟贸易总值为 1.24 万亿元，同比增长 26.1%。双边货物、服务贸易高速增长，产业链、价值链深度融合，成果遍布技术合作、经贸合作、环境保护等多个领域，塑造了世界经贸新格局，为深化双边经贸合作奠定坚实的现实基础。RCEP 协定框架于 2020 年 11 月签署，对于完善区域合作格局，深化中国-东盟经贸合作具有重要的意义。

表 10-1　　　　　　　　　　中国与东盟关系发展历程

时间	重要事件
1991 年 7 月	中国开始成为东盟的磋商伙伴
1996 年 7 月	中国成为东盟的全面对话伙伴国
1997 年 12 月	中国-东盟领导人会议发表联合宣言，确定了面向 21 世纪的睦邻互信伙伴关系
2002 年 11 月	双方签署《中国与东盟全面经济合作框架协议》，中国正式加入《东南亚友好合作条约》
2003 年 10 月	双方签署《面向和平与繁荣的战略伙伴关系联合宣言》
2004 年	双方签署《中国与东盟全面经济合作框架协议货物贸易协议》和《中国与东盟争端解决机制协议》
2005 年 7 月	中国-东盟自由贸易区《货物贸易协议》开始实施
2007 年 1 月	签署中国-东盟自由贸易区《服务贸易协议》
2009 年 8 月	签署中国-东盟自由贸易区《投资协议》
2010 年 1 月	中国-东盟自由贸易区全面建成
2013 年 10 月	中国国家主席习近平提出与东盟携手建设更加紧密的中国-东盟命运共同体。同月，李克强总理提出了中国-东盟未来十年的"2+7 合作框架"
2014 年 8 月	中国与东盟开始自贸区升级版谈判
2015 年 11 月	第十八次中国-东盟（10+1）领导人会议在马来西亚吉隆坡举行
2016 年 7 月	中国-东盟自贸区升级《议定书》率先对中国和越南生效
2019 年 10 月	升级《议定书》，对所有协定成员全面生效
2020 年 11 月	中国-东盟首次互为第一大贸易伙伴，共同推动签署 RCEP 协议
2021 年 10 月	第二十四次中国-东盟领导人会议成功举行

注：《议定书》全称为《中国-东盟全面经济合作框架协议及项下部分协议的议定书》。
资料来源：作者根据新华网、中国东盟自由贸易区商务门户网站以及相关文献搜集整理。

东北亚区域经济合作发展势头迅猛。东北亚区域内国家之间大多达成了双边战略伙伴关系,如俄中、俄日、俄韩、俄朝、俄蒙分别建立了战略协作伙伴关系、建设性伙伴关系、全面伙伴关系、有前途的伙伴关系以及友好互助伙伴关系(林治华,2007),并在多国之间形成了多条经济走廊,如"中蒙俄经济走廊"。截至2020年年底,中国已经连续10年成为蒙古国和俄罗斯最大的贸易伙伴(安锦等,2021)。从长远看,随着东北亚地区在世界经济中的地位不断提升,次区域经济合作日趋多元化,东北亚区域经济合作将再上新台阶。

大湄公河次区域(简称 GMS)经济合作升级。自1992年由亚洲开发银行牵头,由澜沧江-湄公河沿岸六个国家,即中国、缅甸、老挝、泰国、柬埔寨、越南共同参与,建立大湄公河次区域经济合作组织,多次召开部长级会议和领导人会议,在水电、旅游、贸易等多个领域达成了多个共识并形成了合作文件。从合作项目和投资额度看,大湄公河次区域经济合作在交通、能源、电信、环境、农业、人力资源开发、旅游、贸易便利化与投资九大领域开展合作项目。在全球经济、国家关系迅速变化的新发展阶段,澜沧江-湄公河沿岸国家对该合作机制也有了新的期许。因此,在中国积极实施"一带一路"倡议的背景下,推进 GMS 合作升级版建设具有示范和借鉴意义(卢广盛和金珍,2015)。

中东欧国家合作(亦称"16+1合作")迎来新面貌。中东欧国家地处"一带一路"沿线重要区域,在沿途65个国家中,中东欧国家占将近四分之一。在"一带一路"倡议的引导下,中国与中东欧国家的关系迅速升温:2013年开始双方相继提出了推动中东欧合作的多个纲要(见表10-2);2019年,中国同中东欧国家(含希腊)贸易额达到954.52亿美元,同比增长6.91%;与16个中东欧国家(不含希腊)贸易额为869.9亿美元,较2012年增长67.1%。随着我国一带一路项目的开展,我国与中东欧国家的合作不断升级(臧术美,2020)。

表10-2　　　　　　　　　　中东欧国家达成的文件

时间	文件
2013年11月	第二次中国-中东欧国家领导人会晤,发表《中国-中东欧国家合作布加勒斯特纲要》
2014年12月	第三次中国-中东欧国家领导人会晤,发表《中国-中东欧国家合作贝尔格莱德纲要》

续表

时间	文件
2015年11月	第四次中国－中东欧国家领导人会晤，发表《中国－中东欧国家合作苏州纲要》和《中国－中东欧国家合作中期规划》
2016年11月	第五次中国－中东欧国家领导人会晤，发表《中国－中东欧国家合作里加纲要》以及关于开展亚得里亚海－波罗的海－黑海三海港区基础设施、装备合作的《里加声明》
2017年11月	第六次中国－中东欧国家领导人会晤，发表《中国－中东欧国家合作布达佩斯纲要》
2018年7月	第七次中国－中东欧国家领导人会晤，发表《中国－中东欧国家合作索菲亚纲要》
2019年4月	第八次中国－中东欧国家领导人会晤，发表《中国－中东欧国家合作杜布罗夫尼克纲要》
2021年2月	召开中国－中东欧国家领导人峰会，共同制定《2021中国－中东欧国家合作北京活动计划》

资料来源：作者根据新华网、中华人民共和国商务部公开信息搜集整理。

中非经济合作进入新阶段。截至2019年12月，共建"一带一路"朋友圈中30%以上是非洲国家，为中非发展战略的精准对接奠定了基础（赵晨光，2020）。习近平同志在2018年召开的中非合作论坛北京峰会开幕式讲话中提出，中非要携手打造合作共赢的中非命运共同体。中非合作表现出强大的韧性。在联合国层面，共建"一带一路"倡议与共商共建共享原则已写入联合国成果文件；在非洲区域层面，非洲国家及非盟先后出台《加速非洲工业化发展行动计划》《非洲基础设施发展规划宣言》《2063年愿景》等重要发展战略，希望通过工业化、经济融合和一体化将21世纪打造为非洲发展的世纪；推进"一带一路"建设工作5周年座谈会的召开，标志着中非共建"一带一路"已进入新阶段。

"一带一路"沿线各次区域经济经贸往来频繁，充满生机活力，区域内经济合作的深化也在一定程度上强化了整个区域的风险抵抗能力，帮助区域内国家应对逆全球化趋势以及变化多端的国际情况。当前，中国与多个次区域经济合作组织内国家签订经贸合作协议，较为深入地参与了次区域的经济合作，有望成为"一带一路"沿线各次区域经济经贸往来的桥梁。

二、当前区域经济合作的新特征

WTO 报告显示,截至 2014 年 1 月 31 日,向 WTO 通报的区域贸易协定(RTA)已经由 20 世纪 90 年代的 50 个增加到 583 个,已生效的有 377 个。这表明全球经贸联系越来越紧密,"一带一路"沿线的次区域经济合作组织数量也呈现上升趋势,并且都呈现出了新的特点与动向。

一是各个区域经济合作组织成员国之间出现重复交叠现象。即一个国家可能同时参与了多个区域经济合作组织,各个区域经济合作组织之间可能是存在壁垒的,那么对于同时加入几个区域经济合作组织的单个国家来说,可能就会出现贸易政策以及合作措施之间的矛盾。此外,每一个国家都试图在区域经济合作组织中担任核心角色,但无法做到在多个区域经济合作组织中同时担任核心,这会使得全球区域合作体系呈现复杂化和低效率化。

二是构建超大区域经济合作组织成为热点。近年来,随着次区域经济合作组织的发展以及国家间经贸往来的日益频繁,再一次出现了构建超大区域经济合作组织的热潮,并且在美国等发达国家的主导和推动下,出现了跨太平洋伙伴关系协定(TPP)和跨大西洋贸易与投资伙伴协议(TTIP),包含的国家多、所涉及的范围非常广。此外,由东盟发起,历时八年,由包括中国、日本、韩国、澳大利亚、新西兰和东盟十国共 15 方成员制定的区域全面经济伙伴关系协定(RCEP)在 2020 年 11 月也顺利签署,标志着当前世界上人口最多、经贸规模最大、最具发展潜力的自由贸易区正式启航(陈志恒等,2014)。

第二节 中国深度参与次区域经济合作与区域价值链的重构

一、中国深度参与次区域生产网络推动区域价值链重构

全球价值链重构是在解构原有价值链的基础上,通过整合区域价值链上的经贸规则,深化区域一体化程度,促进市场和资源重新配置,从而对原有价值链进行重新布局。从理论层面分析,区域经济合作组织的迅速发展可以从两个方面影响区域价值链的重构:一是区域经济合作组织的成员国可以通过减免关税、消除非关税壁垒等贸易规则,从而促进区域价值链的重构;二是之前已经融入了一个区域价值链的国家也可以通过签订贸易保护协定与另一个区域价值

链中的国家进行中间品或者服务贸易，这也促进了区域价值链之间的沟通和交流。这也给被价值链低端锁定的国家向高价值链攀升和升级的机会，从而达到重构价值链的目的。

以 TPP、TTIP 和 RCEP 为代表的大型贸易协定正在试图以规则创新重构全球价值链。本章以 RCEP 文本中的原产地规则和服务贸易两个典型规则为例，探究 RCEP 开启的新规则将如何重构全球价值链。

（一）原产地规则

原产地规则将首先破坏亚太地区既有价值链。是否满足原产地规则，对自由贸易协定项下交易的商品所征收的关税会产生显著差异，也会对企业跨境供应链安排以及经济利益产生巨大影响。原产地规则已成为自由贸易协定谈判领域的一个焦点问题。作为世界范围内较高水平自由贸易协定之一，RCEP 所涉原产地规则拥有多样化、标准化的特点，并兼具先进性、灵活性和创新性。从根本上而言，RCEP 对于企业最重要的经济价值就在于累积规则。因为除中国和日本外，中国与 RCEP 其他缔约方之间均已存在自由贸易协定，而 RCEP 项下的关税优惠待遇相比现存自由贸易协定并未显著升级，且中国和日本之间降税幅度也相对有限。但正是有了 15 个国家这样大范围的区域成分累积，使得跨境流通的商品更加容易获得协定项下原产资格，使 RCEP 更加具有促进各缔约方经济互动的战略意义，从而可以达到重构区域价值链的效果。

（二）服务贸易

服务贸易方面，RCEP 也将在不同部门领域不同程度地超越世界贸易组织标准，采用包括市场准入、国民待遇以及最惠国待遇等规则对不同领域进行开放。RCEP 成员方还承诺提高国内政策透明度和政策可预测性，为其他成员方企业降低因政策变化带来的损失，改善整个区域内的营商环境。

一是促进各国服务部门疫后复苏，推动本地区经济的增长。RCEP 在服务贸易方面做了比较大的开放承诺，涉及 100 多个部门，包括金融、电信、交通、旅游、研发等，而且 RCEP 的成员们还承诺，现在 RCEP 的开放是以正面清单方式进行的，要在协议生效之后 6 年内把正面清单转换为负面清单。这就意味着，服务贸易的开放还会得到更稳定的预期，无疑将会促进 RCEP 成员在疫后交通、旅游、教育等服务业的发展，有助于促进本区域内人员的交往，推动本地区的经济增长。

二是货物贸易和服务贸易融合发展的趋势进一步加深。RCEP 成员国之间在协定生效之后，货物贸易会得到显著增长，带动与货物贸易相关的服务贸易增长，比如服务于货物贸易的仓储、运输、金融结算、保险、融资等，这些贸易链相关的服务业需求会进一步增长。RCEP在这些方面开放，使服务贸易增长，服务贸易也将带动货物贸易进一步增长，货物贸易和服务贸易相互融合相互促进。货物贸易本身包括很多服务贸易元素，比如进口的芯片价值中，包含设计、研发、封装等服务。

正是在区域经济合作组织发展迅速并且呈现新变化和新动向的机遇转折期，区域价值链也在缓慢重构，2000年全球贸易、生产及消费都呈现出以美国为核心的亚太区块和以德国为核心的欧洲区块的"双极结构"。2017年以来，以美国为核心的亚太区块分裂成以美国为核心的北美区块和以中国为核心的亚洲区块（鞠建东等，2020）。当前全球价值链网络已呈现出"北美－欧洲－亚洲"的三足鼎立区块格局，美国、德国及中国作为其中的核心节点存在，区域经济合作新动向无疑推动了区域价值链的重构，并形成了新的核心节点——中国。

中国作为全球供应链的枢纽和制造业大国，在中国经济辐射范围之内的经贸合作中扮演重要角色。当前区域经济合作协定的制定越来越考虑到增加值初始来源地的影响，即原产地规则，同时大幅增加服务行业贸易规则。中国的主要角色扮演和区域协定的新动向将推动各次区域生产网络的重构，各次区域生产网络的重构将成为中国深度参与区域价值链的机遇。

二、中国深入参与各次区域经济合作面临的挑战

英国历史学家彼得·弗兰科潘在《丝绸之路：一部全新的世界史》中说：丝绸之路曾经塑造了过去的世界，甚至塑造了当今的世界，也将塑造未来的世界。作为和平、繁荣、开放、绿色、创新、文明、廉洁之路，"一带一路"沿线各次区域经济合作组织的形成有助于参与方实现共赢。然而，这一过程中仍存在一些亟待解决的问题。

一方面，中国与各次区域的经济合作面临着地理距离、经济发展水平、意识形态的挑战。从地理来看，"一带一路"是全球性的合作倡议，成员国遍及各大洲，多数国家与中国地理距离遥远；从参与国家的经济发展水平来看，既包含中东欧的高收入国家，也有亚洲的广大发展中国家，也包括了非洲的不发达国家，区域内国家容易出现贸易往来不平衡的情况，从而引发矛盾和冲突，成为影响区域内和平发展的不确定性因素。

另一方面是来自经济合作制度层面的挑战。(1)次区域经济合作组织的制度框架尚需健全和完善。随着时代的变迁,以前的合作条款可能不再适宜当今时代的发展,因此需要不断修正和改进,根据当前现实情况制定符合区域内各国利益的适用性条款和制度;此外,随着行业的更新和演变,次区域经济合作组织的制度框架可能尚未涉及某些领域和方面,也需要不断更新和改善。(2)次区域经济组织的经济合作层次和水平较低。各次区域经济组织已有的合作领域大多在经济、旅游、水电等行业,未能很好地进行高新技术产业的交流和发展,对于发展先进制造业、高新技术产业来说,促进作用不明显;此外,合作的范围不够广,大多只涉及国家间接壤省份和城市的贸易往来,对于广袤的内陆地区经济发展的带动作用不明显。

第三节 区域价值链重构促进"一带一路"生产网络的构建与发展

一、区域价值链重构与"一带一路"生产网络的关系

中美贸易摩擦等外部环境的不确定性导致全球价值链向区域化和多元化的方向重构,而长期面临价值链低端锁定的困境倒逼我国构建以我为主的区域价值链来突破发展瓶颈。21世纪世界经济格局发生了巨大的变化,不再是美国、日本等发达国家独掌全局,以中国为首的广大发展中国家和新兴经济体开始崛起。发达国家在生产中将自己不具备比较优势的环节外包出去降低成本压力,而我国通过改革开放措施将"引进来"和"走出去"相结合,凭借自身的劳动力成本优势、资源禀赋优势以及较完善的社会基础设施等条件顺利与发达国家的外包需求相对接,以此嵌入全球价值链,成为"世界工厂"和制造业大国。但是在这种价值链分工模式下,我国处于不利地位。首先,虽然全球范围内充分实现了资源配置,但是显而易见的是发达国家积聚于附加值高的环节,而我国进口中间产品进行加工组装再出口只能获得低附加值,对设计、研发的环节涉及不深,这只会不断加大我国与发达国家之间的差距,而且一旦发达国家对我国实施技术封锁或者建立技术壁垒,无疑会对我国经济造成重大的打击。其次,美国已经通过关税和技术封锁等手段挤压中国的国际市场,试图破坏我国的自由贸易,施加外部压力。再次,由于劳动力成本的上升和其他生产成本更低的国家的出现造成的替代竞争压力,我国的自身优势可能不复存在。最后,"逆全球化"打破了经济治理的平衡,加上新冠肺炎疫情的蔓延阻碍了

物流运输、人员流动和国际交流，想要实现不同地域的协同生产的难度陡增，产业空间布局不再是全球范围内的，而是逐渐收缩至区域内。这些现实情况的存在都要求我国不能再继续被动卷入由发达国家主导的全球价值链中，而是要突破低端锁定的困境，构建由我国主导的包容性的区域价值链来实现经济的高质量发展和向价值链的中高位置攀升。

中国深度参与的区域价值链重构与中国主导的"一带一路"生产网络的发展之间是相互影响、相辅相成的：后者是前者的目标，前者是后者的实施路径。区域价值链是一种区域生产分工体系，它介于国内价值链和全球价值链之间（曾楚宏和王钊，2020），能促进"一带一路"国际合作与交流的程度和质量，有利于推进"一带一路"合作的发展和生产网络的形成。

我国推动"一带一路"生产网络建设有利于区域价值链重构。区域价值链可以产生一个协同效应，把不同国家和地区纳入进来进行产能合作，共同实现合作共赢，重塑与创新国际经济和贸易新秩序。目前"一带一路"沿线国家主要包括东亚的蒙古国、东盟12国，西亚18国、南亚8国、中亚5国、独联体7国以及中东欧16国，并且"一带一路"范围内覆盖了许多的区域价值链，它们对"一带一路"建设具有重要的作用，能达成区域互联互通、分工合作以及人才文化交流的多重效应，用实际经验推进"一带一路"高质量建设。比如中国-东盟区域价值链、东北亚区域价值链、RCEP区域价值链等。局部地区形成的区域价值链能很好地发挥当地优势，由部分带动整体的发展，最终促进"一带一路"生产网络的构建。

"一带一路"沿线地区是区域价值链重构的重要载体，其倡议会为区域价值链的构建创造新的动力。"一带一路"是指"丝绸之路经济带"和"21世纪海上丝绸之路"，它依靠的是中国和沿线国家与地区之间的多边机制和区域合作平台，"一带一路"生产网络的建设不会与现有的合作机制产生交叠或冲突，反而会为区域价值链带来新的发展契机。"一带一路"区域内人口比重超过世界的60%，经济总量达到全球的1/3，覆盖范围横跨亚欧非大陆，而且区域腹地中的国家具有巨大的经济协同发展潜力（张卫华等，2021）。自"一带一路"倡议提出以来，截至2021年6月，中国已与140个国家和32个国际组织签署206份"一带一路"合作文件，① 这使企业边界与产业边界不再受国家边界的地理限制，企业会在"一带一路"的空间区域内进行前期调研和勘察，

---

① 数据来源于商务部国际贸易经济合作研究院发布的《中国"一带一路"贸易投资发展报告2021》。

进而选择最适宜企业发展的地点，不同类型的企业在此区域内产生集聚，逐步形成"一带一路"区域价值链网络，促进区域价值链的重构。

二、"一带一路"次区域经济合作下的区域价值链构建

现在学术界对区域价值链的定义为以产业升级和中高端化发展为目标，联合周边产业互补性强的新兴国家或地区，为实现商品或服务价值而连接生产、销售、回收处理等过程的区域性跨企业网络组织。在区域价值链重构的过程中，我国既有合作发展较好的区域，也存在生产联系不太密切的地区。在中间品贸易上已经基本形成的三个区域价值链即亚洲价值链、欧洲价值链和北美洲价值链中，中国和日本、德国、美国分别在亚洲、欧洲、北美洲占据着主导地位。在亚洲价值链上，发展势头较好的是中国－东盟区域价值链、东北亚区域价值链、RCEP区域价值链等。但是，对于南亚、中亚或其他区域的联系有待进一步加强，尤其是独联体和中东欧国家，即使与我国的出口产品的贸易互补性较高，但是地理位置劣势明显导致了较为松散和难以持续的贸易关系，在我国出口贸易中所占比重较小。

中国与东盟经贸合作基础较好，在中国－东盟区域价值链构建中占主导地位。在中国－东盟价值链上，中国连续多年成为东盟第一大贸易伙伴，中国－东盟自贸区是"一带一路"沿线国家中现有的最大的自贸区，对高质量共建"一带一路"的作用显著，中国深入参与到中国－东盟合作之中，能够在其中占据主导地位。东盟十国的经济发展带动了东亚产业价值链体系的巩固，中国凭借地缘优势与东盟国家达成制造业合作的共识，也签署了一系列协定，形成了中国与东盟经贸关系发展新格局，具体表现在双边贸易金额持续增长、双边贸易种类不断扩大、双边经济文化合作日益密切等方面。2015~2019年中国－东盟双边货物贸易总额由4721.61亿美元增至6414.66亿美元，5年增长35.8个百分点（李鸿阶和张元钊，2021）；中国与东盟的贸易种类不再局限于劳动密集型产品，开始向资本、技术密集型产品倾斜；中国－东盟的工程承包合同额大幅提升，劳务合作人数也在不断发展；中国与东盟各国在教育合作方面签署了互认学历学位协议，互相学习各国官方语言。总之，中国在中国－东盟区域价值链条上具有体量优势和潜力。

东北亚区域在生产端和消费端互补性强，有望在东北亚区域价值链构建中发挥重要作用。东北亚区域包括中国、日本、俄罗斯、韩国、朝鲜、俄罗斯。在东北亚区域价值链上，区域内各国生产端比较优势明显，经济基础进一步扩

大，消费和投资发展空间巨大，贸易互补性较强，而且具有经贸环境不断完善与区域稳定的有利外部条件，中国能够深入参与到东北亚区域价值链中，并发挥积极作用。2019年东北亚区域GDP占世界总GDP的25.5%，东北亚区域内各国与中国进口以及出口的双边贸易份额在区域内都是最高的，这说明中国已经逐渐成为区域内重要的产品制造基地和商品消费市场（欧定余等，2020）。而且中国与东北亚区域内各国广泛签订经贸协定，比如2018年《中俄在俄罗斯远东地区合作发展规划（2018－2024年）》和《中华人民共和国与欧亚经济联盟经贸合作协定》的正式签署。中国也与日本、韩国达成区域产业合作，进行生产分工，主要集中在机械制造、汽车制造、光电设备制造等高端制造业领域。这些均表明东北亚区域价值链正在变得愈发紧密，各国之间合作意愿强烈，前景尚好。

在RCEP区域价值链上，逐渐形成了以中国为中心的制造业生产和市场体系，打破了原本的"日－美中心体系"。RCEP15个成员国包括东盟10国（印度尼西亚、马来西亚、菲律宾、泰国、新加坡、文莱、柬埔寨、老挝、缅甸、越南）和中国、日本、韩国、澳大利亚、新西兰。随着时间的推移，RCEP经济体的生产网络发生了显著变化，各经济体的中间产品从集中流向美国和日本转变为集中流向中国；RCEP市场网络发展也有一定的演变，比如从韩国制造业最终产品的流向看，我国在其中的份额从2000年的8.43%上升至2017年的27.96%，并在2017年成为吸收韩国制造业最终产品最大的市场，相比之下美国和日本所占份额与我国差距明显（张彦，2020）。中国在RCEP区域价值链中不断提升自身的制度性话语权，促进经济合作发展深化，应对外部环境的不确定性，但也存在重构困境，主要表现在我国与其他国家的产业竞争、RCEP经济体依赖关系的不对称发展、美国的外部干扰等，我国要发展"有边界的开放性区域价值链"模式来推动RCEP区域价值链的发展，并加强技术创新，创造技术比较优势，加强高端制造业领域的投融资合作，利用国内大市场优势，同时关注集体利益进行共商共建共享。

从以上分析可以看到，对于与中国双边贸易协定层次高、经贸合作紧密的区域，中国在其区域价值链构建中都能占据主导地位或重要地位。这意味着加强中国各次区域双边贸易协定，深化中国与区域内国家经贸合作水平是推动中国主导区域价值链重构的有效途径。在当前，尽管中国与"一带一路"沿线各次区域的双边协定签署较多、经贸合作发展势头旺盛，但是中国在主导次区域价值链的构建上仍有很多不足。

三、中国主导次区域价值链重构面临的问题

中国企业"走出去"的应用经验不足,且严重受制于发达经济体。改革开放伊始我国主要实施以吸引外资为主的"引进来"战略,结果中国在获得经济增长的同时被牢牢地锁定在价值链的低端环节,后来我国开始注重"走出去",鼓励中国企业进行海外投资与并购。自"一带一路"倡议实施以来,我国的"走出去"战略得到了充分体现,直接表现在中国迅速增加的对外直接投资额,但是也存在投资领域缺乏多元性、过于单一的局限性,对能源资源投资开发和基础设施建设领域投入过多且资金集中,对打造自身主导的全球价值链、产业链等方面的投资经验相对匮乏。而且在中国追加海外投资的过程中,占据全球价值链高端地位的外国跨国公司感受到了威胁,它们针对我国较薄弱的技术水平劣势采取知识产权专利维护等方式构建技术、市场壁垒,阻碍了我国企业的海外投资,不利于我国在"一带一路"区域价值链中发挥应有的主导作用。

"一带一路"沿线国家地缘政治环境相当复杂且难以调和,增加了我国在"一带一路"区域价值链中的风险。"一带一路"沿线覆盖了很多发展中国家,他们政治环境不稳定,给我国主导"一带一路"区域价值链施加了外部环境的压力,不利于中国企业发挥"走出去"战略的积极作用。

中国的国内价值链和全球价值链参与存在有效耦合性不足的问题,影响"一带一路"区域价值链的发展。区域价值链本应该很好地承接国内价值链和全球价值链,通过国内价值链的有效运转,转化为区域价值链主导作用的强劲动力,进而提升我国在全球价值链的地位与位置,但是现实情形远不及理想状态(陈健和龚晓莺,2018)。对于国内价值链来说,我国市场的多元化程度不高,经济增速放缓,城乡收入差距依旧严峻,而且东西部地区比较优势的发挥却没有达到先富带后富的发展初衷,反而使得地区收入不平等态势加剧;对于全球价值链参与来说,我国长期处于低端锁定的困境,经济增长受到发达经济体的压制,中国企业在区域价值链的生产投资过程中遇到国内外双重压力,中国企业在国内价值链中的优势难以产生和转移到区域价值链,更难以传输到全球价值链之中。

第四节 结论与建议

"一带一路"沿线各次区域经济合作势头正盛,达成的区域经济合作会推

动区域价值链重构，而区域价值链重构与"一带一路"生产网络之间也存在密切的相互联系，面临着不少机遇与棘手的挑战。接下来本章将从不同的角度针对以上面临的困境提出相应的建议来促进"一带一路"区域价值链的顺利构建。

一、在"一带一路"区生产网络建设中发挥主导作用

通过"一带一路"建设构建"本地区－外延拓展空间"区域价值网，构建以我为主、开放包容的区域价值链是解决我国过度依赖全球价值链的行之有效办法。我国可以利用"一带一路"搭建的大型平台，作为连接发达国家和发展中国家的桥梁，开启对于沿线国家的"双重借势"。一方面通过与发达国家的合作，学习对方先进的科学技术和管理经验，提升我国在全球价值链的地位。另一方面通过与周边发展中国家的合作进行产业互补，帮助实力弱小的国家获取经济利益，实现合作共赢。

二、加强与"一带一路"沿线国家的贸易往来，促进贸易投资合作的进一步深化

"一带一路"沿线国家数量众多，且存在分块的区域价值链，中国虽在部分区域价值链中起着主导作用或者进行了深入参与，但也存在区域价值链重构态势不明朗的地区，而且在区域价值链发展过程中也不可避免地面临重构困境。所以我国要不断扩展贸易空间，挖掘贸易潜力，寻求更多的合作伙伴。对于东亚各国，要保持密切联系并不断完善贸易与投资协定，健全合作体系与机制；对于中亚、南亚各国，要努力创造和平安全的外部环境，积极推动经贸合作纵深发展；对于相距甚远的独联体和中东欧国家，要加强贸易合作，充分利用国内外的两个市场、两种资源，推动出口市场多元化，合理配置资源，巩固贸易关系。

三、秉承互利共赢理念，加强沟通与交流，促进经贸合作的顺利进行

中国经济的迅速崛起加剧了与发达经济体在经济、政治、贸易等领域的竞争和摩擦，另外中国同"一带一路"沿线国家与地区在意识形态上也存在较

大的差异，叠加沿线国家地缘政治复杂的特性，如果不考虑双方的现实情况和需求，就会给构建以中国为枢纽的区域价值链增加难度。因此，中国应当在"一带一路"的倡议下，同发达经济体与发展中经济体在合作中积极加强交流与协商，在达成共识的前提下共同探索与建立新形势下的合作与发展机制，避免强加自己的意志给别国，把握利益共同体、命运共同体的基本理念，促进双方共同发展。

四、在对接区域价值链中发挥中国产业优势

一直以来，我国国内价值链和全球价值链参与有效耦合性不足，制约了区域价值链发挥有效作用，因此我国要做大做强国内市场，发挥城市产业群的支撑作用，鼓励具有科研实力的高科技企业积极融入区域价值链，主导价值链上研发设计品牌服务等高附加值环节。此外，输出我国的知识技术还需要发挥沿海地区的带动作用，以自贸区建设为契机，积极发展高端制造业和现代服务业，打造依托全球价值链发展的品牌和产品，以此扩展"一带一路"的市场空间，使中国企业有能力"走出去"，实现国内价值链、区域价值链和全球价值链的有效对接。

第十一章 中国主导"一带一路"生产网络构建的机制与路径研究

20世纪90年代以来,跨越国界的垂直贸易和生产过程碎片化是世界经济的显著特征。"一带一路"倡议以"共商、共建、共享"为指导原则,其实质是一项中国与沿线国家相互合作、互利共赢的发展计划。在"一带一路"倡议的指导下,探索中国主导"一带一路"生产网络的路径机制,将对中国国际分工地位的提升产生积极影响,同时也将加深"一带一路"沿线国家或地区的联系。基于此,本章首先通过考察中国与"一带一路"沿线国家或地区生产联系现状,初步探究"一带一路"生产网络当前的发展情况;其次简要介绍全球价值链理论和全球生产网络理论在指导中国主导"一带一路"生产网络构建的作用;再次提出将中国企业对沿线国家直接投资作为生产网络形成路径的可行性;最后从宏观和微观层面提出政策建议。

第一节 中国与"一带一路"生产网络联系现状

中国与"一带一路"国家的生产合作现状是中国构建"一带一路"生产网络的重要现实基础,也是评估中国能否主导或者如何主导"一带一路"生产网络构建的重要判断依据。为了对这一现状有比较清晰的展示,本节将结合现有研究,从中国在"一带一路"全球价值链中的角色、中国与沿线国家的生产网络、中国对外直接投资去向等三个方面进行探究。

一、中国与"一带一路"国家的生产共享

在与中国签订"一带一路"合作协议的国家中,东欧国家具有发展程度较高、地理距离较远的特点,在传统意义上属于欧洲生产网络,探究中国与

"一带一路"沿线东欧国家的生产联系有助于抓住中国主导"一带一路"生产网络构建的关键点。欧定余和田野（2020）的研究表明中国在东欧国家全球价值链中的影响力持续增强，但与发达国家相比，影响程度仍较小。该文测度了前后向视角下各国全球价值链活动中的中国增加值份额，该指标在文中被定义为与中国相关的增加值份额。

从后向来看（见图11-1），"一带一路"沿线国家的平均GVC参与程度缓慢增长，其平均后向参与程度不高，2000年为0.1337，2014年为0.1439，增长幅度仅为7.6%；"一带一路"沿线国家与中国相关的后向GVC参与程度增长速度较快，从2000年的0.0027增长到2014年的0.0133，增幅为392.6%。将2014年"一带一路"国家与中国相关的参与程度除以平均参与程度，得数仅为0.099，表明"一带一路"国家对中国要素的直接和间接需求并不大。这也说明中国在"一带一路"沿线国家中的影响实现了迅速增长，但是总体而言影响力还较小。

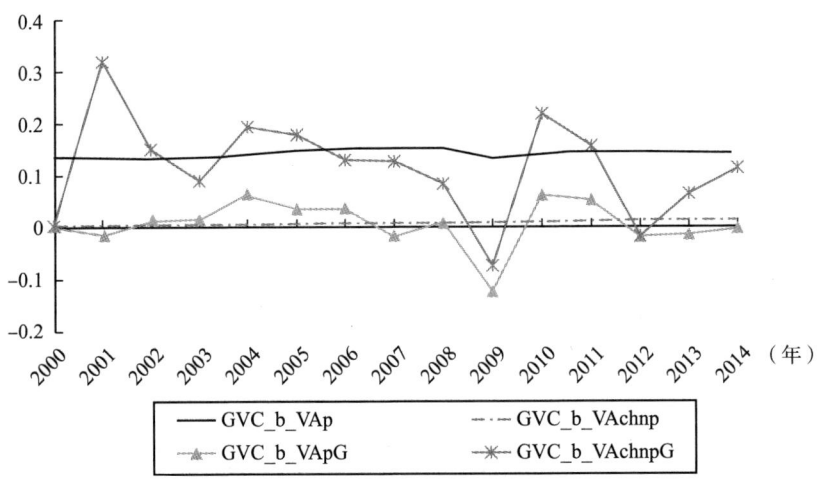

图11-1 "一带一路"国家后向GVC参与程度及其增长率

注：GVC_b_VAp为"一带一路"国家平均后向GVC参与程度，GVC_b_VApG为"一带一路"国家平均后向GVC参与程度增长率，GVC_b_VAchnp为"一带一路"国家与中国相关的平均后向GVC参与程度，GVC_b_VAchnpG为"一带一路"国家与中国相关的平均后向GVC参与程度增长率。

资料来源：欧定余和田野2020年发表的文章《"一带一路"国家全球价值链中的中国角色——基于国家间投入产出表的分析》图1。

从前向来看（见图11-2），"一带一路"国家的平均前向GVC参与程度增长缓慢，从2000年的0.1488增长到2014年的0.1649，增幅仅为10.8%；"一带一路"沿线国家与中国相关的前向GVC参与程度增长速度较快，从

2000年的0.0057增长到2014年的0.0136，增幅达138.6%。将2014年"一带一路"国家与中国相关的参与程度除以平均参与程度，得数仅为0.082，表明"一带一路"国家直接和间接去往外国的要素中以中国为目的地的比重还比较低。

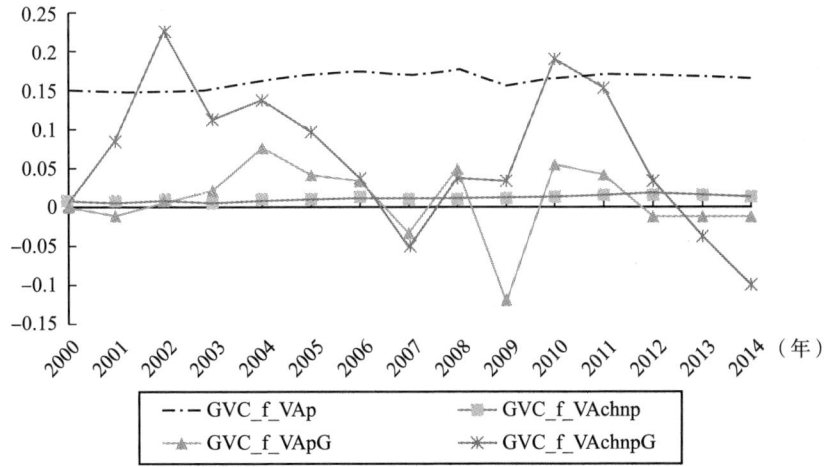

图11-2 "一带一路"国家前向GVC参与程度及其增长率

注：GVC_f_VAp为"一带一路"国家平均前向GVC参与程度，GVC_f_VApG为"一带一路"国家平均前向GVC参与程度增长率，GVC_f_VAchnp为"一带一路"国家与中国相关的平均前向GVC参与程度，GVC_f_VAchnpG为"一带一路"国家与中国相关的平均前向GVC参与程度增长率。

资料来源：欧定余和田野2020年发表的文章《"一带一路"国家全球价值链中的中国角色——基于国家间投入产出表的分析》图2。

二、中国与"一带一路"国家的中间品贸易联系

从生产投入的角度来看，中间品是除初始要素（劳动、资本、土地）外的重要投入，通过对某一区域内国家间中间品贸易流的网络分析，可以观察到各国在该生产网络中的地位。郑智等（2020）通过分析中间品贸易流建立生产网络，认为1995—2015年间，"一带一路"沿线国家生产网络结构发生巨大变化，重心转移和一体化趋势并存。

从图11-3的中间品贸易流来看，"一带一路"国家的生产重心逐步从东南亚转移到中国和俄罗斯，并且各国之间的中间品贸易联系在加强。1995年和2001年，在"一带一路"生产网络中占据首位的是东南亚的新加坡，中国、马来西亚等占据次等地位，并且此时"一带一路"生产网络具备明显的分割特点，东南亚、南亚、东欧-中亚各自形成子群，子群内部各国之间中间

品贸易联系紧密，东南亚子群和南亚子群之间联系紧密，而东欧－中亚子群与东南亚、南亚子群联系微弱。这一现象的出现与全球化发展的历程相关，也与地理临近对双边贸易的决定有关。在这两个阶段，亚洲四小龙迅速成长，东南亚成为全球重要的生产基地，东南亚子群内各国贸易往来迅速增长，南亚与东南亚地理临近，跨境生产的交流成本更低，因此南亚和东南亚生产联系紧密。而东欧－中亚网络一方面属于德国等欧洲发达国家主导的欧洲生产网络，其主要在欧洲发达国家附近从事生产活动；另一方面，与东南亚和南亚地理距离遥远，不利于形成生产联系。

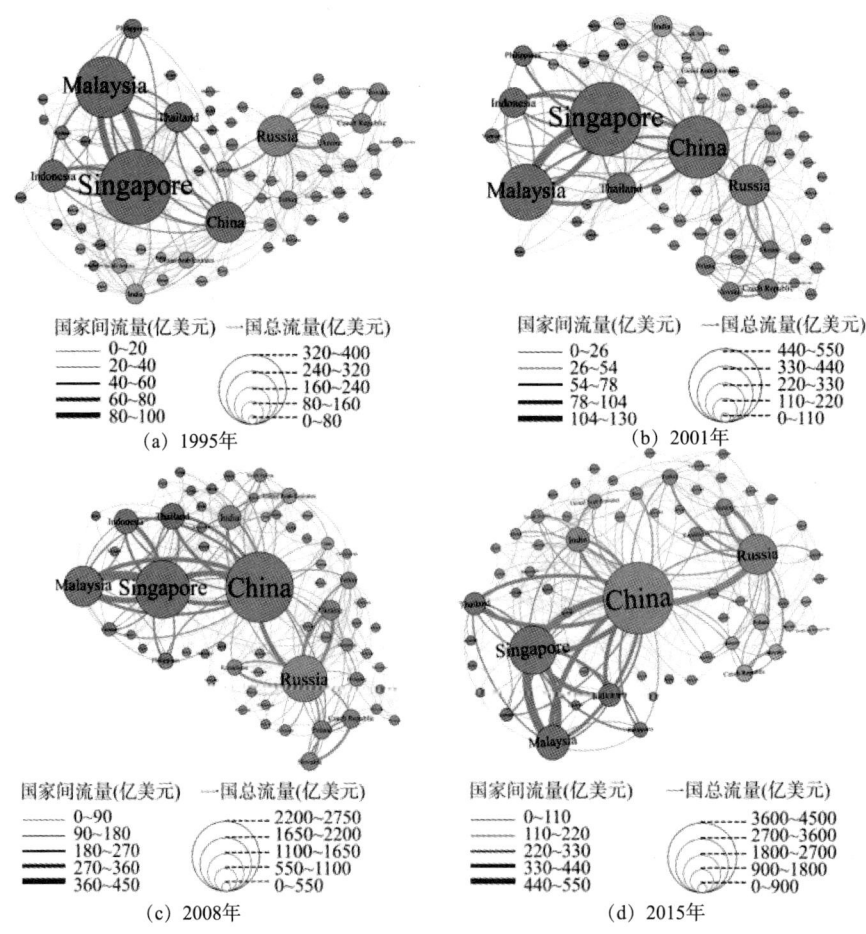

图11-3　1995～2015年"一带一路"沿线中间品流动网络

资料来源：郑智等2020年发表的文章《"一带一路"生产网络演化及中国经济贡献分析》图2。

各子群之间的中间品贸易联系在中国加入WTO之后迅速加强,"一带一路"生产网络出现了颠覆性的变化。首先,在2008年和2015年,中国不仅是东南亚中间品贸易的第一大贸易国,也是"一带一路"其他沿线国家的第一大中间品贸易国。这是因为,中国因具备劳动密集型产业发展的比较优势,以加工贸易的形式承担了大量离岸外包活动,成长为"世界工厂",各区域之间的中间品贸易联系也通过中国而迅速加强。俄罗斯和印度在各自的子群中分别居于首位,这两国在中国加入WTO之后,中间品贸易往来增长明显。同时,得益于中国经济增长形成的引力,中国与南亚和东欧-中亚的生产联系从无到有的建立起来。尽管中国并未与"一带一路"沿线所有国家都建立直接的中间品贸易流联系,但是中国与各子群居于首位的国家生产联系的强化,使得"一带一路"之间生产联系的分割程度有所改善,初步具备区域生产一体化的趋势。

在这一阶段,中国并未主导"一带一路"生产网络的构建。一方面,从"一带一路"中间品贸易流网络可以看到区域内国家之间生产网络联系在加强,但是存在明显的发展不平衡问题,中国与东南亚的联系极为紧密,而与南亚和东欧-中亚的联系还较弱。另一方面,此处所展示中间品贸易流网络并未将各国与区域外的生产联系考虑在内,目前的情形是德国主导了东欧生产网络,中日韩主导了东亚和东南亚生产网络,因此,判断中国已经主导了"一带一路"生产网络说法是不充分的。

三、中国对"一带一路"国家的对外直接投资

全球生产网络的形成更多是由跨国公司在全球配置资源的动机所致。考虑到中国在"一带一路"全球价值链中的角色(本书研究集中于2000~2014年)和"一带一路"中间品贸易流网络(本书研究集中于1995~2015年)可能会出现考察年份较早不足以完全说明中国与"一带一路"国家生产网络现状的问题,我们进一步给出"一带一路"倡议提出以来中国对"一带一路"沿线国家的直接投资流量和流向情况,详见表11-1。

中国流向"一带一路"沿线的直接投资占比迅速增加,但增量不够。从同期占比来看,2015年中国对"一带一路"沿线的投资占当年中国总对外直接投资的比重为7.5%,投资额为148.2亿美元,2020年同期占比为16.2%,投资额为177.9,同期占比增长1.16倍,而投资额仅增长0.2倍。这一数据表明,中国对"一带一路"投资的增量效应不足,更多的是替代效应。

中国对"一带一路"国家的投资流向存在明显的区位不均衡特征，主要流向东南亚国家。在东南亚区域，新加坡在所有年份都是中国投资流量最大的国家，区域内的主要流向国家还包括老挝、印度尼西亚、泰国、越南、马来西亚、柬埔寨等；在东欧区域，投资主要流向俄罗斯；在南亚，投资主要流向巴基斯坦；在中亚，投资主要流向哈萨克斯坦；在西亚，投资主要流向阿联酋、以色列。总的来看，中国投资主要流向地理临近、经贸合作关系密切、政治关系紧密的国家。由此可以看到，在"一带一路"沿线，中国对外直接投资并不具有普遍性，这也说明中国在"一带一路"沿线的生产网络布局特别是地理距离较远国家的布局还很不充分，不利于形成以中国为主导的"一带一路"生产网络。

表11-1 "一带一路"倡议以来中国对"一带一路"沿线投资情况

年份	投资金额（亿美元）	同期占比（%）	主要流向
2015	148.2	7.5	新加坡、哈萨克斯坦、老挝、印度尼西亚、俄罗斯和泰国
2016	145.3	8.5	新加坡、印度尼西亚、印度、泰国、马来西亚
2017	143.6	12.0	新加坡、马来西亚、老挝、印度尼西亚、巴基斯坦、越南、俄罗斯、阿联酋和柬埔寨
2018	156.4	13.0	新加坡、老挝、越南、印度尼西亚、巴基斯坦、马来西亚、俄罗斯、柬埔寨、泰国和阿联酋
2019	150.4	13.6	新加坡、越南、老挝、印度尼西亚、巴基斯坦、泰国、马来西亚、阿联酋、柬埔寨和哈萨克斯坦
2020	177.9	16.2	新加坡、印度尼西亚、越南、老挝、马来西亚、柬埔寨、泰国、阿联酋、哈萨克斯坦和以色列
2021	203	17.9	新加坡、印度尼西亚、马来西亚、越南、孟加拉国、阿联酋、老挝、泰国、哈萨克斯坦、柬埔寨

资料来源："走出去"公共服务平台 http://fec.mofcom.gov.cn/article/fwydyl/tjsj/，其中2015年同期占比数据由《2016年度中国对外直接投资统计公报》数据补充计算。

综合上述中国与"一带一路"国家的生产联系、中间品贸易、对外直接投资等三个方面的现状，可以看到中国与"一带一路"国家的生产联系正在迅速加强，基本具备主导"一带一路"生产网络的现实基础，但是要想真正主导"一带一路"生产网络的构建，中国与沿线国家的生产联系还需要加深，在产业链上应进行更为广泛的合作。

第二节 中国主导"一带一路"生产网络构建的理论机制

跨国公司引领的全球生产布局，使得以国家为中心的分析框架不再有效，这为理论界提出新的挑战。就目前而言，在理解企业跨空间、跨边界的生产组织时，全球价值链（GVC）和全球生产网络（Global Production Network，GPN）是当前最为流行的分析框架。本章试图将全球价值链理论与全球生产网络理论置于生产网络构建的统一框架内，探究中国主导"一带一路"生产网络构建的机制和路径。

一、全球价值链理论

全球价值链的概念最早由克鲁格曼在 1995 年提出，主要指在全球生产分工网络中，每个国家或地区由于从事特定生产阶段的活动而获得增加值利益分配。全球价值链强调从产品或服务的设计到其生产或提供阶段等不同活动的相对价值，这些产品或服务被传递到消费者，最终在使用之后被处置。

格瑞菲·加里（Gereffi G, 1994, 1999）最早提出全球商品链的概念来描述这一特征。一个行业的企业主要分为主导公司和供应商两类，二者是治理与被治理的关系。主导公司在一条跨国价值链中拥有主导权利，推动整条价值链的价值流动方向。主导公司可以是凭借品牌势力而占据优势地位的"买方"，这一类企业自己不从事生产，该价值链条被称为购买者驱动价值链；当主导公司是掌握核心生产技术的生产商时，该价值链条被称之为生产者驱动价值链。有些主导公司兼具购买者驱动和生产者驱动的双重属性，供应商则围绕着主导企业运作。

为完善全球价值链理论，格瑞菲·加里等（Gereffi G et al., 2005）进一步提出了全球价值链治理分析框架。在治理框架中广泛吸收了交易成本经济学、生产网络、技术能力与企业学习等三方面研究成果，将交易复杂程度、编码交易能力和供应侧能力作为全球价值链治理和改变的决策变量，最终将全球价值链治理按照协调程度和权力大小分为层级型、俘获型、关系型、模块型、市场型 5 种典型类型，重点关注发展中国家在全球价值链中的经济升级。这一理论发展为全球价值链理论的应用提供了简约框架，使其成为学者、政府部门在理解全球碎片化生产时最流行的工具包。如 2008 年后世界经济报告中称全球价值链"已成为世界经济的支柱和中枢神经系统"（Cattaneo O et al., 2010）。UNCTAD 投资和企业部门进一步通过全球价值链数据集绘制了全球贸易增加值的分布，并发表了题为《全球价值链和发展：全球经济中的投资和增加值贸易》（Casella B et al., 2013）的报告。

二、全球生产网络理论

全球生产网络 1.0（GPN1.0）。杰弗里·亨德森等（Henderson J et al., 2002）在考虑生产、消费和服务的全球布局时，关注资本、劳动、知识、权力的全球流动，强调区位的制度和社会结构对这些要素流动的影响，以格瑞菲·加里及其合作者的工作为基础，发展出更一般化的 GPN 概念。GPN 能够对不断变化的国际生产和消费分布以及不同发展战略的可行性进行更好的分析。GPN 框架的关注点包括，给定产品的研发、设计、生产和营销的公司网络，以及如何在全球和区域范围内组织这些网络；这些网络中公司权力的分布及其变化；劳动的重要性以及价值创造和转移的过程；机构，特别是政府机构，在某些情况下还包括工会、雇主协会和非政府组织，这些机构在生产链中的特定位置影响公司的战略；这些因素对链中所吸收的各个公司和当地社会的技术升级、增值和获取、经济繁荣产生影响。GPN 框架的三个主要要素是价值、权力、嵌入性。就价值而言，包括每家公司中价值的初始创造、可以提高价值的环境、存在俘获价值的可能性；主要包含三种权力形式，企业力量、制度权力、集体权力。总而言之，GPN1.0 提出了公司组织和控制全球业务的方式，它们（或可能）受到国家、工会、非政府组织和特定地区其他机构的影响，由此形成的代理人和流程组合可能对产业升级、更高的附加值以及地区的减贫和普遍繁荣产生广泛影响。

全球生产网络 2.0（GPN2.0）。GPN1.0 侧重于领先企业和当地供应商之间的战略耦合，但是没有区分明确的研究边界和全球生产网络得以形成的决定机制（Sunley P, 2008）。因此，有学者开发了 GPN2.0，将研究重点从企业间关系转向企业内部关系（Coe N M and Yeung H W C, 2015）。将成本能力比、市场需求、财务约束等三种竞争动态和风险环境作为生产网络形成的四个决定因素，领先企业会在综合考虑四种因素的情况下做出企业内部协调、企业间控制、企业间伙伴关系、企业外讨价还价等四种决策。领先企业及其嵌入网络与战略合作伙伴（特定行业或多行业的供应商）之间的战略耦合，对地理区位的价值获取、升级至关重要。

三、"一带一路"生产网络构建的理论机制

生产网络形成的微观基础是跨国公司在全球组织设计、生产、销售等生产阶段的结果，因此，"一带一路"生产网络的构建也离不开各国跨国公司在区域内的生产活动布局。全球价值链理论和全球生产网络理论为企业形成价值链的、网络的生产组织格局提供了很好的分析框架。全球生产网络与全球价值链理论具有很强的相似性，如领先企业在推动生产网络形成中的关键作用；也有一些差异性，如全球价值链关注领先企业对价值链条的治理；而全球生产网络理论则关注企业的战略耦合，同时考虑制度、集体等外部环境的作用。"一带一路"国家发展程度差异性较大，虽然中国企业的国际化进程在改革开放后有了长足的进步，但现阶段还无法达到完全主导跨国生产链条的能力，更多的是嵌入国际生产网络之中。

中国经济经过40多年的发展，在国内形成了超大规模的内需市场，为中国企业整合全球资源提供了重要支撑，因此，在一定程度上中国企业可以主导"一带一路"生产网络的形成，扭转被动嵌入国际生产网络的局面。所以，全球生产网络理论和全球价值链理论在指导中国主导构建"一带一路"生产网络的实践中具有很强的理论意义。结合全球价值链理论和全球生产网络理论，我们需要明确的是：在"一带一路"区域内中国企业"走出去"和引进外资是中国主动构建"一带一路"生产网络的微观基础，在考虑生产网络治理的同时不仅需要考察企业本身的能力，考虑制度、集体对价值流动的作用，还需要关注中国企业的跨国界生产行为对当地经济和社会升级的影响。

第三节 中国主导"一带一路"生产网络的路径选择

依据全球价值链理论和全球生产网络理论的分析发现，企业通过对外直接投资和贸易进行跨越国界的生产、消费和服务的组织活动，并最终形成生产网络。因此，中国企业对"一带一路"国家的直接投资将成为主导构建"一带一路"沿线生产网络的关键。

一、中国企业主动参与和被动嵌入全球价值链

近年来，中国通过主动拥抱全球价值链，不断增强企业在全球的资源整合

能力。《2020年度中国对外直接投资公报》显示，2020年中国对外直接投资主要呈现以下特点：一是中国企业对外投资总体保持活跃。2020年中国对外直接投资1537.1亿美元，同比增长12.3%，流量规模首次位居全球第一。2020年末，中国对外直接投资存量达2.58万亿美元，次于美国（8.13万亿美元）和荷兰（3.8万亿美元）。中国在全球外国直接投资中的影响力不断扩大，流量占全球比重连续5年超过一成，2020年占20.2%；存量占6.6%，较上年提升0.2个百分点。2020年中国双向投资基本持平，"引进来"和"走出去"同步发展。二是对"一带一路"沿线国家投资稳步增长。截至2020年底，中国2.8万家境内投资者在全球189个国家（地区）设立对外直接投资企业4.5万家，全球80%以上国家（地区）都有中国的投资，年末境外企业资产总额达7.9万亿美元。在"一带一路"沿线国家设立境外企业超过1.1万家，2020年当年实现直接投资225.4亿美元，同比增长20.6%，占同期流量的14.7%；年末存量2007.9亿美元，占存量总额的7.8%。2013至2020年中国对沿线国家累计直接投资1398.5亿美元。三是投资领域日趋广泛，结构不断优化。2020年，中国对外直接投资涵盖国民经济的18个行业大类，近七成投资流向租赁和商务服务、制造、批发和零售、金融领域，四大行业流量均超过百亿美元。2020年末，中国对外直接投资存量的八成集中在服务业，主要分布在租赁和商务服务、批发和零售、信息传输/软件和信息技术服务、金融、房地产、交通运输/仓储和邮政等领域。

从低端嵌入到被低端锁定是中国企业嵌入全球价值链的现实情况。跨国公司为实现对价值链条的控制，往往会为来自发展中国家的价值链参与者设置升级障碍，不断加强核心竞争力来保持对低端参与者的优势。我国企业尽管在参与全球价值链分工的过程中价值链地位有所提升，但目前来说仍然处于全球价值链中低端地位。当前，阻碍中国企业实现价值链地位提升的主要障碍来自"卡脖子"技术的缺失。2018年，《科技日报》对现阶段我国面临的"卡脖子"技术进行梳理，发现在基础零部件、关键材料、先进工艺、产业技术等基础领域，我国竞争能力还很弱，如高精度光刻机和顶级光刻机均由国外生产，先进工业机器人的核心算法也无法自己生产。2018年3月23日，美国总统特朗普根据"301调查"的结果对中国的航空航天、信息和通信技术、机械等行业的进口商品大规模加征关税，并限制中国高科技企业在全球投资，精准打击中国的高科技产品出口。在贸易战之外，美国还悍然发动对中国高科技产业链的打击。"中兴事件"让人印象深刻。美国禁止美国的高科技企业向中兴供应元器件、软件、设备等技术产品，打击的不只是中兴通讯，而是整个中国通讯产业链。在此之后，美国也对华为进行打击，禁止使用美国技术的全球供应商向华为供货，这使麒麟 5 纳米芯片生产完全停止。工业"四基"能力的薄弱也使中国在参与国际竞争中受制于人，中国企业以技术优势主导生产网络全球布局的路径存在很大困难。

二、超大规模内需支撑中国企业主动构建区域生产网络

超大体量的内需规模有助于中国企业在"一带一路"进行生产布局。生产者驱动的商品链主要发生在资本和技术密集型行业，整个链条被跨国公司的母公司控制。如日本的汽车制造商在东南亚建立区域生产基地，为其提供零部件（Macintyre A and Doner R F，1992）；美国的半导体产业也在东亚建立分工系统（Henderson J，1989）。美国 20 世纪 80 年代发起了零售业革命，随后扩大对服装产品的全球采购，拥有庞大市场势力的服装品牌（如耐克）在第三世界国家组织生产活动。在这些全球生产网络的构建中，东亚占据重要地位，1980 年，OECD 国家的服装最终消费品总进口中有 72% 来自东亚。从生产网络形成的类型来看，中国企业有望凭借超大规模的内需市场主导生产网络的构建。

中国企业牢牢把控中国的内需市场。以中国手机市场的国内品牌占有率来看，2021 年国产品牌手机出货量约为 8667.2 万部，占同期手机出货量的 88.5%。[①] 再从宏观层面看，中国内需市场也由国内供给所占领。利用 WIOD 2016 版数据计算中国中间品供给来源的国内占有率如图 11-4 所示。图 11-4 显示了中国行业大类的中间品投入中的国内中间投入比率情况。中国行业中间品投入中的国内中间品投入率从低到高依次为制造业（CHN.S3）、采矿业（CHN.S2）、服务业（CHN.S4）和农业（CHN.S1）。制造业生产过程对外循环依赖相对较强。从变化趋势来看，各行业的中间品投入中国内中间品投入率呈阶段性变化趋势，2000～2007 年，国内中间品投入率总体上呈下降趋势，而后在 2008 年国际金融危机后出现了快速上升，再短暂下降后出现稳步上升，除采矿业的其他行业均已上升到或超过加入 WTO 之前的中间品投入的国内供给率的水平。这些变动趋势说明，国内企业对本国内需市场的供给能力变强，是中国内需市场的主要角色。

---

① 数据来源于中国通讯院《2021 年 3 月国内手机市场运行分析报告》，http://www.caict.ac.cn/kxyj/qwfb/qwsj/202104/P020210412571781719654.pdf。

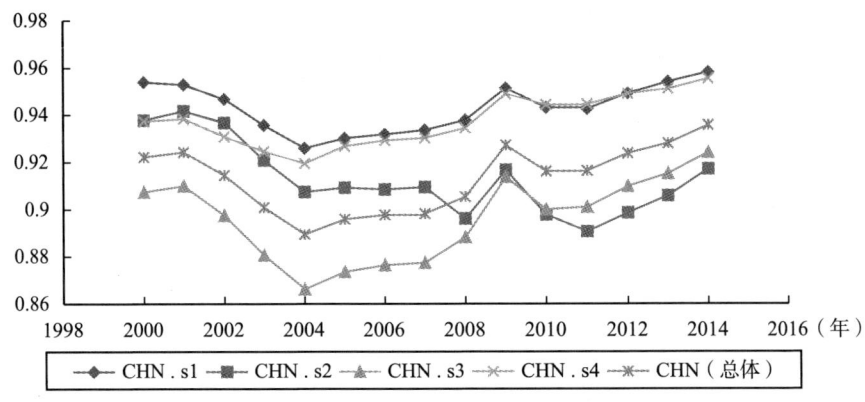

图 11-4 中间品投入的本国供给率

资料来源：根据 WIOD 数据库计算并绘制。

国内企业占据中国内需市场的主要角色，有利于中国企业在全球形成购买者驱动的生产布局。中国正在实行以扩大内需为战略基点的双循环新格局，也提出要扩大对外开放，兼顾外循环，因此中国的内需市场也是全球的内需市场。在全球化时代，中国企业在全球的生产布局，有利于整合全球资源。"一带一路"资源禀赋丰富，合作成员国众多，遍布全球。这些国家主要以发展中国家和新兴国家为主，有利于中国企业寻求成本更低海外生产基地，实现生产效率的提升。中国自从 2001 年加入 WTO 以后，在深度嵌入全球价值链的过程中实现经济增长，早已成为仅次于美国的第二大经济体，中国在保持低端产业和服务活动竞争优势的同时，不断出台政策引导产业向高端化发展。此外，中国政府不断推动以"四基"为代表的产业链升级活动，保证产业链的供应安全。中国的产业链现代化为"一带一路"合作国家提供很好的机会。由于各国之间发展程度不一，所处工业化进程差别也较大，因此在产业上的互补合作空间较大，中国有望通过输出产业的低端环节（因为中国在这里是有优势的）构建生产者驱动的价值链。

三、以强大工业体系能力与来华企业形成战略耦合

大力吸引外资，允许外国领先企业在中国进行产业链布局，与中国企业实现战略耦合。中国在加入 WTO 以后，产业体系得到升级，产业体系较为完整，在中高端生产环节的竞争力逐渐变强，更易形成不可替代的战略合作伙伴关系。经过 70 年的发展，中国成为全世界唯一拥有联合国产业分类中全部工业

门类的国家，在世界 500 多种主要工业产品中，有 220 多种工业产品中国的产量占居全球第一。① 在此基础上，中共中央《关于制定国民经济和社会发展第十四个五年规划和二〇三五年远景目标的建议》（以下简称《建议》）明确提出，要提升产业链供应链现代化水平。现代产业体系水平的提升会对发达国家的跨国公司的低端产业转移形成阻力，但是现代产业链供应链体系的建立标志着中国向产业链更高端环节发展，中国具备成为跨国公司战略供应商的能力，更易形成战略耦合。

第四节 中国主导"一带一路"生产网络的政策建议

中国依靠超大规模的内需市场具备了本土企业在国外生产布局的基本条件，完备的工业体系有利于与来中国投资的外国领先企业实现战略耦合，成为其战略供应商。全球价值链理论和全球生产网络理论为中国跨国企业在海外生产布局提供了微观的理论支撑，有利于从微观个体行为的视角提出中国主导"一带一路"生产网络构建的政策建议。除此之外，也应该关注全球或区域生产分工形成的决定因素，这有利于从宏观视角下给出政策建议。因此，本节将从宏观和微观层面给出中国主导"一带一路"生产网络构建的政策建议。

一、宏观层面

（一）继续完善"一带一路"沿线的交通基础设施建设，实现道路畅通

完善交通基础设施建设，降低商品贸易的运输成本。产品的生产分工得益于全球化经历了两次极为关键的"分拆"（unbundling），其中，第一次"分拆"是蒸汽革命带来的动力革命使得运输成本下降，使得产品的生产向工厂周围扩散（Baldwin R，2013）。因此，要实现贯通全区域的生产分工，应该先保障交通道路等基础设施的畅通。一是确保资金支持，发挥丝路基金、亚投行、民间资本的作用，保障交通设施项目的资金来源；二是提升交通基础设施建设水平，如加快已有项目的尽快完工，明确重点，先打通中国与结点国家的道路畅通和港口、机场、公路、铁路全方位建设；三是健全交通基础设施合作机

---

① 中国政府网 http://www.gov.cn/xinwen/2019-09/21/content_5431829.htm。

制,加强双边在交通基础设施项目上的沟通,在政府层面实现一致,考虑当地政府和人民的意见,营造有利的外部环境。

(二) 加强沿线国家通信基础设施建设,提高生产数字化水平

提升沿线国家信息化水平,降低生产环节的信息交流成本。信息通信技术(ICT)的发展使远距离的生产协调成为可能(Baldwin R,2013;Antras P,2015)。加快沿线国家通信基础设施建设,提升沿线国家信息化水平。一是加强通信基础设施建设,在网络合作领域制定顶层设计方案,在具体的建设项目上政府合作与民间交流并举,引导国内在通信技术领域有相对优势地位的企业加大对沿线国家的直接投资,消减沿线国家数字鸿沟;二是将中国大力发展数字经济的大机遇与"一带一路"沿线国家的通信建设相结合,促进沿线国家数字经济发展水平,在区域内以移动支付、跨境电商等为手段,推进沿线国家企业的数字化、网络化和智能化发展。三是推进跨境光缆等通信干线网络建设,规划建设洲际海底光缆项目,完善空中(卫星)信息通道,扩大信息交流与合作。

(三) 签订双边和多边经贸协定,降低投资贸易壁垒

深化双边协定内容,降低投资、贸易壁垒。20世纪90年代以来,关贸协定的签署开始复兴,21世纪初,欧盟持续扩张,北美、南方共同市场(Mercosur)、ASEAN在关税及贸易总协定(General Agreement on Tariffs and Trade,GATT)的框架下签订了更小的优惠贸易协定,同时中国在这一时刻加入WTO,这些动作为贸易壁垒下降提供了条件(Antras P,2015)。下一阶段,我国一是要加强贸易合作,实现区域内贸易便利化水平。在沿线国家积极建立自由贸易区,签订双边贸易协定,优化营商环境。二是提高双边海关的通关效率。加强在信息、监管、执法等领域的海关合作,改善口岸的通关设施及条件,建立服务于"一带一路"的海关窗口建设。三是加快投资便利化进程,拓宽投资领域。完善双边投资保护协定,消除投资壁垒,在沿线国家开展产业园区建设,建立中小企业聚集区。另外,因为中国与沿线国家互补性较强,应该在工业、能源、农业、服务业领域开展全面的投资。

(四) 加强政策沟通,实现政治认同

以人类命运共同体为宗旨,以"共商共建共享"为原则,使"一带一路"倡议获得更加广泛的认同。一是要继续坚持以"命运共同体"的思想作为

"一带一路"建设的顶层设计。二是加强政府间的对话，保证政策畅通。在投资、贸易、市场、法律等领域建立长效的政府间沟通平台，有效解决双边协定中的争议点。

（五）完善国内营商环境，引导沿线优势企业在中国的生产布局

中国完整的工业体系和大市场为外国企业带来了生产布局的吸引力，应该在保持制造业竞争优势的同时，进一步优化营商环境。一是要抓住新技术革命契机，在中国形成新的生产力，用生产力优势抵消成本劣势，做到中国仍然是外国企业战略耦合供应商的首要选择。二是要继续扩大开放，创造良好的外商投资环境，减少外商直接投资清单，对于关键产业进行扶持，形成贯通产业链上下游的产业集群。如特斯拉在上海建立海外生产厂家，既是中国企业产业链进步能够供应特斯拉的能力表现，也是中国超大规模市场力量的体现，特斯拉与汽车产业链上的中国供应商企业形成了战略耦合。

二、微观层面

（一）引导企业加大对"一带一路"沿线国家投资，实现产业链的区域内布局

从历史的经验可知，企业对外直接投资是"以我为主"的生产布局形成的关键一步。20世纪60年代以来，跨国公司在全球范围内寻找低成本、有能力的离岸供应商，扩大其供应链。如美国与墨西哥所实行的"生产共享"计划或"双厂"计划（"Twin Plans"），与此同时，中欧和东欧也建立起德国服装的出口加工区。20世纪70年代和80年代，美国零售商和品牌公司在全球布局，为许多种类的消费品寻找离岸外包供应商，"买方驱动"和"生产者驱动"的商品链一起成为企业层面全球生产分工和治理的主要模式，美国跨国公司在东亚进行生产布局。中国对"一带一路"的直接投资不应该只关注分工合作好、比较熟悉的东南亚市场，也应该向"一带一路"纵深区域发展。这需要做好对外直接投资信息平台工作，为"走出去"企业提供目的国法律、政策和国情的信息支持，从而在目的国更好地建立投资与营销体系。

（二）在互利共赢的基础上完善价值链治理，实现企业间的战略耦合

在价值链治理环节充分体现"共商共建共享"原则，充分考虑企业力量、目的国制度资源禀赋、集体力量在生产网络形成中的作用，使中国企业与当地

企业能够形成战略耦合。一是在产品标准的制定上，要充分考虑产品目的地市场需求、当地生产技术水平，注重模块化生产，实现与当地供应商的紧密联系。二是要关注当地制度和集体对生产的诉求。充分考虑当地政府对外来投资的要求，尽可能满足当地劳工组织、环境部门、非政府组织的诉求，着手调整工人生产生活环境、保护当地自然环境，提升当地社会环境。三是建立合适的中国企业与当地供应商的生产关系。在购买者驱动的生产布局背景下，从企业的成本能力比、市场需求、财务约束、风险环境等四个方面，中国企业做出企业内部协调、企业间控制、企业间伙伴关系、企业外讨价还价等四种决策。

（三）承担社会责任，促进当地经济、社会和环境升级

中国企业在当地从事生产活动时，要注重技术向上下游企业的外溢，关注工人权力、提倡绿色可持续生产。一是要发挥技术溢出效应，推动当地产业的价值链升级。通过培训、合作研发、引进先进设备，实现当地供应商的功能升级、流程升级甚至价值链升级，增强当地供应商获取增加值的能力，最终实现产业升级。二是要保护工人权利，提升工人工作环境，实现社会升级。三是要逐渐转变发展方式，在产品的生产过程中关注可持续发展，提高能源利用效率，保护当地生态环境。

附录　制造业细分行业分类

ISIC_rev4	行业名	技术水平	ISIC_rev4	行业名	技术水平
C10－C12	食品，饮料和烟草制品制造业	L	C23	其他非金属矿物制品制造业	M－l
C13－C15	纺织品，服装和皮革制品制造业	L	C24	基础金属的制造业	M－l
C16	木材和木材和软木制品制造业	L	C25	金属制品制造，机械和设备除外	L
C17	纸和纸制品制造业	L	C26	计算机，电子和光学产品制造业	H
C18	媒体的记录与打印品制造业	L	C27	电气设备制造业	M－h
C19	焦炭和精炼石油产品制造业	L	C28	机械设备制造业	M－h
C20	化学品和化学产品制造业	M－h	C29	汽车，拖车和半挂车的制造业	M－h
C21	基础药物产品和药物制剂制造业	H	C30	其他运输设备制造业	M－h
C22	橡胶和塑料制品制造业	M－l	C31_C32	家具制造；其他制造业	M－l、L

注：低技术制造业（L），中低技术制造业（M－l），中高技术制造业（M－h），高技术制造业（H）。

参 考 文 献

[1] 安锦，韩雨莲，张子玉. 中蒙俄经济走廊建设效果与中国的提升策略 [J]. 亚太经济，2021 (2)：18 – 26.

[2] 陈健，龚晓莺. 中国产业主导的"一带一路"区域价值链构建研究 [J]. 财经问题研究，2018 (1)：43 – 49.

[3] 陈静，卢进勇，邹赫. 中国跨国公司在全球价值链中的制约因素与升级途径 [J]. 亚太经济，2015 (2)：79 – 84.

[4] 陈淑梅，高敬云. 后 TPP 时代全球价值链的重构与区域一体化的深化 [J]. 世界经济与政治论坛，2017 (4)：124 – 144.

[5] 陈维涛，韩峰，张国峰. 互联网电子商务、企业研发与全要素生产率 [J]. 南开经济研究，2019 (5)：41 – 59.

[6] 陈伟光，蔡伟宏. 逆全球化现象的政治经济学分析——基于"双向运动"理论的视角 [J]. 国际观察，2017 (3)：1 – 19.

[7] 陈志恒，崔健，廉晓梅，胡仁霞，姜梅华，吴昊. 东北亚国家区域合作战略走向与中国的战略选择（笔谈）[J]. 东北亚论坛，2014，23 (5)：41 – 59，127.

[8] 程大中. 中国参与全球价值链分工的程度及演变趋势——基于跨国投入 – 产出分析 [J]. 经济研究，2015，50 (9)：4 – 16.

[9] 程云洁，董程慧. 贸易便利化对中国工业制成品出口贸易的空间效应研究 [J]. 数量经济技术经济研究，2021，38 (2)：98 – 115.

[10] 戴翔，宋婕. "一带一路"倡议的全球价值链优化效应——基于沿线参与国全球价值链分工地位提升的视角 [J]. 中国工业经济，2021 (6)：99 – 117.

[11] 戴翔，宋婕. "一带一路"有助于中国重构全球价值链吗？[J]. 世界经济研究，2019 (11)：108 – 121，136.

[12] 戴翔，杨双至. 中国"一带一路"倡议的出口促进效应 [J]. 经济学家，2020 (6)：68 – 76.

[13] 邓富华，贺歌，姜玉梅. "一带一路"沿线国家外资政策协调对中国对外直接投资的影响——基于双边、多边政策协调的分析视角 [J]. 经济与

管理研究, 2019, 40 (12): 43-58.

[14] 翟东升. 从地区价值链到亚洲命运共同体——国际政治经济学视角下的中国崛起和东亚复兴 [J]. 教学与研究, 2019 (6): 65-75.

[15] 丁宋涛, 马野青. "一带一路" 建设、国际生产网络重构与中国对外投资策略 [J]. 江海学刊, 2018 (4).

[16] 丁宋涛, 马野青, 袁晓楠. "价值链嵌入" 还是 "融合演进"? ——来自国际生产网络中非股权制度安排的思考 [J]. 南京社会科学, 2019 (6).

[17] 董银果, 吴秀云. 贸易便利化对中国出口的影响——以丝绸之路经济带为例 [J]. 国际商务 (对外经济贸易大学学报), 2017 (2).

[18] 杜晓郁. 经济全球化调整期的东亚区域经济合作研究 [M]. 上海: 对外经贸大学出版社, 2016: 126-127.

[19] 杜运苏, 彭冬冬, 孙华平. 开拓 "一带一路" 沿线国家市场: 基于贸易关系视角 [J]. 国际经贸探索, 2017 (8).

[20] 樊秀峰, 韩亚峰. 生产性服务贸易对制造业生产效率影响的实证研究——基于价值链视角 [J]. 国际经贸探索, 2012, 28 (5): 4-14.

[21] 方慧, 赵胜立. "一带一路" 倡议促进了中国产业结构升级吗? ——基于285个城市的双重差分检验 [J]. 产业经济研究, 2021 (1).

[22] 冯宗宪, 蒋伟杰. 基于产业内贸易视角的 "一带一路" 国家战略研究 [J]. 国际贸易问题, 2017 (3).

[23] 高敬峰, 王庭东. 中国参与全球价值链的区域特征分析——基于垂直专业化分工的视角 [J]. 世界经济研究, 2017 (4): 83-94.

[24] 顾乃华, 毕斗斗, 任旺兵. 中国转型期生产性服务业发展与制造业竞争力关系研究——基于面板数据的实证分析 [J]. 中国工业经济, 2006 (9): 14-21.

[25] 郭宏宇, 竺彩华. 中国-东盟基础设施互联互通建设面临的问题与对策 [J]. 国际经济合作, 2014 (8): 26-31.

[26] 郭晓雷. 中国生产性服务业投入产出特征实证研究 [J]. 现代管理科学, 2017 (10): 108-110.

[27] 韩剑, 冯帆, 姜晓运. 互联网发展与全球价值链嵌入——基于GVC指数的跨国经验研究 [J]. 南开经济研究, 2018 (4): 21-35, 52.

[28] 韩晶, 孙雅雯. 借助 "一带一路" 倡议构建中国主导的 "双环流全球价值链" 战略研究 [J]. 理论学刊, 2018 (4): 33-39.

[29] 韩亚峰. "一带一路" 倡议下中国双向投资与对外贸易增长的协调

关系研究 [J]. 宏观经济研究, 2018 (8).

[30] 郝晓, 王林彬, 孙慧, 赵景瑞. 基础设施如何影响全球价值链分工地位——以"一带一路"沿线国家为例 [J]. 国际经贸探索, 2021, 37 (4): 19-33.

[31] 何颖珊. 产业联动视角下共建"一带一路"价值链治理模式研究 [J]. 广东社会科学, 2020 (6): 39-46.

[32] 洪俊杰, 商辉. 中国开放型经济的"共轭环流论": 理论与证据 [J]. 中国社会科学, 2019 (1): 42-64, 205.

[33] 侯海丽, 倪峰. 美国"全政府—全社会"对华战略探析 [J]. 当代世界, 2019 (7): 61-68.

[34] 胡必亮. 推动共建"一带一路"高质量发展——习近平关于高质量共建"一带一路"的系统论述 [J]. 学习与探索, 2020 (10): 102-119, 2, 192.

[35] 胡守钧. 社会共生论 [M]. 上海: 复旦大学出版社, 2012: 60-62.

[36] 胡昭玲, 李红阳, 王小洁. 出口目的地收入水平与企业全球价值链参与 [J]. 南开学报 (哲学社会科学版), 2019 (3): 148-159.

[37] 胡昭玲, 夏秋. 制度质量对价值链分工位置的影响——基于亚太地区的跨国实证研究 [J]. 亚太经济, 2017 (4): 114-124, 175-176.

[38] 胡昭玲, 张玉. 制度质量改进能否提升价值链分工地位? [J]. 世界经济研究, 2015 (8): 19-26, 127.

[39] 黄先海, 余骁. "一带一路"建设如何提升中国全球价值链分工地位?——基于GTAP模型的实证检验 [J]. 社会科学战线, 2018 (7): 58-69, 281-282.

[40] 黄先海, 余骁. 以"一带一路"建设重塑全球价值链 [J]. 经济学家, 2017 (3): 32-39.

[41] 黄小勇, 陈运平. 基于共生理论的区域经济包容性增长文献综述 [J]. 华东经济管理, 2012, 26 (7): 115-119.

[42] 贾妮莎, 雷宏振. 中国OFDI与"一带一路"沿线国家产业升级——影响机制与实证检验 [J]. 经济科学, 2019 (1): 44-56.

[43] 江小涓, 李辉. 服务业与中国经济: 相关性和加快增长的潜力 [J]. 经济研究, 2004 (1): 4-15.

[44] 江小涓, 孟丽君. 内循环为主、外循环赋能与更高水平双循环——国际经验与中国实践 [J]. 管理世界, 2021, 37 (1): 1-19.

[45] 姜峰, 蓝庆新, 张辉. 中国出口推动"一带一路"技术升级: 基于

88个参与国的研究 [J]. 世界经济, 2021 (12).

[46] 蒋冠宏. 不确定性、企业出口与直接投资的选择：来自中国企业的理论和证据 [J]. 世界经济研究, 2019 (4).

[47] 蒋冠宏, 蒋殿春. 绿地投资还是跨国并购：中国企业对外直接投资方式的选择 [J]. 世界经济, 2017 (7): 128-148.

[48] 金应忠. 共生性国际社会与中国的和平发展 [J]. 国际观察, 2012 (4): 43-49.

[49] 景瑞琴. 国际生产分散化与服务外包的兴起及趋势 [J]. 经济问题, 2008 (8): 39-42.

[50] 鞠建东, 余心玎, 卢冰, 李昕. 全球价值链网络中的"三足鼎立"格局分析 [J]. 经济学报, 2020, 7 (4): 1-20.

[51] 鞠雪楠, 赵宣凯, 孙宝文. 跨境电商平台克服了哪些贸易成本？——来自"敦煌网"数据的经验证据 [J]. 经济研究, 2020, 55 (2): 181-196.

[52] 孔庆峰, 董虹蔚. "一带一路"国家的贸易便利化水平测算与贸易潜力研究 [J]. 国际贸易问题, 2015 (12).

[53] 郎郸妮, 刘宏曼. 生产性服务对农业全球价值链分工的贡献研究——基于出口增加值的行业细分视角 [J]. 国际经贸探索, 2019, 35 (9): 18-34.

[54] 黎绍凯, 张广来, 张杨勋. 东道国投资风险、国家距离与我国OFDI布局选择——基于"一带一路"沿线国家的经验证据 [J]. 商业研究, 2018 (12).

[55] 李兵, 李柔. 互联网与企业出口：来自中国工业企业的微观经验证据 [J]. 世界经济, 2017, 40 (7): 102-125.

[56] 李敦瑞. 国内外产业转移对我国产业迈向全球价值链中高端的影响及对策 [J]. 经济纵横, 2018 (1): 123-128.

[57] 李芳芳, 张倩, 程宝栋, 熊立春, 侯方淼. "一带一路"倡议背景下的全球价值链重构 [J]. 国际贸易, 2019 (2): 73-79.

[58] 李鸿阶, 张元钊. 双循环新发展格局下中国与东盟经贸关系前瞻 [J]. 亚太经济, 2021 (1): 90-97, 151.

[59] 李建军, 孙慧. 全球价值链分工、制度质量与中国ODI的区位选择偏好——基于"一带一路"沿线主要国家的研究 [J]. 经济问题探索, 2017 (5).

[60] 李敬, 陈旎, 万广华, 陈澍. "一带一路"沿线国家货物贸易的竞

争互补关系及动态变化——基于网络分析方法 [J]. 管理世界, 2017 (4).

[61] 李平, 杨慧梅. 离岸服务外包与中国全要素生产率提升——基于发包与承包双重视角的分析 [J]. 国际贸易问题, 2017 (9): 95-106.

[62] 李晓, 张宇璇, 陈小辛. 中国与"一带一路"参与国的贸易潜力研究: 以最终消费品进口为例 [J]. 南开经济研究, 2020 (1).

[63] 李优树, 唐家愉. 终端市场转移趋势下"一带一路"区域价值链与中国全球价值链升级研究 [J]. 经济问题, 2020 (6): 1-7, 40.

[64] 廉晓梅, 许涛. "逆全球化"与东亚区域经济合作的发展前景 [J]. 东北亚论坛, 2017, 26 (5): 68-77.

[65] 梁琦, 吴新生. "一带一路"沿线国家双边贸易影响因素研究——基于拓展引力方程的实证检验 [J]. 经济学家, 2016 (12).

[66] 廖佳, 潘春阳, 雷平. 投资便利化及其效应: 来自中国对"一带一路"国家 OFDI 的证据 [J]. 贵州财经大学学报, 2020 (2).

[67] 林毅夫, 孙希芳. 信息、非正规金融与中小企业融资 [J]. 经济研究, 2005 (7): 35-44.

[68] 刘洪铎, 李文宇, 陈和. 文化交融如何影响中国与"一带一路"沿线国家的双边贸易往来——基于 1995-2013 年微观贸易数据的实证检验 [J]. 国际贸易问题, 2016 (2).

[69] 刘洪愧, 谢谦. 新兴经济体参与全球价值链的生产率效应 [J]. 财经研究, 2017, 43 (8): 18-31.

[70] 刘洪钟. 超越区域生产网络: 论东亚区域分工体系的第三次重构 [J]. 当代亚太, 2020 (5): 137-158, 160.

[71] 刘娟. 东道国特征对中国 OFDI 影响的空间邻近效应——基于"一带一路"沿线国家的经验数据分析 [J]. 经济经纬, 2019, 36 (1).

[72] 刘磊, 刘晓宁, 张猛. 中国对"一带一路"国家直接投资与产能过剩治理——基于中国省际面板数据的实证研究 [J]. 经济问题探索, 2018 (5).

[73] 刘敏, 薛伟贤, 张应剑. "一带一路"生产网络结构与特征分析 [J]. 统计与决策, 2021, 37 (24): 71-74.

[74] 刘敏, 赵璟, 薛伟贤. "一带一路"产能合作与发展中国家全球价值链地位提升 [J]. 国际经贸探索, 2018, 34 (8): 49-62.

[75] 刘乃全, 戴晋. 我国对"一带一路"沿线国家 OFDI 的环境效应 [J]. 经济管理, 2017, 39 (12): 6-23.

[76] 刘瑞, 高峰. "一带一路"战略的区位路径选择与化解传统产业产能过剩 [J]. 社会科学研究, 2016 (1).

[77] 刘勇, 黄子恒, 杜帅, 吴斌, 孙欣如. 国际产能合作: 规律、趋势与政策 [J]. 上海经济研究, 2018 (2): 100-107.

[78] 刘友金, 袁祖凤, 易秋平. 共生理论视角下集群式产业转移进化博弈分析 [J]. 系统工程, 2012, 30 (2): 22-28.

[79] 刘志彪. 中国参与全球价值链分工结构的调整与重塑——学习十九大报告关于开放发展的体会 [J]. 江海学刊, 2018 (1): 77-84.

[80] 刘志彪. 从全球价值链转向全球创新链: 新常态下中国产业发展新动力 [J]. 学术月刊, 2015, 47 (2): 5-14.

[81] 刘志彪, 凌永辉. 中国经济: 从客场到主场的全球化发展新格局 [J]. 重庆大学学报 (社会科学版), 2020, 26 (6): 1-9.

[82] 刘志彪, 吴福象. "一带一路" 倡议下全球价值链的双重嵌入 [J]. 中国社会科学, 2018 (8): 17-32.

[83] 刘志彪, 吴福象. 贸易一体化与生产非一体化——基于经济全球化两个重要假说的实证研究 [J]. 中国社会科学, 2006 (2): 80-92, 206-207.

[84] 刘志东, 高洪玮. 中国制造业出口对美国企业创新的影响 [J]. 中国工业经济, 2019 (8): 174-192.

[85] 刘中伟. 东亚生产网络、全球价值链整合与东亚区域合作的新走向 [J]. 当代亚太, 2014 (4): 126-156.

[86] 刘重力. 东亚区域经济一体化进程研究 [M]. 天津: 南开大学出版社, 2017: 7-8.

[87] 卢光盛, 金珍. "一带一路" 框架下大湄公河次区域合作升级版 [J]. 国际展望, 2015, 7 (5): 67-81, 148.

[88] 卢盛峰, 董如玉, 叶初升. "一带一路" 倡议促进了中国高质量出口吗——来自微观企业的证据 [J]. 中国工业经济, 2021 (3): 80-98.

[89] 卢潇潇, 梁颖. "一带一路" 基础设施建设与全球价值链重构 [J]. 中国经济问题, 2020 (1): 11-26.

[90] 陆施予, 李光勤. 税收负担与企业电子商务——来自世界银行中国企业调查数据的经验证据 [J]. 财贸经济, 2018, 39 (7): 34-48, 112.

[91] 罗良清, 温婷. 中国服务业参与国际分工的程度与地位测度——基于全球价值链的视角 [J]. 当代财经, 2019 (8): 104-116.

[92] 吕越, 黄艳希, 陈勇兵. 全球价值链嵌入的生产率效应: 影响与机制分析 [J]. 世界经济, 2017, 40 (7): 28-51.

[93] 吕越, 陆毅, 吴嵩博, 王勇. "一带一路" 倡议的对外投资促进效

应——基于2005—2016年中国企业绿地投资的双重差分检验[J]. 经济研究, 2019, 54 (9): 187-202.

[94] 吕越, 罗伟, 刘斌. 异质性企业与全球价值链嵌入: 基于效率和融资的视角[J]. 世界经济, 2015, 38 (8): 29-55.

[95] 吕越, 吕云龙. 全球价值链嵌入会改善制造业企业的生产效率吗——基于双重稳健-倾向得分加权估计[J]. 财贸经济, 2016 (3): 109-122.

[96] 马丹, 何雅兴, 郁霞. 双重价值链、经济不确定性与区域贸易竞争力——"一带一路"建设的视角[J]. 中国工业经济, 2021 (4).

[97] 马骥, 马相东. "一带一路"建设与中国产业结构升级——基于出口贸易的视角[J]. 亚太经济, 2017 (5).

[98] 马淑琴, 陈红, 俞春晓. 电子商务发展对出口贸易规模扩张的U型调节——来自中国的经验实证[J]. 财经论丛, 2018 (7): 9-18.

[99] 马述忠, 房超, 张洪胜. 跨境电商能否突破地理距离的限制[J]. 财贸经济, 2019, 40 (8): 116-131.

[100] 马涛. 全球价值链背景下我国经贸强国战略研究[J]. 国际贸易, 2016 (1): 26-32.

[101] 马涛, 陈曦. "一带一路"包容性全球价值链的构建——公共产品供求关系的视角[J]. 世界经济与政治, 2020 (4): 131-154, 159-160.

[102] 马涛, 盛斌. 亚太互联经济格局重构的国际政治经济分析——基于全球价值链的视角[J]. 当代亚太, 2018 (4): 86-112, 158-159.

[103] 马文秀, 乔敏健. "一带一路"国家投资便利化水平测度与评价[J]. 河北大学学报(哲学社会科学版), 2016, 41 (5).

[104] 毛海欧, 刘海云. 中国对外直接投资对贸易互补关系的影响: "一带一路"倡议扮演了什么角色[J]. 财贸经济, 2019 (10).

[105] 孟祺. 基于"一带一路"的制造业全球价值链构建[J]. 财经科学, 2016 (2): 72-81.

[106] 倪红福. 全球价值链位置测度理论的回顾和展望[J]. 中南财经政法大学学报, 2019 (3): 105-117.

[107] 倪红福. 全球价值链中产业"微笑曲线"存在吗?——基于增加值平均传递步长方法[J]. 数量经济技术经济研究, 2016 (11): 111-126.

[108] 欧定余, 田野. "一带一路"国家全球价值链中的中国角色——基于国家间投入产出表的分析[J]. 经济科学, 2020 (4): 19-32.

[109] 欧定余, 田野, 张磊. 疫情冲击背景下的东北亚区域价值链构建研究[J]. 东北亚论坛, 2020, 29 (6): 65-76, 125.

[110] 潘雨晨,张宏.中国与"一带一路"沿线国家制造业耦合性的四维分析[J].统计研究,2019,36(5):69-84.

[111] 庞敏,张志伟."一带一路"沿线国家投资便利化问题研究[J].理论探讨,2019(4).

[112] 彭冬冬,林珏."一带一路"沿线自由贸易协定深度提升是否促进了区域价值链合作?[J].财经研究,2021,47(2):109-123.

[113] 钱书法,邰俊杰,周绍东.从比较优势到引领能力:"一带一路"区域价值链的构建[J].改革与战略,2017,33(9):53-58.

[114] 钱学锋,陈勇兵.国际分散化生产导致了集聚吗:基于中国省级动态面板数据GMM方法[J].世界经济,2009,32(12):27-39.

[115] 乔敏健.投资便利化水平提升是否会促进中国对外直接投资?——基于"一带一路"沿线国家的面板数据分析[J].经济问题探索,2019(1).

[116] 秦升."一带一路":重构全球价值链的中国方案[J].国际经济合作,2017(9):11-16.

[117] 邱斌,唐保庆,孙少勤.FDI、生产非一体化与美中贸易逆差[J].世界经济,2007(5):33-43.

[118] 茹玉骢,李燕.电子商务与中国企业出口行为:基于世界银行微观数据的分析[J].国际贸易问题,2014(12):3-13.

[119] 沈国兵,袁征宇.企业互联网化对中国企业创新及出口的影响[J].经济研究,2020,55(1):33-48.

[120] 沈铭辉,李天国.后疫情时代的国际秩序与东亚区域合作[J].当代世界,2020(8):41-47.

[121] 沈铭辉,李天国.区域全面经济伙伴关系:进展、影响及展望[J].东北亚论坛,2020,29(3):102-114,128.

[122] 盛斌,黎峰."一带一路"倡议的国际政治经济分析[J].南开学报(哲学社会科学版),2016(1):52-64.

[123] 施建军,夏传信,赵青霞,卢林.中国开放型经济面临的挑战与创新[J].管理世界,2018,34(12):13-18,193.

[124] 石源华,韩常顺.后疫情时代的国际秩序调整与中国周边外交[J].当代世界,2020(10):11-16.

[125] 宋志勇.特朗普当选后东亚区域经济合作展望[J].东北亚论坛,2017,26(3):51-58.

[126] 孙瑾,杨英俊.中国与"一带一路"主要国家贸易成本的测度与

影响因素研究［J］.国际贸易问题,2016（5）.

［127］孙铭壕,侯梦薇,钱馨蕾,徐建玲."一带一路"沿线国家参与全球价值链位势分析——基于多区域投入产出模型和增加值核算法［J］.湖北社会科学,2019（2）:94-101.

［128］孙玉华,刘宏."一带一路"与东北亚区域合作［M］.北京:时事出版社,2017:81-82.

［129］孙泽生,严亚萍,赵红军.域外竞争影响中国对"一带一路"沿线国家直接投资吗?［J］.亚太经济,2021（1）.

［130］汤春玲,邵敬岚,李若昕,王帅.中国对"一带一路"沿线国家货物出口贸易潜力［J］.经济地理,2018（9）.

［131］唐晓彬,崔茂生."一带一路"货物贸易网络结构动态变化及其影响机制［J］.财经研究,2020（7）.

［132］田原,李建军.中国对"一带一路"沿线国家OFDI的区位选择——基于资源与制度视角的经验研究［J］.经济问题探索,2018（1）.

［133］佟家栋,谢丹阳."逆全球化"与实体经济转型升级笔谈［J］.中国工业经济,2017（6）:5-59.

［134］王兵,李雪,吴福象."一带一路"倡议下的国际产能合作与世界经贸格局重塑［J］.海南大学学报（人文社会科学版）,2021,39（2）:96-106.

［135］王博,陈诺,林桂军."一带一路"沿线国家制造业增加值贸易网络及其影响因素［J］.国际贸易问题,2019（3）:85-100.

［136］王厚双,李艳秀,朱奕绮.我国服务业在全球价值链分工中的地位研究［J］.世界经济研究,2015（8）:11-18,127.

［137］王娟娟,杨冰如.中国在"一带一路"区域的投资结构变化及发展趋势［J］.中国流通经济,2020,34（1）.

［138］王珏.区域经济一体化:东亚地区的实践［M］.北京:科学出版社,2015:196-197.

［139］王开科,李采霞."一带一路"沿线经济体承接中国产业转移能力评价［J］.经济地理,2021（3）.

［140］王领,胡晓涛."一带一路"背景下中国企业主导的全球价值链构建［J］.云南社会科学,2017（1）:1-5,186.

［141］王曼怡,郭珺妍."一带一路"沿线直接投资格局优化及对策研究［J］.国际贸易,2020（5）.

［142］王敏,朱泽燕.中国与"一带一路"沿线国家经贸合作的社会网

络分析 [J]. 统计与决策, 2019, 35 (14): 124 - 127.

[143] 王培志, 潘辛毅, 张舒悦. 制度因素、双边投资协定与中国对外直接投资区位选择——基于"一带一路"沿线国家面板数据 [J]. 经济与管理评论, 2018, 34 (1).

[144] 王欠欠, 夏杰长. 互联网发展对全球价值链贸易的影响评估 [J]. 改革, 2018 (9): 142 - 150.

[145] 王恕立, 吴楚豪. "一带一路"倡议下中国的国际分工地位——基于价值链视角的投入产出分析 [J]. 财经研究, 2018, 44 (8): 18 - 30.

[146] 王婉如. 技术标准、贸易壁垒与国际经济效应研究——基于"一带一路"沿线国家的实证分析 [J]. 国际贸易问题, 2018 (9).

[147] 王微微, 谭咏琳. 贸易便利化水平对"一带一路"沿线国家双边贸易的影响分析 [J]. 经济问题, 2019 (9).

[148] 王晓萍, 胡峰, 张月月. 全球价值链动态优化架构下的中国制造业升级——基于价值"三环流"协同驱动的视角 [J]. 经济学家, 2021 (2): 43 - 51.

[149] 王晓萍, 胡峰, 张月月. 全球价值多环流架构下中国先进制造业升级发展 [J]. 上海经济研究, 2018 (8): 56 - 62.

[150] 王鑫静, 程钰, 王建事, 丁立. 中国对"一带一路"沿线国家产业转移的区位选择 [J]. 经济地理, 2019, 39 (8): 95 - 105.

[151] 王亚军. "一带一路"倡议的理论创新与典范价值 [J]. 世界经济与政治, 2017 (3): 4 - 14, 156.

[152] 王燕飞. 国家价值链视角下中国产业竞争力的测度与分析 [J]. 数量经济技术经济研究, 2018, 35 (8): 21 - 38.

[153] 王颖, 吕婕, 唐子仪. 中国对"一带一路"沿线国家直接投资的影响因素研究——基于东道国制度环境因素 [J]. 国际贸易问题, 2018 (1).

[154] 王勇. 后疫情时代经济全球化与中美关系的挑战与对策 [J]. 国际政治研究, 2020, 41 (3): 39 - 45.

[155] 王直, 魏尚进, 祝坤福. 总贸易核算法: 官方贸易统计与全球价值链的度量 [J]. 中国社会科学, 2015 (9): 108 - 127.

[156] 魏龙, 王磊. 从嵌入全球价值链到主导区域价值链——"一带一路"战略的经济可行性分析 [J]. 国际贸易问题, 2016 (5): 104 - 115.

[157] 魏伟, 王逸凡, 陈彦龙. 贸易便利化与中国"一带一路"沿线国家贸易发展——基于面板门槛模型的研究 [J]. 宏观质量研究, 2019 (4).

[158] 魏昀妍, 樊秀峰. "一带一路"背景下中国出口三元边际特征及其

影响因素分析 [J]. 国际贸易问题, 2017 (6).

[159] 温湖炜. 中国企业对外直接投资能缓解产能过剩吗——基于中国工业企业数据库的实证研究 [J]. 国际贸易问题, 2017 (4).

[160] 吴新生, 梁琦. 贸易自由化与 FDI 区位选择——来自"一带一路"沿线国家的经验证据 [J]. 东北大学学报（社会科学版）, 2017, 19 (6).

[161] 夏飞龙. 产能过剩的概念、判定及成因的研究评述 [J]. 经济问题探索, 2018 (12).

[162] 肖扬, 黄浩溢, 曹亮. "一带一路"沿线国家贸易便利化对中国企业的影响——基于企业出口国内增加值率的视角 [J]. 宏观经济研究, 2019 (11).

[163] 肖扬, 直银苹, 谢涛. "一带一路"沿线国家贸易便利化对中国制造业企业出口技术复杂度的影响 [J]. 宏观经济研究, 2020 (9).

[164] 谢娜. 中国对"一带一路"沿线国家直接投资的贸易效应研究——基于制度距离差异的实证分析 [J]. 宏观经济研究, 2020 (2).

[165] 徐毅, 张二震. 外包与生产率: 基于工业行业数据的经验研究 [J]. 经济研究, 2008 (1): 103-113.

[166] 许和连, 孙天阳, 成丽红. "一带一路"高端制造业贸易格局及影响因素研究——基于复杂网络的指数随机图分析 [J]. 财贸经济, 2015 (12): 74-88.

[167] 许家云, 周绍杰, 胡鞍钢. 制度距离、相邻效应与双边贸易——基于"一带一路"国家空间面板模型的实证分析 [J]. 财经研究, 2017 (1).

[168] 许唯聪, 李勤昌. "一带一路"贸易便利化空间差异对中国贸易流量的影响 [J]. 宏观经济研究, 2021 (4).

[169] 许小平, 陆靖, 李江. 签订双边投资协定对中国 OFDI 的影响——基于"一带一路"沿线国家的实证研究 [J]. 工业技术经济, 2016, 35 (5): 60-64.

[170] 薛安伟. 复苏向好的世界经济: 新格局、新风险、新动力——2018 年世界经济分析报告 [J]. 世界经济研究, 2018 (1): 3-19, 134.

[171] 闫东升, 马训. "一带一路"倡议、区域价值链构建与中国产业升级 [J]. 现代经济探讨, 2020 (3): 73-79.

[172] 严兵, 任思颖. 文化距离与中国企业绿地投资的区位选择 [J]. 山西财经大学学报, 2022, 44 (4).

[173] 杨伯江. 东北亚地区如何实现与历史的"共生"——从"大历史"维度思考中日韩和解合作之道 [J]. 东北亚论坛, 2016, 25 (4): 3-14.

[174] 杨栋旭, 于津平. "一带一路" 沿线国家投资便利化对中国对外直接投资的影响: 理论与经验证据 [J]. 国际经贸探索, 2021, 37 (3).

[175] 杨栋旭, 周菲. 对外直接投资与中国产业结构升级——基于产能转移与技术进步双重视角的研究 [J]. 经济问题探索, 2020 (10).

[176] 杨静, 徐曼. 全球价值链的空间拓展机理探究——兼论 "一带一路" 建设的路径构想 [J]. 中国特色社会主义研究, 2017 (2): 34-40.

[177] 姚星, 蒲岳, 吴钢, 王博, 王磊. 中国在 "一带一路" 沿线的产业融合程度及地位: 行业比较、地区差异及关联因素 [J]. 经济研究, 2019 (9).

[178] 姚星, 王博, 王磊. 区域产业分工、生产性服务进口投入与出口技术复杂度: 来自 "一带一路" 国家的经验证据 [J]. 国际贸易问题, 2017 (5): 68-79.

[179] 姚战琪, 夏杰长. 中国对外直接投资对 "一带一路" 沿线国家攀升全球价值链的影响 [J]. 南京大学学报 (哲学·人文科学·社会科学版), 2018, 55 (4): 35-46.

[180] 衣保中, 张洁妍. 东北亚地区 "一带一路" 合作共生系统研究 [J]. 东北亚论坛, 2015, 24 (3): 65-74.

[181] 殷琪, 薛伟贤. 中国在 "一带一路" 生产网络中产业转移模式研究 [J]. 经济问题探索, 2017 (3).

[182] 尹伟华. 中国制造业产品全球价值链的分解分析——基于世界投入产出表视角 [J]. 世界经济研究, 2016 (1): 66-75.

[183] 尹伟华. 中国制造业参与全球价值链的程度与方式——基于世界投入产出表的分析 [J]. 经济与管理研究, 2015, 36 (8): 12-20.

[184] 尹响, 易鑫, 胡旭. 人类命运共同体理念下应对新冠疫情全球经济冲击的中国方案 [J]. 经济学家, 2020 (5): 79-90.

[185] 于翠萍, 王美昌. 中国与 "一带一路" 国家的经济互动关系——基于 GDP 溢出效应视角的实证分析 [J]. 亚太经济, 2015 (6): 95-102.

[186] 余南平. 中国自由贸易港建设: 定位与路径 [J]. 探索与争鸣, 2018 (3): 37-45, 109.

[187] 岳云嵩, 李兵. 电子商务平台应用与中国制造业企业出口绩效——基于 "阿里巴巴" 大数据的经验研究 [J]. 中国工业经济, 2018 (8): 97-115.

[188] 臧术美. "一带一路" 背景下中国与中东欧地方合作——一种多层级合作机制探析 [J]. 社会科学, 2020 (1): 50-62.

[189] 曾楚宏,王钊. 中国主导构建"一带一路"区域价值链的战略模式研究 [J]. 国际经贸探索, 2020, 36 (6): 58-72.

[190] 曾新胜. 经济全球化中的中国制造业发展战略 [J]. 国际经济合作, 2006 (1): 22-24.

[191] 张彬,张菲. RCEP 的进展、障碍及中国的策略选择 [J]. 南开学报 (哲学社会科学版), 2016 (6): 122-130.

[192] 张辉. "全球价值双环流架构下的'一带一路'战略" [J]. 经济科学, 2015 (3): 5-7.

[193] 张辉,易天,唐毓璇. 一带一路: 全球价值双环流研究 [J]. 经济科学, 2017 (3): 5-18.

[194] 张会清,翟孝强. 中国参与全球价值链的特征与启示——基于生产分解模型的研究 [J]. 数量经济技术经济研究, 2018, 35 (1): 3-22.

[195] 张会清. 中国与"一带一路"沿线地区的贸易潜力研究 [J]. 国际贸易问题, 2017 (7).

[196] 张会清,唐海燕. 中国与"一带一路"沿线地区的贸易联系问题研究——基于贸易强度指数模型的分析 [J]. 国际经贸探索, 2017 (3).

[197] 张慧智. 特朗普新政下的东亚区域经济合作挑战与展望 [J]. 山西大学学报 (哲学社会科学版), 2017, 40 (3): 172-181.

[198] 张良悦,刘东. "一带一路"与中国经济发展 [J]. 经济学家, 2015 (11): 51-58.

[199] 张瑞良. 中国对"一带一路"沿线国家 OFDI 区位选择研究——基于制度距离视角 [J]. 山西财经大学学报, 2018, 40 (3).

[200] 张少军,侯慧芳. 全球价值链恶化了贸易条件吗——发展中国家的视角 [J]. 财贸经济, 2019, 40 (12): 128-142.

[201] 张天桂. 开放战略升级和金融危机后中国 FTA 战略的深入实施 [J]. 亚太经济, 2013 (1): 115-120.

[202] 张卫华,温雪,梁运文. "一带一路"区域价值网结构演进与国家角色地位变迁——基于 43 国的社会网络动态分析 [J]. 财经理论与实践, 2021, 42 (1): 133-140.

[203] 张小溪. 中国价值链升级的对策研究——基于"双循环"发展的视角 [J]. 福建论坛 (人文社会科学版), 2020 (11): 49-59.

[204] 张晓静,李梁. "一带一路"与中国出口贸易: 基于贸易便利化视角 [J]. 亚太经济, 2015 (3).

[205] 张亚斌. "一带一路"投资便利化与中国对外直接投资选择——基

于跨国面板数据及投资引力模型的实证研究 [J]. 国际贸易问题, 2016 (9).

[206] 张彦. RCEP 区域价值链重构与中国的政策选择——以"一带一路"建设为基础 [J]. 亚太经济, 2020 (5): 14-24, 149.

[207] 张彦. 中国与东盟共建区域价值链问题探讨——以制造业为例 [J]. 国际展望, 2019, 11 (6): 68-89, 152-153.

[208] 张艳艳, 于津平. 交通基础设施、相邻效应与双边贸易——基于中国与"一带一路"国家贸易数据的实证研究 [J]. 当代财经, 2018 (3).

[209] 张雨佳, 张晓平, 龚则周. 中国与"一带一路"沿线国家贸易依赖度分析 [J]. 经济地理, 2017 (4).

[210] 张中元. 国家在全球价值链治理中的作用 [J]. 新视野, 2020 (6): 42-48.

[211] 赵晨光. 中非共建"一带一路": 新阶段、新挑战与新路径 [J]. 当代世界, 2020 (5): 71-76.

[212] 郑玉, 姜青克. 全球价值链双向参与下的生产率效应——基于数据库的实证研究 [J]. 财贸研究, 2019, 30 (8): 26-42.

[213] 郑智, 刘卫东, 宋周莺, 黄梦娜. "一带一路"生产网络演化及中国经济贡献分析 [J]. 地理研究, 2020, 39 (12).

[214] 郑智, 刘卫东, 宋周莺, 叶尔肯·吾扎提, 梁宜. "一带一路"生产网络及中国参与程度 [J]. 地理科学进展, 2019, 38 (7): 951-962.

[215] 治华. 俄罗斯东北亚战略及其在东北亚新秩序中的地位 [J]. 当代亚太, 2007 (10): 28-33.

[216] 智慧. "一带一路"沿线国家贸易便利化对我国出口影响研究 [J]. 经济纵横, 2020 (6): 115-128.

[217] 周建军, 于爱芝, 李一丁. "一带一路"倡议对中国双边贸易发展的影响 [J]. 中国流通经济, 2020 (7).

[218] 周绍东, 邰俊杰, 罗金龙. 以"一带一路"为核心构建区域价值链: 比较优势与产业选择 [J]. 经济论坛, 2017 (3): 137-141.

[219] 周升起, 兰珍先, 付华. 中国制造业在全球价值链国际分工地位再考察——基于 Koopman 等的"GVC 地位指数" [J]. 国际贸易问题, 2014 (2): 3-12.

[220] 周伟林, 严冀. 城市经济学 [M]. 上海: 复旦大学出版社, 2004.

[221] 朱民. 世界经济结构的深刻变化和新兴经济的新挑战 [J]. 国际金融研究, 2011 (10): 4-12.

[222] 朱明侠, 左思明. "一带一路"沿线国家投资便利化的评价体系研

究 [J]. 广东社会科学, 2019 (1): 46-53.

[223] 朱明侠, 左思明. 提升"一带一路"沿线国家投资便利化水平应对贸易保护主义研究 [J]. 理论探讨, 2019a (1).

[224] 左思明, 朱明侠. "一带一路"沿线国家投资便利化测评与中国对外直接投资 [J]. 财经理论与实践, 2019, 40 (2).

[225] Abramovsky L, Griffith R. Outsourcing and offshoring of business services: How important is ICT? [J]. Journal of the European Economic Association, 2005: 594-601.

[226] Acemoglu D, Autor D, Dorn D et al. Import competition and the great US employment sag of the 2000s [J]. Journal of Labor Economics, 2016, 34 (S1): S141-S198.

[227] Acemoglu D, Johnson S. Unbundling institutions [J]. Journal of Political Economy, 2005, 113 (5): 949-995.

[228] Agarwal A, Strachan P. Is industrial symbiosis only a concept for developed countries [J]. The Journal for Waste & Resource Management Professionals, 2008, 42.

[229] Amiti M, Wei S J. Service offshoring and productivity: Evidence from the US [J]. World Economy, 2009, 32 (2): 203-220.

[230] Antras P. Global production: Firms, contracts, and trade structure [M]. Princeton University Press, 2015.

[231] Antras P, Helpman E. Global sourcing [J]. Journal of Political Economy, 2004, 112 (3): 552-580.

[232] Antràs P, Chor D. Organizing the global value chain [J]. Econometrica, 2013, Vol. 81, No. 6: 2127-2204.

[233] Antràs P, Chor D, Fally T et al. Measuring the upstreamness of production and trade flows [J]. American Economic Review, 2012, 102 (3): 412-16.

[234] Arndt S W, Kierzkowski H. Fragmentation: New production patterns in world economy [J]. Oup Catalogue, 2001, 25 (3): 448-451.

[235] Baldwin J R, Yan B. Global value chains and the productivity of Canadian manufacturing firms [M]. Statistics Canada = Statistique Canada, 2014.

[236] Baldwin R. Trade and industrialization after globalization's second unbundling: How building and joining a supply chain are different and why it matters [J]. NBER Chapters, 2013.

[237] Barrientos S, Gereffi G, Rossi A. Economic and social upgrading in global production networks: A new paradigm for a changing world [J]. International Labour Review, 2012, (150).

[238] Bernard A B, Jensen J B, Redding S J et al. Firms in international trade [J]. Journal of Economic Perspectives, 2007, 21 (3): 105 – 130.

[239] Buckley P J, Clegg L J, Cross A R et al. The determinants of Chinese outward foreign direct investment [J]. Journal of International Business Studies, 2009, 40 (2): 353 – 354.

[240] Carluccio J, Fally T. Foreign entry and spillovers with technological incompatibilities in the supply chain [J]. Journal of International Economics, 2013, 90 (1): 123 – 135.

[241] Casella B, Bolwijn R, Fujita M et al. Global value chain and development [C]. 2013.

[242] Cattaneo O, Gereffi G, Staritz C. Global value chains in a postcrisis world: Resilience, consolidation, and shifting end markets [J]. Global Value Chains in a Postcrisis World: A Development Perspective, 2010 (1).

[243] Chor D, Manova K, Yu Z. The global production line position of Chinese firms [C]. Industrial Upgrading and Urbanization Conference, Stockholm, 2014, Vol. 28.

[244] Coe N M, Yeung H W C. Global production networks: Theorizing economic development in an interconnected world [M]. Oxford University Press, 2015.

[245] Constantinescu C, Mattoo A, Ruta M. Does vertical specialisation increase productivity? [J]. The World Economy, 2019, 42 (8): 2385 – 2402.

[246] Dasgupta N. Examining the long run effects of export, import and FDI inflows on the FDI outflows from India: A causality analysis [J]. Journal of International Business and Economy, 2009, 10 (1): 65 – 88.

[247] David H, Dorn D, Hanson G H. The China syndrome: Local labor market effects of import competition in the United States [J]. American Economic Review, 2013, 103 (6): 2121 – 2168.

[248] David H, Dorn D, Hanson G H. The geography of trade and technology shocks in the United States [J]. American Economic Review, 2013, 103 (3): 220 – 225.

[249] Dedrick J, Kraemer K L, Linden G. Who profits from innovation in global value chains? A study of the iPod and notebook PCs [J]. Industrial and Cor-

porate Change, 2010, 19 (1): 81-116.

[250] Del Prete D, Giovannetti G, Marvasi E. Global value chains participation and productivity gains for North African firms [J]. Review of World Economics, 2017, 153 (4): 675-701.

[251] Diakantoni A, Escaith H, Roberts M et al. Accumulating trade costs and competitiveness in global value chains [J]. SSRN Electronic Journal, 2017.

[252] Dollar D, Kraay A. Institutions, trade, and growth [J]. Journal of Monetary Economics, 2003, 50 (1): 133-162.

[253] Dovis M, Zaki C. Global value chains and business environment: Which factors do really matter? [J]. Working Papers, 2018.

[254] Egger H, Egger P. International outsourcing and the productivity of low-skilled labor in the EU [J]. Economic Inquiry, 2006, 44 (1): 98-108.

[255] Egger P, Pfaffermayr M, Wolfmayr-Schnitzer Y. The international fragmentation of Austrian manufacturing: The effects of outsourcing on productivity and wages [J]. The North American Journal of Economics and Finance, 2001, 12 (3): 257-272.

[256] Falk M. International outsourcing and productivity growth [J]. Review of Economics and Institutions, 2012, 3 (1): 19.

[257] Fally T. Production staging: Measurement and facts [J]. Boulder, Colorado, University of Colorado Boulder, May, 2012: 155-168.

[258] Färe Rolf et al. Productivity growth, technical progress, and efficiency change in industrialized countries [J]. The American Economic Review, 1994: 66-83.

[259] Fernandes A M, Mattoo A, Nguyen H et al. The internet and Chinese exports in the pre-ali baba era [J]. Journal of Development Economics, 2019 (138): 57-76.

[260] Formai S, Vergara Caffarelli F. Quantifying the productivity effects of global value chains [J]. 2015.

[261] Furstenberg George M, Kirton John J. New directions in global economic governance: Managing globalisation in the twenty-first century [J]. Taylor and Francis, 2017.

[262] Galindo-Rueda F, Verger F. OECD taxonomy of economic activities based on R&D intensity [J]. 2016.

[263] Gereffi G, Humphrey J, Sturgeon T. The governance of global value

chains [J]. Review of International Political Economy, 2005, 12 (1): 78 - 104.

[264] Gereffi G. International trade and industrial upgrading in the apparel commodity chain [J]. Journal of International Economics, 1999, 48 (1): 37 - 70.

[265] Gereffi G. The impact of the internet on global commodity chains [J]. American Behavioral Scientist, 2001, 44 (10).

[266] Gereffi G. The organization of buyer-driven global commodity chains: How US retailers shape overseas production networks [J]. Commodity Chains and Global Capitalism, 1994: 95 - 122.

[267] Golub S S, Ceglowski J, Mbaye A A et al. Can Africa compete with China in manufacturing? The role of relative unit labour costs [J]. The World Economy, 2018, 41 (6): 1508 - 1528.

[268] Grossman G M, Helpman E. Outsourcing in a global economy [J]. The Review of Economic Studies, 2005, 72 (1): 135 - 159.

[269] Grossman G M, Rossi-Hansberg E. The rise of offshoring: It's not wine for cloth anymore [J]. The New Economic Geography: Effects and Policy Implications, 2006.

[270] Grossman G M, Rossi-Hansberg E. Trading tasks: A simple theory of offshoring [J]. American Economic Review, 2008, 98 (5): 1978 - 1997.

[271] Hamanaka S. Trans-pacific partnership versus regional comprehensive economic partnership: Control of membership and agenda setting [J]. Working Papers on Regional Economic Integration, 2014.

[272] Hansen N. Do producer services induce regional economic development? [J]. Journal of Regional Science, 1993, 30 (4): 465 - 476.

[273] Henderson J. The globalisation of high technology production [M]. New York: Routledge, 1989.

[274] Hummels D, Jun I, Kei-Mu Yi. The nature and growth of vertical specialization in world trade [J]. Journal of International Economics, 2001, Vol. 54, No. 1: 75 - 96.

[275] Hu Y, Li M, Zhang W. Do exports drive Chinese overseas investment in agriculture? [J]. 2019.

[276] Jeffrey Henderson, Peter Dicken, Martin Hess, Neil Coe, Henry Wai-Chung Yeung. Global production networks and the analysis of economic development [J]. Review of International Political Economy, 2002, 9 (3).

[277] Johnson R C, Guillermo, Noguera. Accounting for intermediates: Production sharing and trade in value added [J]. Journal of International Economics, 2012, Vol. 86, No. 2: 224 – 236.

[278] Johnson R C, Noguera G. Accounting for intermediates: Production sharing and trade in value added [J]. Journal of International Economics, 2012, 86 (2): 224 – 236.

[279] Jona-Lasinio C, Meliciani V. Global value chains and productivity growth in advanced economies: Does intangible capital matter? [J]. International Productivity Monitor, 2019 (36): 53 – 78.

[280] Jones R W, Kierzkowski H. Globalization and the consequences of international fragmentation [J]. Capital Mobility & Trade Essays in Honor of Robert A, 2004: 365.

[281] Kaplinsky R, Farooki M. What are the implications for global value chains when the market shifts from the North to the South? [J]. World Bank Policy Research Working Paper, 2010 (5205).

[282] Kaufmann D. Governance matters VI: Aggregate and individual governance indicators, 1996 – 2006 [M]. World Bank Publications, 2007.

[283] Kee H L, Tang H. Domestic value added in exports: Theory and firm evidence from China [J]. American Economic Review, 2016, Vol. 106, No. 6: 1402 – 1436.

[284] Kimura F, Obashi A. Production networks in East Asia: What we know so far [J]. East Asian Bureau of Economic Research, 2011.

[285] Kirshner J. American power after the financial crisis [M]. Cornell University Press, 2014.

[286] Koopman R, Wang Z, Wei S J. Estimating domestic content in exports when processing trade is pervasive [J]. Journal of Development Economics, 2012, 99 (1): 178 – 189.

[287] Koopman R, Wang Z, Wei S J. How much of Chinese exports is really made in China [R]. NBER Working Paper, 2008, No. 14109.

[288] Koopman R, Wang Z, Wei S J. Tracing value-added and double counting in gross exports [J]. American Economic Review, 2014, 104 (2): 459 – 494.

[289] Kordalska A, Wolszczak-Derlacz J, Parteka A. Global value chains and productivity gains: A cross-country analysis [J]. Collegium of Economic Analysis Annals, 2016 (41): 11 – 28.

[290] Lanz R, Lundquist K, Mansio G et al. E-commerce and developing country-SME participation in global value chains [R]. WTO Staff Working Paper, 2018.

[291] Lendle A, Olarreaga M, Schropp S et al. There goes gravity: eBay and the death of distance [J]. The Economic Journal, 2016, 126 (591): 406-441.

[292] Macintyre A, Doner R F. Driving a bargain: Automobile industrialization and Japanese firms in Southeast Asia [M]. Cambridge University Press, 1992.

[293] Matsuno S. Vlue of economic partnership among Japan, China, and Korea in the historical development of East Asian economy [J]. Ritsumeikan Journal of International Relations & Area Studies, 2014, 40: 13-36.

[294] McCann F. The heterogeneous effect of international outsourcing on firm productivity [J]. Review of World Economics, 2011, 147 (1): 85-108.

[295] Melitz M. The impact of trade on aggregate industry productivity and intra-industry reallocations [J]. Econometrica, 2003, 71 (6): 1695-1725.

[296] Meng B, Xiao H, Ye J et al. Are global value chains truly global? A new perspective based on the measure of trade in value-added [R]. Institute of Developing Economies, Japan External Trade Organization (JETRO), 2019.

[297] Meng B, Ye M, Wei S J. Value-added gains and job opportunities in global value chains [J]. IDE Discussion Papers, 2017 (668): 35.

[298] Mitra D, Ranjan P. Offshoring and unemployment [R]. National Bureau of Economic Research, 2007.

[299] Morris M, Staritz C, Barnes J. Value chain dynamics, local embeddedness, and upgrading in the clothing sectors of Lesotho and Swaziland [J]. International Journal of Technological Learning, Innovation and Development, 2011, 4 (1-3): 96-119.

[300] North D C. Institutions, institutional change, and economic performance [J]. Cambridge University Press, 1990.

[301] North D C. Structure and change in economic history [M]. Norton, 1981.

[302] Paul Krugman, Venables A J. Globalization and the inequality of nations [J]. The Quarterly Journal of Economics, 1995, 110 (4).

[303] Pierce J R, Schott P K. The surprisingly swift decline of US manufacturing employment [J]. American Economic Review, 2016, 106 (7): 1632-1662.

[304] Pontes J P. A non-monotonic relationship between FDI and trade [J].

Economics Letters, 2007, 95 (3): 369-373.

[305] Prete D D, Giovannetti G, Marvasi E. Participation in global value chains: Macro and micro evidence for North Africa [J]. Working Papers-Economics, 2015.

[306] Rasel F. ICT and global sourcing-evidence for German manufacturing and service firms [J]. Economics of Innovation and New Technology, 2017, 26 (7): 634-660.

[307] Riddle D I. Service-led growth: The role of the service sector in world development [J]. New York: Praeger, 1986.

[308] Schwörer T. Offshoring, domestic outsourcing and productivity: Evidence for a number of European countries [J]. Review of World Economics, 2013, 149 (1): 131-149.

[309] Shih S. Me-too is not my style [M]. Aspire Academy, 2004.

[310] Stock J, Yogo M. Asymptotic distributions of instrumental variables statistics with many instruments [J]. Identification and Inference for Econometric Models: Essays in Honor of Thomas Rothenberg, 2005, 6: 109-120.

[311] Sunley P. Relational economic geography: A partial understanding or a new paradigm? [J]. Economic Geography, 2008, 84 (1): 1-26.

[312] Taglioni D, Winkler D. Making global value chains work for development [M]. The World Bank, 2016.

[313] Thangavelu S M, Toh M H, Ng K K. Outsourcing and fragmentation in Singapore's manufacturing industry [J]. The Singapore Economic Review, 2008, 53 (3): 539-557.

[314] Wang Zhi, Shang-Jin Wei, Kunfu Zhu. Quantifying international production sharing at the bilateral and sector levels [R]. NBER Working Paper, 2013, No. w19677.

[315] Wang Z, Wei S J, Yu X et al. Characterizing global value chains: Production length and upstreamness [R]. National Bureau of Economic Research, 2017.

[316] Wang Z, Wei S J, Yu X et al. Measures of participation in global value chains and global business cycles [R]. NBER Working Paper, 2017a, No. w23222.

[317] Wang Z, Wei S J, Yu X et al. Re-examining the effects of trading with China on local labor markets: A supply chain perspective [R]. National Bureau of Economic Research, 2018.

[318] Williamson O E. The economic institutions of capitalism free press [J]. Journal of Economic Issues, 1985.

[319] Winkler D. Services offshoring and its impact on productivity and employment: Evidence from Germany, 1995 – 2006 [J]. The World Economy, 2010, 33 (12): 1672 – 1701.

[320] Wurster T S. Blown to bits: How the new economics of information transforms strategy [M]. Harvard Business School Press, 1999.

[321] Xing Y, He Y. Domestic value added of Chinese brand mobile phones [R]. National Graduate Institute for Policy Studies, 2018, No. 18 – 09.

[322] Yeung G. The operation of global production networks (GPNs) 2.0 and methodological constraints [J]. Geoforum, 2016 (75): 265 – 269.

[323] Yin X, Hai B, Chen J. Financial constraints and R&D investment: The moderating role of CEO characteristics [J]. Sustainability, 2019, 11 (15): 4153.

[324] Zang L B, Heuβner F, Kruck A et al. Imperfect adaptation: How the WTO and the IMF adjust to shifting power distributions among their members [J]. The Review of International Organizations, 2016, 11 (2): 171 – 196.

[325] Zhang J, Tang D, Zhan Y. Foreign value—added in China's manufactured exports: Implications for China's trade imbalance [J]. China & World Economy, 2012, 20 (1): 27 – 48.

后 记

这本著作是在我承担的国家社会科学基金课题成果基础上修改、整理出版的,包括前期发表的和未发表的论文。2016年,我承担了国家社科一般项目"以中国为主导的'一带一路'国际生产网络的构建研究",当时对这个问题的研究很少,时至今日,"一带一路"建设成绩斐然,产业合作如火如荼,产业链、价值链纵深发展,国际生产网络逐步形成。参与这方面的研究,为"一带一路"国际生产网络的研究做出些许贡献,本人深感荣幸。

感谢全国社科规划办予以立项和资助。当然,这本书的出版还要感谢湘潭大学商学院、湘潭大学商学院国际经济与贸易系的资助。在这本书的修改和整理中,我的研究生侯思瑶、刘晓莉、江妙等学生做了大量的工作,经济科学出版社的编辑们也付出了大量辛苦的劳动,一并表示感谢。我们的团队将对"一带一路"国际生产分工和高质量发展继续进行深入研究。

欧定余
2022年6月于湘潭大学校办公楼